Le Satanisme et la magie (1895)

Jules Bois

1900

© 2024, Jules Bois (domaine public)
Édition : BoD · Books on Demand, 31 avenue Saint-Rémy,
57600 Forbach, bod@bod.fr
Impression : Libri Plureos GmbH, Friedensallee 273,
22763 Hamburg (Allemagne)
ISBN : 978-2-3224-9620-4
Dépôt légal : Mars 2025

Préface, par *J.-K. Huysmans*

PRÉAMBULE

Prière pour conjurer Satan
Le rôle fatidique de la femme

LIVRE PREMIER
SATAN ET SES DISCIPLES

Chapitre Ier. — Les trois Satans
Chapitre II. — La Sorcière
    I. La femme, mère, épouse et fille de Satan
   II. Les sorcières des campagnes
  III. La somnambule des villes
  IV. Les prodiges et les crimes des sorcières
Chapitre III. — Le Sorcier
    I. Apothéose du sorcier
   II. Misère du sorcier
  III. Le vœu à rebours
  IV. Puissance du sorcier
   V. Vie mystérieuse du moderne sorcier
Chapitre IV. — Le Mage
    I. L'appartement et l'âme du mage
   II. Raymond Lulle et Jean Dee
Chapitre V. — Les Évocations fantastiques des Mages
    I. Le mage et le Christ

II. Le cochon de Jacobus
III. Évocation par l'épée qui a tué
IV. La grande opération de la clavicule
V. Hypocrisie du Satan des mauvais mages
VI. Le vrai mage, c'est le prophète

CHAPITRE VI. — L'ÉVOCATION DU DIABLE
I. L'initiation de Satan
II. Les commandements de Satan
III. Le pacte
IV. Saint Jude, Judas et Satan
V. Le diable apparaît

CHAPITRE VII. — DIALOGUE ENTRE LE DIABLE ET L'ÉVOCATEUR

LIVRE II
L'ÉGLISE DU DIABLE ET LES RITES MAGIQUES

CHAPITRE Ier — LE SABBAT
I. Le départ
II. La foire du sabbat
III. Les animaux et les enfants au sabbat
IV. La danse et le banquet
V. L'excuse criminelle et scientifique du sabbat

CHAPITRE II. — LA MESSE DU SABBAT
I. La confession et le pacte
II. L'office du désespoir

CHAPITRE III. — LES MESSES NOIRES
   I. L'office de la vaine observance
   II. La messe sacrilège de l'abbé Guibourg
   III. La messe noire selon Ézéchiel et Vintras
   IV. Une messe noire terrassée
   V. Cérémonies politiques

CHAPITRE IV. — LA RIDICULE ÉPOUVANTE DES LARVES

CHAPITRE V. — LES INCUBES ET LES SUCCUBES
   I. M. de Caudenberg et Marie-Ange
   II. L'art de l'incubât et du succubat
   III. Le vampirisme
   IV. La légende de la morte et mortelle fiancée

CHAPITRE VI. — L'ENVOÛTEMENT DE HAINE
   I. L'envoûtement de haine et ses rites
   II. Le choc en retour
   III. Les dangers et les préservatifs
   IV. Envoûtement par la poudre sympathique et par le sang
   V. La science moderne et l'envoûtement
   VI. L'envoûtement à travers les pays et les siècles
   VII. L'envoûtement moderne
   VIII. Les batailles des exorcistes contre les envoûteurs
   IX. L'envoûtement n'est pas un danger pour le juste

CHAPITRE VII. — L'ENVOÛTEMENT D'AMOUR
   I. Le nouement de l'aiguillette
   IL L'incantation d'amour
   III. Les recettes d'amour

IV. Les vrais remèdes contre les philtres d'amour
CHAPITRE VIII. — L'EXORCISME
    I.
    II. Le drame de l'exorcisme
    III. Rituel
    IV. L'exorcisme sert à tout

PRÉFACE

PAR

J.-K. HUYSMANS

Pendant plusieurs siècles, les démonologues confondirent certains épisodes de la grande hystérie avec les phénomènes du Satanisme. Aujourd'hui, les médecins attribuent à la grande hystérie des accidents qui relèvent exclusivement du domaine des exorcistes.

On a jadis brûlé pas mal de gens qui n'étaient nullement possédés par l'Esprit du Mal ; maintenant, on noie sous les douches ceux qui le sont. Nous diagnostiquons au rebours du moyen âge ; tout était diabolique dans ce temps-là, maintenant tout est naturel.

La vérité semble surgir entre ces deux excès ; mais, il faut bien l'attester sans ambages, rien n'est plus malaisé que de tracer une ligne de démarcation entre les attaques variées de la grande névrose et les états différents du Satanisme.

Il est bien évident, en effet, que l'ignorance de la médecine et, disons-le aussi, du sacerdoce, en ces matières, n'est pas faite pour nous aider à résoudre l'embarrassant problème. Comment distinguer, comment trier, par exemple, dans le pêle-mêle d'une Salpêtrière ou d'une Sainte-Anne, des gens qui sont des hystéro-épileptiques ou des aliénés de ceux qui sont des énergumènes ou des possédés ? On traite ceux-là comme des fous ; au lieu de leur administrer des remèdes liturgiques, de les traiter par des adjurations et des prières, on les soumet au supplice glacé des bains ; on leur fait ingérer des potions préparées avec des extraits de solanées ou des vins d'opium ; puis, après que tous ces névrotropiques ont raté, on finit par ne plus s'occuper d'eux, par les reléguer dans les salles oubliées des incurables.

Une seule exception à cette règle s'est affirmée, il y a de cela deux ans. À Gif, une jeune fille, exilée de sa propre personne par le Démon, fut examinée par des aliénistes qui conclurent à son internement immédiat dans un asile. La famille refusa. Des prêtres, délégués par l'évêque de Versailles, scrutèrent la malade, à leur tour ; ils reconnurent les symptômes de l'emprise infernale, pratiquèrent les exorcismes et la guérirent.

L'on peut citer ce cas, ainsi que l'un des cas très rares de la clairvoyance d'un prélat et de certains membres du clergé, à notre époque.

Mais ceci n'est que l'un des côtés de cette question complexe du Satanisme. En voici un autre :

Des gens qui ne sont nullement enfermés, nullement toqués, des gens qui se portent très bien, que l'on rencontre dans la rue, qui sont semblables à tout le monde, en somme, se livrent en secret aux opérations de la Magie noire, se lient ou essaient du moins de se lier avec les Esprits de Ténèbres, pour assouvir leurs désirs d'ambition, de haine, d'amour, pour faire, en un mot, le Mal.

Et c'est à propos de ceux-là que tant de personnes inquiètes vous interrogent : mais êtes-vous sûr que ces actes soient possibles, croyez-vous que des associations diaboliques se réunissent, avez-vous des preuves que le Satanisme n'est pas un leurre ?

Avouons-le, tout d'abord, la question démoniale est actuellement une des plus emmêlées et des plus obscures qui soit, et cela se comprend.

Le Satanisme bénéficie de la difficulté très réelle où nous sommes de le montrer nettement au public. Et, en effet, si les accès démoniaques et les manigances de la sorcellerie ont été considérés pendant plusieurs siècles comme des crimes et traqués et poursuivis et clairement révélés par les débats de laborieux et de bruyants procès, il n'en est plus de même aujourd'hui. La Magie ne constitue plus un crime et le sacrilège est rayé des codes ; les magistrats ne s'en occupent point et par conséquent la publicité des assises et de la presse manque.

Et cependant, si l'on suivait attentivement les discussions de certaines causes contemporaines, si l'on regardait de très près, par exemple, le procès d'Eloclie Menétrey, connu sous le nom de crime de Villemomble, ou bien encore si l'on se reportait aux interrogatoires de ce Mathias Hadelt qui assassina, en 1891, un trappiste d'Aiguebelle, l'on discernerait, en se donnant la peine de lire entre les lignes des dépositions, l'influence, l'intercession même du Très-Bas, dans ces affaires.

Ajoutons que, dès qu'un stigmate infernal paraît, on l'étouffe ; il semble que, d'un commun accord, la magistrature et le clergé soufflent les lumières et se taisent quand le Démon passe ; dans ces conditions, la preuve à administrer du Satanisme devient presque impossible.

Il existe néanmoins des faits — que l'on n'a pu cacher, ceux-là — et qui mènent par les déductions que l'on en peut tirer à cette conséquence, que la réalité du Satanisme est indéniable.

C'est de ceux-là que je voudrais parler.

Je prends le plus connu de tous : le mardi de la semaine de Pâques de l'an dernier, à Notre-Dame de Paris, une vieille femme, tapie dans une chapelle placée sous le vocable de saint Georges et située, à droite du chœur, dans l'abside, profite d'un moment où les suisses sont égarés, où la cathédrale est quasi vide, pour se ruer sur le tabernacle et emporter deux ciboires contenant, chacun, 50 hosties consacrées, plus la custode des secours.

Cette femme avait certainement des complices, car elle devait tenir, caché sous un manteau, un ciboire dans chaque main et, à moins d'en déposer un sur le sol et de risquer ainsi d'être aperçue, elle ne pouvait, elle-même, ouvrir l'une des portes de sortie, pour s'échapper de l'église.

D'autre part, il est évident que cette femme a commis ce vol pour s'emparer des hosties, car les ciboires ne représentent plus maintenant, dans la plupart des grandes villes, une valeur suffisante pour tenter les gens. Chacun sait, en effet, qu'ils sont en bronze doré, en cuivre, en aluminium, que l'intérieur seul de la coupe est en vermeil. Disons encore que, pour les vendre, sans crainte d'être découvert, le recéleur qui les achète est obligé de les tordre ou de les fondre, de les solder au poids ; et alors, quelle somme peut-il bien offrir de ces matières mortes à des escarpes qui sont forcés de recourir à sa médiation et par conséquent d'être exploités par lui, pour s'en défaire ?

D'ailleurs, dans les vols effectués en province où parfois le trésor des églises a conservé d'anciennes pyxides et de vieux vases d'argent ciselé ou d'or, toujours le larron qui les déroba, pour leur métal, s'est débarrassé des hosties parce qu'elles le gênaient et pouvaient le trahir, en s'essaimant, le long du chemin, pendant sa fuite.

J'ai compulsé les récits d'un grand nombre de ces larcins, et toujours j'ai remarqué que le voleur qui ne s'attaquait qu'aux objets de prix versait le contenu des ciboires, soit sur la nappe de l'autel, soit sur le sol ; une seule fois, depuis plusieurs années, dans un rapt qui eut lieu, au mois de décembre 1894, à La Pacaudière, dans la Loire, le dévaliseur s'est avisé de jeter les saintes Oblates dans les latrines.

Or, aucune hostie ne fut laissée à Notre-Dame, ni sur l'autel, ni dans les lieux, ni sur les dalles ; toutes furent enlevées ainsi que les récipients dont la valeur était nulle, mais qui pouvaient ajouter, par leur bénédiction, un piment sacrilège de plus au crime.

Et ce fait de Notre-Dame n'est pas un fait isolé. J'ai depuis longtemps déjà récolé dans les Semaines religieuses les dols Eucharistiques qui furent opérés, en France, dans les églises.

Ils ont atteint depuis quelques années un développement incroyable. L'an dernier, pour ne pas remonter plus haut, ils se sont multipliés dans tous les coins les plus éloignés du territoire. Dans la Nièvre, dans le Loiret, dans l'Yonne, les tabernacles sont forcés et les célestes Apparences prises. Treize églises sont spoliées dans le diocèse d'Orléans et les déprédations s'aggravent à un tel point dans le diocèse de Lyon, que l'archevêque invite, par un communiqué, les curés de ses paroisses à transformer les tabernacles en coffres-forts.

Et du sud au nord, les attentats se croisent. J'en relève à quelques mois de distance, dans l'Aude, dans l'Isère, dans le Tarn, dans le Gard, dans la Haute-Garonne, dans la Nièvre, dans la Somme, dans le Nord.

Quelques années auparavant, c'était le Dauphiné qui paraissait être la région spécialement choisie pour servir de foire d'empoigne à ces bourreaux d'un Dieu ; et cela fait rêver si l'on songe que cette ancienne province est celle où foisonnent le plus de sanctuaires voués à la Vierge. En sus de la Salette, on y trouve, en effet, Notre-Dame de Chalais, d'Esparron, de Casalibus, des Croix-de-l'Isle, de la grotte du Mont, d'Embrun, de Laus, de Beauvoir, de Bon-Secours, de Grâce, de Lumière, des Anges, de Pitié, de Fontaine-Sainte de Voiron,... et j'en passe.

Il semble donc qu'il y ait eu une irruption diabolique dans ce fief de la Mère du Sauveur, un défi du Démon portant l'attaque dans les douaires mêmes de la Vierge.

Ajoutons que ces abominations ne sont pas particulières à la France. Cette année même, aux approches de la Semaine sainte qui est l'époque partout attendue par les Sataniques pour commettre les souverains méfaits, toutes les hosties du monastère de Notre-Dame des Sept Douleurs, à Rome, ont disparu ; et il en fut de même à l'église paroissiale de Varèse de Ligurie et au couvent des religieuses de Santa Maria délie Grazie, à Salerne.

Eh bien, a-t-on recherché, a-t-on découvert tous ces gens qui dévalisèrent les tabernacles ? — Nulle part je ne vois trace d'un jugement, d'une arrestation, d'une poursuite.

Au fond, ces larcins laissent la justice et le clergé presque inertes ; l'on récite en chaire une amende honorable, puis l'on fait une ou plusieurs cérémonies de réparation, comme celles que prescrivit Mgr Richard, à propos du sacrilège de Notre-Dame, et c'est une affaire enterrée, finie ; jamais plus l'on n'en parle.

Pour que l'Église, pour que la Justice, pour que la Presse consentent à s'émouvoir, il faut qu'elles se heurtent à des crimes monstrueux, tels que ceux-ci :

Il y a plusieurs années, à Port-Louis, un sieur Picot se lie par un pacte avec l'Enfer et mange le cœur encore chaud d'un enfant qu'il assassine. L'an dernier, au mois de janvier, dans la même ville, un sorcier du nom de Diane cherche à acquérir les faveurs des Puissances infernales, en coupant le cou d'un garçon de sept ans, dont il suce, à même de la plaie, le sang[1].

Mais, je le répète, sauf pour ces cas de démonomanie furieuse, aucun indice n'est livré au public sur les sentes de plus en plus prolongées, sur les sapes de plus en plus profondes du Satanisme dans nos mœurs. La question se pose maintenant de savoir pourquoi des gens dérobent les Espèces saintes.

Aucune réponse n'est possible, si l'on n'admet pas que les hosties sont emportées pour être employées à des stupres divins, à des œuvres de magie noire.

Que voulez-vous, en effet, qu'un libre-penseur fasse de ces oublies ? Ce sont des azymes sans valeur pour lui ; il n'achèterait pas vingt-cinq centimes le lot soustrait à Notre-Dame. Il faut donc que ceux qui les acquièrent croient que ces particules ne sont plus des rondelles de pain, mais la Chair même du Christ.

Or, comme cette Chair ne peut, dans ces conditions, être utilisée que pour des actes d'exécration, que pour des apprêts de cantermes et de philtres, que pour des cérémonies infernales, nous sommes forcément amenés, par ce seul fait qu'on La vole, à conclure à l'existence certaine du Satanisme.

Une autre question se présente encore. Sont-ce des gens isolés ou des associations démoniaques qui commandent ces forfaits ou en profitent ? Avons-nous affaire à des Lucifériens ou à des Sataniques ?

Les présomptions seraient plutôt pour la première de ces sectes ; je m'explique :

Tout le monde sait que le domaine du Déchu, sur cette terre, se divise en deux camps :

L'un, celui du Palladisme, de la haute franc-maçonnerie, des Lucifériens qui englobe le vieux et le nouveau monde, qui possède un anti-pape, une curie, un collège de cardinaux, qui est, en quelque sorte, une parodie de la cour du Vatican.

Le général Pike fut, pendant quelques années, le vicaire du Très-Bas, le pontife installé dans la Rome infernale, à Charleston ; celui-là est mort ; maintenant c'est Adriano Lemmi, un filou condamné pour vols en France, qui est le Saint-Père noir. Il ne réside plus comme son prédécesseur en Amérique, mais bien à Rome.

De nombreux renseignements ont été fournis sur le Palladisme. Les plus sûrs, ceux auxquels on peut se reporter, sans crainte de se perdre dans des divagations singulièrement louches et dans des histoires à dormir debout, sont ceux qui nous ont été donnés par Mgr Meurin, archevêque-évêque de Port-Louis, en un livre approuvé par

Léon XIII et qui porte ce titre : « La Franc-Maçonnerie, synagogue de Satan. »

Ils ont été confirmés, tout récemment d'ailleurs, par le témoignage même des Lucifériens dont un groupe dissident aux accointances plus que suspectes, a fait paraître sous la direction de miss Diana Vaughan, une revue de propagande le « Palladium ».

L'on y trouvera, exposés tout au long, la profession de foi et le *credo* des Palladistes ; l'on y pourra subodorer aussi le plus fétide bouquet qui soit d'outrages à la Vierge, et de blasphèmes. Seul, le Léo Taxil de « À bas la Calotte » et des « Bouffe Jésus » a fait, dans ce genre, mieux.

L'autre camp se compose d'associations éparses ou de gens isolés, travaillant seuls ou avec l'aide de quelques voyantes, poursuivant un but personnel, ne s'occupant pas spécialement, ainsi que les groupes Lucifériens, d'abattre le Catholicisme partout où il fléchit et de préparer le règne attendu de l'Antéchrist ; l'on pourrait dire d'eux, de même que de certains anarchistes, qu'ils sont des solitaires. En tout cas, il ne semble pas y avoir de relations entre l'armée des Lucifériens et les déicides esseulés ou les petits cénacles du Satanisme.

D'ailleurs, leurs idées diffèrent. Pour les Palladistes, Lucifer est l'égal d'Adonaï ; il est le Dieu de lumière, le Principe du bien, tandis qu'Adonaï est le Dieu de ténèbres, le Principe du mal ; il est, en un mot, Satan même. Aussi est-ce pour eux une injure que d'appeler Lucifer par ce nom.

C'est donc le christianisme retourné, le catholicisme à rebours ; et cette religion a ses fervents et ses dévotes ; l'on peut en juger par la prière suivante ; je l'extrais de l'immonde revue dont j'ai parlé :

« Ô Dieu de bonté, ô Père le plus aimant des Pères, ô Lucifer très haut et plus haut, grand et plus grand, tout-puissant et plus puissant, nous nous prosternons devant ta divine majesté. Du fond de mon âme, je te crie : à toi, Seigneur, je suis à toi, toute à toi ! Qu'Adonaï soit conspué ! nous le rejetons, nous l'exécrons et que les baptisés par l'eau le renient ! Éclaire, éclaire. Saint des Saints, Flambeau qui porte la lumière, foyer de la vie des mondes, intelligence bénie, éclaire, éclaire, ô Lucifer Dieu bon[2] ! »

En somme on peut définir aussi cette doctrine : un nouveau surgeon du vieux Manichéisme qui, après avoir rampé à travers les âges, repousse dans le fumier de ce temps, ses monstrueuses tiges.

Les Sataniques, au contraire, ont la même croyance que nous. Ils savent parfaitement que Lucifer, que Satan est l'Archange proscrit, le grand Tenancier du Mal ; et c'est en connaissance de cause qu'ils pactisent avec lui et qu'ils l'adorent.

Or, il est à remarquer que les Sataniques ne sont pas réduits comme les Lucifériens à se procurer, par n'importe quel moyen, des hosties, car un prêtre est souvent affilié à chacun de leurs petits groupes et il peut consacrer, au fur et à mesure de leurs besoins ; je ne crois pas, en revanche, qu'il y ait beaucoup d'aumôniers dans les nombreux corps d'armée du Palladisme ; d'ailleurs, où et comment recruter assez de prêtres apostats pour desservir, en Europe et en Amérique, toutes les paroisses du Mal ?

Il semble donc que les vols se pratiquent de préférence au profit des Lucifériens qui ont, du reste, adopté l'emblème de l'Eucharistie transpercée et du calice renversé ; mais ce n'est là, il faut bien le dire, qu'une hypothèse, car il est très possible qu'un Satanique riche, qu'un solitaire, commande un vol, tel que celui de Notre-Dame ; il se peut aussi qu'un brocanteur tienne commerce d'Oubliés saintes et possède une clientèle de scélérats qui les achète ; il se peut qu'il y ait un tarif, une mercuriale des Espèces dérobées, dans ce Paris où tout se vend. Peut-être, ferait-on de bien étranges découvertes, si l'on s'engageait dans cette voie.

Dans tous les cas, ce qui n'est plus une hypothèse, mais bien une certitude, ce sont ces larcins de la Chair divine dans les églises ; c'est là qu'est la véritable piste que l'on devrait suivre, si l'on voulait trouver les vrais sacrilèges, les vrais partisans du Diable, examiner les abominations qu'ils pratiquent, savoir, une bonne fois, à quoi s'en tenir sur le pouvoir plus ou moins occulte dont ils disposent.

Et, je le répète, une fois encore, ceux qui devraient suivre ces pistes les négligent ; nous nous bornerions donc à soupeser des conjectures, si, çà et là, quelques renseignements exacts ne nous étaient donnés par des personnes mêlées à ces affaires ; si, par des vérifications, renouvelées, incessantes, sûres, nous ne savions qu'il existe, en effet, certains prêtres qui ont formé des cercles dans lesquels ils célèbrent la Messe noire.

Tel ce chanoine Docre dont le profil apparaît qulequefois dans la vitrine d'un photographe qui fait le coin de la rue de Sèvres et de la place de la Croix-Rouge. Celui-ci a constitué, en Belgique, un clan démoniaque de jeunes gens. Il les attire par la curiosité d'expériences qui ont pour but de rechercher « les forces ignorées de la nature » — car, c'est l'éternelle réponse des gens acculés, pris en flagrant délit de Satanisme ; puis il les retient par l'appât de femmes qu'il hypnotise et par l'attrait de plantureux repas ; et, peu à peu, il les corrompt et les perturbe avec des aphrodisiaques qu'ils absorbent, sous forme de noix confites, au dessert ; enfin quand le néophyte est mûr, lié et sali par de réciproques sévices, il le lance en plein sabbat, le mêle à la troupe de ses horribles ouailles.

Il faut croire pourtant que cette ignoble apostolat ne rend pas ceux qui le pratiquent heureux, car l'une des victimes de Docre me racontait l'affolement de ce prêtre tremblant d'angoisses, criant, certains soirs : J'ai peur, j'ai peur ! ne parvenant à se rassurer, à se reprendre qu'en s'entourant de lumières, en vociférant des invocations diaboliques, en commettant avec l'Eucharistie des sacrilèges.

J'en cite un, et combien d'abbés Verbicides et de dévotes proditrices des choses saintes ! — Mais laissons cela. — Pour en revenir à la question du Satanisme, une étude d'ensemble, une étude sérieuse, documentée, sur ses origines, ses filiations, sa vie dans les temps reculés, son infiltration dans les campagnes, son expansion dans les villes, à notre époque, devenait nécessaire.

C'est cette étude que Jules Bois a tentée, dans ce volume qui est certainement le plus consciencieux, le plus complet, le mieux renseigné que l'on ait encore écrit sur l'au-delà du Mal.

Jules Bois qui, s'il ne professe pas les idées catholiques orthodoxes est, du moins, un spiritualiste ardent et un écrivain convaincu, a laissé aux explorateurs de l'Église le soin de reconnaître les contrées Lucifériennes, de frayer les pays découverts des Palladistes, et, se dirigeant d'un autre côté, il s'est résolument avancé sur les territoires à peine connus du Satanisme. Il les a parcourus dans tous les sens, visitant leurs ruines, suivant leur histoire à travers les âges, la rejoignant à notre siècle et c'est le résultat de ces studieuses excursions, le produit de ces immenses lectures qu'il nous apporte, criblé en un fin tamis d'art, dans ce volume qu'il intitule : « Le Satanisme et la Magie. »

Toute la partie ancienne tant de fois traitée par les écrivains qui s'occupèrent d'occultisme est, en quelque sorte, rajeunie dans ce livre. Sans s'attarder sur des œuvres déjà dépouillées par d'autres, il a eu surtout recours aux liasses omises, aux textes inédits et il a tiré de curieuses notes des Archives de la Bastille, des manuscrits de la Bibliothèque nationale et surtout de ceux de l'Arsenal, si riche en grimoires, en documents sur la science spagyrique, sur la démonographie, sur les pratiques de la sorcellerie et de la nigremance.

Il a enfin, longuement, patiemment, étudié Cornélius Agrippa, le seul écrivain qui ait, en somme, consigné par écrit la vraie liturgie des cérémonies infernales, les hypocrites et les cauteleuses formules qui, lorsque Dieu le tolère, permettent à l'homme d'entrer en relations avec les Esprits du Mal.

Pour la première fois, il a traduit du latin et il a joint comme pièce justificative et comme appendice à son ouvrage, ce IVe livre de la « Philosophie occulte », dans lequel les initiés peuvent trouver toute la technique du Satanisme.

Et, ce faisant, il a, selon moi, chrétiennement agi, car le vieil axiome de la Magie « Tout secret divulgué est perdu » demeure exact. Il en est de l'infâme goétie, de même de que cette flore qui se ramifie dans les tuyaux d'égout, qui pousse, qui se développe sous le pavé de nos rues, dans l'ombre des conduits de fonte ; c'est une sorte de végétation fongueuse, de champignon, d'éponge décomposée, de teigne qui tire ses sucs d'on ne sait quel terreau, qui s'accroît dans l'humidité, s'épanouit dans la puanteur des limons et, finalement, s'étiole, se dessèche et meurt quand on la transporte dans de la véritable terre, au plein jour. Tel l'Esprit de Ténèbres qui ne se meut que dans la boue et dans la nuit des âmes et qui se paralyse et perd son efficace, dès qu'on l'éclaire. En somme, la publicité, le grand air, sont un des antidotes les plus puissants du Satanisme.

L'on peut donc espérer qu'en ébruitant cet abominable opuscule, Jules Bois gênera singulièrement les adeptes de la

Magie qui se gardent bien de parler de ce IVe livre d'Agrippa dont ils se réservent les formules et les recettes pour opérer des conjurations et tenter des sorts.

Dans la partie toute moderne. Bois a nécessairement dû réunir et sérier une masse énorme de pièces. Celles qui lui ont le plus particulièrement servi proviennent de trois sources :

Du Folk-lore contemporain, des longues et patientes études de M. Tuchmann sur la « Fascination » publiées depuis cinq ou six ans dans la revue « la Mélusine » — puis des archives de Vintras qui abondent en documents sur le Satanisme, — enfin de celles de Christian père qui avait amassé les plus curieuses informations sur la magie, sur les vénéfices, sur les messes noires. Selon la méthode anglaise, Jules Bois a, en outre, fait appel au bon vouloir des gens qui possédaient des renseignements sur ces questions. Il a enfin utilisé le concours d'un des derniers sorciers de Paris qui fut, dès son enfance, initié à la pratique des sortilèges par les Bohémiens et profité d'un voyage pour s'aboucher avec la sorcière de Bretagne, avec la voyante d'Hulgoath qui lit l'avenir dans des fioles reposées d'urine.

Il a ainsi pu peindre, d'après nature, la physionomie du sorcier contemporain et de la sorcière, si facilement confondus par tout le monde avec les bateleurs et les somnambules, avec tout ce ramas d'ignorants filous qui pullulent dans le bas-fonds des villes.

De ces monceaux de rapports, de dossiers, de lettres, des extraits aussi des travaux sur les « Pactes » édités en Allemagne et qui sont les plus sérieux et les plus complets que l'on ait entrepris sur cette matière, Jules Bois a su bâtir un livre condensé et aussi un livre d'ensemble du haut duquel le lecteur peut embrasser d'un coup d'œil tout le panorama du Satanisme.

Il a élargi les échappées ouvertes sur l'au-delà du Mal, et écrit d'éloquentes et de lyriques pages pour montrer les étapes successives des goéties, pour déceler et expliquer les opérations des charmes d'amour et de haine.

D'aucunes étonneront par les idées tout à la fois hétérodoxes et généreuses qu'elles soutiennent, celles, par exemple, où le poète des « Noces de Satan » exalte la femme jusqu'à vouloir lui faire jouer un rôle messianique dans l'avenir ; celles encore où il témoigne d'une complaisante pitié pour la face de larmes qu'il prête à l'éternel Impénitent ; celles enfin où l'offense de l'antique Gnose reparaît, lorsqu'il parle de la Rédemption par le péché « du goût du ciel que laisse après lui l'assouvissement du Mal ».

Mais si ce volume n'est pas écrit par un auteur catholique, il combat, dans tous les cas et hardiment, la Magie noire et le Satanisme. C'est cela qui me séduit dans ce livre et aussi, je me hâte de le dire, l'art dont le poète a su enrober ses savantes gloses.

Je citerai, dans la première partie, à propos du jeu de Tarot, un passage de Bohémiens à travers le monde ; puis une page ardente, emballée sur la sorcière, sur la prise de possession de la femme par le Démon ; ensuite une superbe évocation du Diable avec tout l'arsenal des grimoires dans lequel figure « un bocal de sang humain où dansent sans pouvoir s'arrêter de petites poupées en terre de pipe, comme ivres de retenir dans leurs têtes des graines de pavots » ; enfin, un très original et très intéressant chapitre sur le Saint « sans autel », sur ce saint Jude qui, je l'avoue, me hante, car tout demeure mystérieux en lui.

On ne sait, en effet, ni quand, ni comment, Jude qui est également désigné dans la Bible sous les noms de Thaddée et de Lebbée et dont le père fut Cléophas et la mère Marie, sœur de la sainte Vierge, devint l'un des apôtres du Fils. Tout en insistant pour qu'on ne le confonde pas avec Judas, — ce qui eut lieu du reste — les Évangiles se contentent de le citer comme à la cantonade et, lui-même, se tient silencieux, ne sort de son mutisme que pour poser, dans la réunion de la Cène, telle que nous la décrit saint Jean, une question au Christ. Et Jésus répond à côté, esquive sa demande, refuse de s'expliquer, en somme. Jude est aussi l'auteur d'une Épître qui présente de singulières analogies avec la deuxième Missive de saint Pierre ; enfin saint Augustin raconte que ce fut lui qui inséra le dogme de la Résurrection de la chair dans le *Credo*.

Si nous consultons, d'autre part, le Bréviaire romain, nous y trouvons au 2e Nocturne du 28 octobre, jour de sa fête, que saint Jude évangélisa la Mésopotamie et subit avec saint Simon le martyre en Perse. Si nous ouvrons les

Bollandistes, nous y lisons que, d'après Dorothée et Nicéphore, il aurait également prêché dans l'Arabie, converti l'Idumée et qu'au moyen âge, saint Bernard, qui le révérait, porta toujours sur lui quelques-unes de ses reliques et voulut être enterré avec.

S'agit-il maintenant de relater, à l'aide d'autres documents, sa vie ? la légende intervient et les hagiographes bafouillent, le confondent aussitôt, comme Jacques de Voragine, avec un autre saint. L'iconographie ne divague pas moins, lorsqu'elle s'en occupe. Les tableaux d'antan, les estampes, lui concèdent les attributs les plus divers. Tantôt, ils le représentent tenant à la main une palme, un livre, une grande croix, tantôt une équerre, un bâton, une hache, une scie, une hallebarde ; et, dans les souvenirs populaires, il revient plus étrange encore.

Cet Élu qui fut avec saint Simon, auquel son nom est presque toujours accolé, le patron des tisserands et des mégissiers du moyen âge, est pris par tous les sorciers pour Judas et, dans les causes désespérées, les affligés l'implorent !

Jules Bois devait donc forcément s'en occuper, au point de vue de la Magie, et il nous donne l'authentique prière que les sorciers adressent à cet apôtre défiguré du Christ.

Toute la seconde partie du livre devrait être, en détail, prônée : le Sabbat dont la poète résout ingénieusement l'inquiétante énigme ; le chapitre où il avère la secrète constance de messes noires ; celui où il narre et explique une messe solitaire et nocturne, issue du terroir albigeois, l'office de la vaine observance ; puis des pages essentielles où il a pressé le suc vireux des grimoires, des pages sur les Succubes et les Incubes, sur les envoûtements et sur les Larves ; et ce volume se termine sur le remède réservé aux qu'il décrit, sur les exorcismes.

On peut le voir par cette brève énumération, cet ouvrage est, comme je l'ai annoncé plus haut, un itinéraire complet du Satanisme. J'ajouterai que son texte se renforce de portraits véridiques, tels que celui de ce médium fabricant d'hérésies en chambre, qui eut nom Vintras.

Ainsi s'affirme ce curieux livre. Il est utile de l'étudier, ne fût-ce que pour connaître les périls auxquels les gens épris de magie s'exposent, car l'on ne saurait trop le répéter, ceux-là se préparent la plus abominable existence qui se puisse voir. Ils ouvrent, en quelque sorte, les portes de leurs aîtres au Mal ; c'est, à bref délai, la perte de la personnalité et de la volonté ; leurs âmes deviennent de véritables réservoirs de larves. J'en connais qui ont tout essayé, qui ont pratiqué le rituel des maléfices, commis le sacrilège ; ils ont sans doute lassé l'indulgente pitié de Dieu, car l'expiation ne s'est pas fait attendre. Ils errent, désorbités, à moitié fous, dans la vie, ne s'appartenant plus, ne se sentant plus, eux-mêmes, que pour constater leur déchéance et pour souffrir. Ce sont de vrais possédés que manient des forces mauvaises auxquelles il leur faut, même quand ils ne le veulent plus, obéir.

Ah ! il y a pourtant assez à faire pour se défendre contre cet odieux Tentateur qui s'infond, malgré nos résistances et nos prières, en l'âme de chacun de nous. Il nous guette, il nous pénètre à chaque instant ; il nous sème de pensées mauvaises, nous laboure d'idées folles ; il moissonne et engrange nos péchés, se nourrit de nos offenses et de nos fautes ; il suce nos crimes, « nostra crimina sugit, » comme le dit, en sa langue énergique, l'abbesse Herrade. N'est-ce donc point suffisant d'être toujours aux écoutes avec soi-même, de rester constamment sur le qui-vive, pour repousser les attaques de l'Ennemi, sans vouloir encore pactiser et entrer en relations avec lui ?

Tel qu'il est montré dans ce livre, le misérable sort auquel, ici-bas, le sorcier se voue, est une avance d'hoirie sur les enfers. Je souhaite que la lecture de ce volume préserve les coquins ou les dupes qui rêveraient de pénétrer, eux aussi, dans l'au-delà du Mal.

J.-K. Huysmans.

1. ↑ L'île Maurice paraît, à l'heure actuelle, être devenue un véritable repaire de démoniaques. Une correspondance adressée de Port-Louis à Marseille et portant la date du 29 mars 1895, nous apprend qu'en une seule nuit, neuf églises ont été pillées. À Port-Louis même, les tabernacles ont été brisés, les hosties volées ou lacérées et empuanties par des ordures, les ciboires remplis avec le sang d'un chat égorgé sur l'autel.
2. ↑ Le recueil officiel des prières Lucifériennes vient d'être publié ; il contient des formules d'évocations infernales et des séries de dithyrambes démoniaques d'une bêtise rare.

PRÉAMBULE

PRIÈRE POUR CONJURER SATAN

Ô Satan, toi qui es l'ombre de Dieu et de nous-mêmes, j'ai écrit ces pages d'angoisse pour ta gloire et pour la honte.

Toi le Doute et la Révolte, toi le Sophisme et l'Impuissance, toi le Désespoir, — tu revis en nous et autour de nous, aussi réel qu'aux troubles siècles du moyen âge, quand tu régnas, éclaboussé de tortures, pareil à un obscène martyr, sur ta chaire de ténèbres, agitant, dans ta senestre, le sceptre abominable d'un lingham sanglant.

Aujourd'hui, tes fils dégénérés et épars célèbrent en leurs solitudes ton culte. Tes pontifes traditionnels sont des bergers à front aveugle, de viles drôlesses, des mages outrecuidants et empoisonneurs, et quelques mélancoliques parias.

Mais ton peuple a grandi, ô Satan, tu peux t'enorgueillir de la multitude de tes fidèles, aussi médiocres, aussi vides, aussi perfides que la volonté le rêva. Le monde moderne qui te nie, tu y habites, tu t'y vautres comme sur les roses pourries d'un fumier aux fades senteurs.

Tu l'emportes, ô Satan, anonyme et obscur encore pour quelques années ; mais le siècle qui vient proclamera ta revanche. Tu renaîtras en l'Antechrist. Les sciences des mystères, jaillies tout à coup en onde noire du roc de nos dégoûts, abreuvent déjà les inquiétudes curieuses : les jeunes gens et les femmes se mirent en ces flots d'illusion enivrante et d'insanité.

Laisse celui qui a dédaigné ton piège en aimant ta douleur, dire à ces foules abusées le mystère de lie sur quoi coule, bondissant, ton fleuve de félicité mensongère où les lèvres assoiffées n'ont jamais gagné qu'une plus inexorable soif.

Satan charmant ! j'ai arraché ton masque de goulue volupté, et je me suis épris de ta face de larmes, belle comme une rancune éternelle et vaincue.

Satan hideux ! j'ai découvert ton ignominie et je révèle ton vertige. Si ton involontaire tourment s'orne de la noblesse d'être irrévocable et s'illumine à l'honneur de devenir une rédemption, ô Bouc Emissaire du monde, ton cœur palpitant de mort convoite l'immense et définitive bassesse ; tu sanglotes comme un Messie, mais tu corromps et dégrades comme une Damnation.

Donc, je dirai ton infamie et ton attrait, je chanterai la plainte infinie en maudissant tes crimes. Tu es l'idéal dernier de l'homme déchu ; mais si tes ailes de cheroub semblent imprégnées de ciel, si ton sein de femme dégoutte d'une ensommeillante miséricorde, ton ventre squameux et tes jambes de bête suent l'infecte paresse, l'oubli du courage et le consentement à l'abjection.

Je connais ton rôle et ton destin dans le plan des Providences ; je n'ai point désiré, te frappant, susciter l'extermination des liens, mais leur éveil et leur purification. Que ta déroute, sous l'insolence même de ton triomphe, fasse, en t'écrasant, s'élancer hors de loi le flambeau que tu es ! Alors, Toi transformé par une mort sublime, il ne demeurera plus de la dépouille que la claire expérience dont se fleurit l'infortune, et l'irrésistible goût du ciel que laisse l'assouvissement du mal.

Ô Satan saint et impie, symbole de l'univers dégénéré, toi qui sais et toi qui souffres, deviens, selon le verbe des divines promesses, le génie propitiatoire des Expiations !

———

LE
RÔLE FATIDIQUE DE LA FEMME

―――

I

C'est le Dieu-un, le Dieu-mâle qui créa la Sorcière, et, la chassant de son église, donna cette reine enthousiaste à la satanique magie.

Pas de sophisme. Il faut choisir : ou le Dieu unique ou les Dieux. Le Dieu unique n'admet que lui ; ses Anges sont ses missionnaires, les Satans ses lointains esclaves, les Lucifers ses prisonniers. En somme, il est maître ; que dis-je, seul, bien seul. Il ne supporte pas même les esprits. Avec Zoroastre, avec Manès, avec la Kabbale, avec l'idée du Dieu Double, Bien et Mal, Androgyne, Père-Mère, le paganisme se rue par la brèche faite à cet éternel et grandiose isolement. Du coup les morts deviennent eux aussi des Dieux, les éléments s'animent d'invisibles rayonnants, les mondes regorgent de divinités, les Astres sont des Daimons, les grands hommes des Éons, les enfers vomissent des cohortes de Puissances. Choisissez entre le despotisme de Iaveh et l'anarchie de Satan. Le catholicisme, intermédiaire, plus conciliant que la Bible, affirmant l'immortalité des âmes, le Dieu fait homme, le Satan efficace, Marie presque divine, les saints dignes d'autels, craque de vouloir créer une hiérarchie républicaine avec le Père de Moïse comme président. De lui jaillit le spiritisme, de lui le satanisme ; de lui renaît le paganisme, ce phénix que strangula, puis brûla le juif rigide. Dieu ou les Dieux ? il faut que le monde n'hésite pas ; s'il transige, il renonce à son unité, roule aux grandes houles des orientales idoles se balançant avec la majesté des vagues informes sur l'océan du nirvana.

Nul n'a découvert ce fait évident, n'a compris que la Femme se vengeait d'être chassée du Temple. Elle est cependant toute la religion. Comment ne serait-elle pas la superstition aussi, cette religion passée qui agonise prête à enfanter les cultes nouveaux ? Iaveh, le Dieu triste, cruel, qui veut une intelligence mâle, penchée sur ses arcanes, Iaveh expert en irrévocables châtiments, nie les profondeurs vivantes du sépulcre[1], jalouse jusqu'au cadavre[2], — Iaveh suscite la révolte de la faible, de la rêveuse, de l'apitoyée qui communique avec les âmes éternelles et garde les destinées des peuples. Moïse créa le Dieu misogyne, jaloux de l'Égypte tendre et isiaque, violent suprême, rechignant au doux caprice, à ces intuitions charmantes qui eussent pu détourner un peuple trop crédule de sa formidable et droite voie. Avant lui, pas de sorcière.

Tant que l'homme n'accapara point l'orthodoxie, laissa dans le ciel le Père et la Mère immenses régner dans la même étreinte, la sorcière habita le temple, chanta le cantique de l'Au-delà, fut la sublime prêtresse, conseillère de l'époux, instigatricedes rois et des guerriers, consolatrice ! Elle était la promesse et la miséricorde ; elle pleurait devant le génie qui se lève, elle pleurait devant le criminel, comme devant sa victime, elle pleurait devant la geôle, tout près de celui qui est châtié pour trop d'héroïsme ou trop d'ignominie. Isis, elle cueillait les enfants qui naissent et les hommes mourant ; elle pleurait, et ses larmes furent le véhicule des âmes.

Le Christ libéra la femme, mais en la maîtrisant ; l'initiation lui avait ordonné la méfiance. Cependant il laissa les pécheresses l'aimer, il ne voulut pas qu'on tuât l'adultère, jamais il ne prononça le mot brutal : « Femme qu'y a-t-il de commun entre toi et moi[3] ? » il supporta qu'au pied de la croix sa mère reçût contre son sein, afin d'y compléter la révélation du Verbe — le disciple le mieux aimé, l'apôtre des avenirs ; il apparut à la courtisane, il voulut que saint Paul voyageât chez des filles perdues, et qu'elles lui fussent des protectrices et des hôtesses. Jésus plaçait un de ses pieds divins dans la religion qui suivrait la sienne. Jésus faisait mieux encore, il était femme, d'à cette habileté du sentiment dont la puissance intarissable d'Ève est tissée[4].

Mais les Conciles conspuèrent les Madeleines et les Maries ; on les chassa de l'autel, on leur défendit de consacrer, d'apporter Dieu dans l'hostie, elles qui (e livrent au bout de leurs lèvres, jailli de leur grand cœur. Elles ne purent même plus être les enfants du sacrifice, les servantes du sanctuaire ; on les refoula dans la foule, leur laissant le seul attrait d'être humiliées, la seule force d'obéir.

La haine du sacerdoce grandit et les grandit. Elles deviennent le Diable : débiles, timorées, vaillantes à des heures exceptionnelles, sanglantes sans cesse, lacrymantes, caressantes, avec des bras qui ignorent les lois, des pitiés qui rompent les châtiments, des instincts qui raillent la majestueuse et dogmatique bêtise. Fi ! Fi ! Elles ne valent rien, elles sont faites d'une côte, d'un os courbe[5], d'une dissimulation rentrée, d'une lâcheté qui communie avec la Nature, cette maudite — d'une intrépidité qui brave tous les pouvoirs. Elles baisent le serpent qui leur enseigne l'art de s'enfouir, puis de saillir tout à coup dardantes et sifflantes. La Femme est le péché du premier soir, elle corrompt l'amant, l'époux, l'homme qui cependant est son père. Horreur des cultes mâles : l'homme le premier, l'homme l'unique, l'homme, une statue d'argile où souffle un Daimon magnétiseur, l'Homme qui n'a pas été l'Enfant ! L'Adam biblique n'est pas un être, il est un monstre artificiel, non un homme, mais un « Homunculus ». Il n'y a pas d'homme sans la mère, sans la femme. Notre père le plus lointain sort de la boue marine, selon les naturalistes ; et les naturalistes ont cette fois presque raison ; car la boue c'est la matrice, c'est la molle passivité, la creuse origine où dort le germe, le germe, qui avant de féconder les entrailles en sort. Mais elle est si bonne cette source de toutes les existences, qu'elle permet qu'on la blasphème. Au défi de toute religion profonde, de toute science calme, sa puissance est niée, sa douceur soupçonnée de traîtrise, son pardon inépuisable qualifié de révolte, sa charité appelée péché et damnation.

II

L'ardente et dédaigneuse Circé experte aux rites de Proserpine, la brutale Médée, qui cueille aux heures harmonieuses avec les étoiles, des simples qui effraient tant ils se nourrissent de douleurs et tant ils ruissellent de poisons, Canidie qui boit les entrailles fumantes des petits, toutes les Thessaliennes — le paganisme les enveloppait de je ne sais quoi de sacré en les proclamant prêtresses d'Hécate et de Cottyto. Temple souterrain, temple cependant. Elles embrouillent de perfides écheveaux, fils d'Ariane qui, au lieu de conduire, égarent ; elles envoûtent, virevoltent poétiquement, cuisinent des potions abominables, triturent des os de mort, égorgent aussi… Nulle d'entre leurs victimes n'oserait porter sur elles une main vengeresse, et les apostrophes d'Horace contre la sorcière s'agenouillent bien vite en supplications. Elles symbolisent l'Instinct-Dieu, tel que le christianisme l'abolit dans le cloître, le combat partout. Elles sont fatales, belles, — même lorsqu'elles sont laides ! — divines surtout si elles sont infernales. Elles recèlent le mystère, gardent l'Hâdes, apprivoisent Cerbère, conduisent chez les morts ; on les dirait, ces décriées, plus sacerdotales que les autres, car seules elles approchent les Mânes, elles ont le droit de faire mourir, ô terreur ! elles ont le pouvoir de faire revivre, ô douceur ! Elles sont incomparables ; ne méprisent-elles pas la Pythie inaccessible sur son trépied, jouet du clergé, médium pétri par un magnétisme despotique, ambiguë aussi parce qu'elle n'est pas indépendante, étant l'oracle du grossier Apollon, et irresponsable de ses prophéties ? Leur dieu à elles, les libres inspirées, leur guide, noble comme ce qui est invisible, leur dieu, c'est au contraire le soleil d'en bas, pasteur d'âmes, l'Ammon-Ra des bagnes du Léthé, le Dionysos des Ombres, le Pluton aux yeux impassibles qui ne voient plus : — tout ce qui impose aux hommes étant irrévocable et au delà de la mort. Et elles préconisent et confèrent la plus sordide, la plus impunie, la plus fervente volupté ; entrelaçant de cyprès les thyrses des Bacchantes, elles donnent au plaisir l'excuse d'être criminel ! à l'assassinat le ragoût d'être religieux ! Qui songerait à mépriser ces courtières et ces courtisanes, qui, consacrées par la Lune, sont les gardiennes de l'esprit des ancêtres ?

La triple et noire Hécate, la veuve qui parcourt le ciel, les tient pour des filles bien-aimées, Hécate, souple aux évocations de celles et de ceux comme elle délaissés et désespérants, veufs de cette lumière personnelle, solaire, la Joie. Ces atroces prêtresses, le peuple à l'impitoyable bon sens les condamne si peu, qu'elles deviennent les fées, les enchanteresses, ces puissances des éléments qui apportent à toutes destinées, même étroites et positives, leur rayonnement mystique, un baptême surnaturel de nature passionnée. Elles remplissent les légendes, elles remplissent aussi les clairières et les imaginations ; elles sont les Vivianes qui donnent la paix, le sommeil de plusieurs siècles dans le palais de cristal ; elles sont les Melusines bienfaisantes dont le corps finit toujours en serpent (c'est ce terrible catholicisme qui veut cette anomalie : la femme même bonne, toujours maudite). — Mais leur temple est bien solide, quoique de fragile aspect ; c'est le cerveau malléable et naïf de l'enfant dont les premières années s'idéalisent de leur vol grêle. L'enfant ! elles le massacraient aux soirs lointains, et avec lui elles forgeaient leur invincible sortilège, maintenant elles regrettent… Et elle le vengent en lui apportant par la voix de la grand'mère ce régal de poésie que le père positif bientôt bousculera. La vieille fée, la méchante, est vaincue par sa jeune et bienfaisante sœur. Revanche des temps, la Thessalienne d'autrefois, respectée quoique humble, gagne, à la persécution du culte nouveau, de dévêtir sa gaine de démon et de s'envoler ange autour des berceaux.

Le peuple têtu ne cessa point d'espérer en la femme ; les poètes aussi, ces frivoles joueurs de violes, plus sérieux qu'on ne croit — et qui, trouvères ou troubadours, préparèrent sa divinité, en lui faisant avec une rose son auréole.

Ah ! le sacerdoce y met ordre bien vite. Il flaire l'hérésie, pressent Manès avec ses croyances au Dieu Double. « La femme c'est le mal, c'est la passion, le trouble, la mère des hérésies, la sorcière et le sabbat, — c'est Satan. »

Et la guerre commence, effrénée. Les Albigeois, les « Parfaits », les « Croyants », les « Bons-Hommes » sont noyés dans le sang, les Albigeois qui reçurent une initiation filtrée du Temple ; le Midi amoureux, fébrile, bruyant, sensuel, voit dans l'Ève nouvelle : l'Amour, le Saint-Esprit — la Béatrice révélant le ciel. Simon de Montfort répond en brute égorgeuse : « elle révèle l'enfer », et il meurt d'une pierre lancée par une femme. Les Templiers se taisent, tristes et méfiants. Ils sentent bien que cette haine, qui massacre des frères, les menace, inconsciente. Eux, ils dédaignent l'Occident chrétien. N'ont-ils touché les Chamites, là-bas, au Saint-Sépulcre, qui ne leur a appris que la mort du Christ et non pas sa résurrection ? Le Christ nous défend mal, — croisades vaincues toujours, même victorieuses. Le Christ est mort, crachons sur le Christ ; et ils crachent sur le Christ. Le Christ est humble, le Templier est orgueilleux. Il se rend à lui-même le culte que le Christ, homme suprême, rend cependant à son père. L'horrible baiser au dos du Baphomet, symbolise cette abnégation criminelle, non plus offerte à Dieu, mais au Templier lui-même, voluptueux et brutal[6]. Combien plus beau pour ce Templier, le Dieu fort et vraiment mâle, dédaignant si peu la femme, qu'il rêve l'union miraculeuse des deux sexes, l'amour créant l'éternelle union même dans les corps, — Androgyne, Baphomet, Bouc ennemi de l'Agneau, vieux sphinx à mamelles et à griffes, puissance et luxure ! Le sabre, recourbé comme un ctéis s'entrelace au rigide spectre du lingham. Le Vieux de la Montagne aussi a parlé, enseignant les prestiges, initiant par les délices des paradis de Mahomet à la conquête guerrière du monde. Et les Templiers se regardent entre eux avec des yeux virils en quête de fémininité ; la femme est dans leur vice[6] n'exilant la femme que parce que ce vice la crée en eux. Les Templiers nourrissent l'Orient dans leur cœur sombre : le torrent de l'antiquité révélatrice leur apporte, défigurée par leur corruption, l'idole jouisseuse et équivoque qu'ils opposent au Christ pur et souffrant.

Cependant qu'elle fut noble, dans l'esprit des chefs, malgré la tache d'égoïsme satanique, l'idée de ce temple de Salomon, reconstruit selon la tradition éternelle avec les pierres de l'Église plus récente ! Si féconde cette idée qu'elle se perpétua, ne put mourir dans le massacre, connut le miracle de ressusciter en les Rose-Croix, en les premiers francs-maçons, pas encore dégénérés, et mieux, en cette glorification du Saint-Esprit, dont nous sommes tous exaltés, positivistes ou mystiques, sous des formes adverses, selon d'autres méthodes.

Le motif secret de cette coalition en faveur de la Troisième Personne mystérieuse, c'est que le Paraclet n'est pas seulement l'Esprit, c'est la Mère universelle, toujours refoulée par l'Église, la Mère étouffée par la Vierge, la femme vraie sans fausse honte de sa nature et de ses dons.

III

La femme, la femme ! la femme arrive.

La vengeresse s'est levée.

La voilà : c'est la sorcière du moyen âge, de la Renaissance. Celle que les bûchers et les tortures glorifieront ; trouble certes, abstruse comme la vraie femme, tantôt la Jeanne de Domrémy, tantôt l'abominable Nécato. Elle recueille entre ses bras, contre sa bouche, au fond d'elle-même depuis les dieux lares, jusqu'au bouc émissaire de Moïse, l'Androgyne des Templiers, aussi bien que le Sphinx d'Égypte, le Satan aussi des exorcistes, qui n'est que le cri pourchassé de l'impure joie. Elle est reine au sabbat, traquée et tourmentée, reine qui n'ose avouer sa royauté, la prend quand même, alors que le sorcier, louche, timide, s'enfonce dans ses tanières[7].

Les derniers Albigeois sourient ; ils lèvent la tôte, éparpillés et craintifs. Tiens, la « Bice » (Béatrice, la secte du sud), quoique vierge, a fait des petits, « L'Église coquette » se réveillerait-elle ? Le Pape, « le vieux de l'Ida » a du fil à retordre, du fil de fée et de nécromancienne. « Les arbres morts », « les durs cailloux » (les orthodoxes) appréhendent que « les vivants », les hérétiques ne renaissent, les flots de la science dissidente si bien terriblement nommée « la Mer », va frapper l'autel catholique d'un remous nouveau. Et les voilà qui déjà se chuchotent à travers les roches nues du Midi l'ancien mot de passe : « Altri[8] ».

Les juges, les bourreaux, les soldats, les prêtres, se ruent sur cette révolte décriée. Serait-elle vaincue ? Et comment résister à toutes ces forces liguées ? Le sang païen s'anémie dans les campagnes. Jésus est d'ailleurs un redoutable magicien ; l'exorciste a secoué son eau bénite et son latin sur l'arbre, le chien, la mare. Où le pauvre Satan va-t-il se nicher ? Il n'a même plus de doctrine ; s'il avait un livre à lui, un vrai, qui ne soit pas seulement le missel à rebours ? il attend sa Bible, son Évangile, le récit de sa passion et de sa gloire afin qu'à l'instar des autres Messies, il soit immortel même au tombeau. Quel livre, pour des adeptes qui ne sauraient lire ? parbleu, mais un livre d'images, un livre discret, qui ne compromettra pas, un livre à jouer...

Ce livre, un miracle l'apporte. Il semble que le morne Orient se soit attendri, qu'il ait eu pitié de ce Satan son fils... Puisque le pauvre hère n'a plus même la force de retourner dans sa patrie, sa patrie lui envoie des auxiliaires, une armée fraîche avec ces armes incomparables, l'arsenal pacifique de ces cartes par lesquelles s'édifient les châteaux fragiles de l'avenir, — le Tarot.

Ils arrivèrent à la rescousse, haillonneux, bas et insolents, ces messagers de la Bonne-Aventure, sur leurs allègres chevaux, en horde caracolante, avec leurs figures basanées leurs cheveux gras, leurs carrioles de bois peint heurtant les cailloux des rues. Ils demandèrent les échevins, qui s'ébrouèrent. « Qui êtes-vous ? — Je suis, dit le premier, duc de la haute Égypte, et ceux-ci en sont les comtes et les barons ; nous venons demander à la France l'hospitalité. » Les échevins se regardèrent : Quoi ! ceux-ci des ducs, des barons, des comtes ? des pouilleux, ou des voleurs… en tout cas des troupes de païens, dont il faut prendre garde. Le rayonnement du diable obscurcit l'insupportable lueur de leurs yeux. « Et qui vous amène, quel ordre avez-vous reçu ? » Le duc se cambre : « Nous obéissons à Celle que précède notre cortège, qui, réfugiée dans son palanquin, étudie dans les livres d'Hermès la destinée du monde ; c'est notre Reine, notre Duchesse, la Sublime Maîtresse du Feu et du Métal ! » Ah ! front ténébreux que scelle une couronne de sequins, cheveux crespelés de négresse, manteau assyrien où l'or chante parmi de sourdes pierreries. Toi que précède un hérault porteur d'un rameau d'églantier. Mendiante, Papesse !

Non, non, ces bourgeois d'échevins ont trop la crainte du Seigneur, des deux Seigneurs, celui de la terre comme celui du ciel, pour ne pas écarter ces penailleux qui s'enorgueillissent. « Hors Paris, hors Paris ! Allez au diable, d'où vous venez sans doute. (Le bon échevin ne s'imaginait pas dire si vrai !) Allez. » Mais le lendemain toute la ville s'éveille avec une curiosité charmante d'angoisse. « Des gens inconnus qui se disent venus d'Égypte… le pays où Notre-Seigneur se réfugia sur son âne avec ses parents… Ma chère, on dit qu'ils lisent dans les mains. » Les commères papotent. Dans le fond des campagnes, le sorcier terré lève l'oreille au vent qui souffle d'Orient ; la sorcière, dans la chambre des tortures, sourit ; elle a entendu arriver ses maîtres, sinon ses sauveurs.

Et ce livre égyptiaque, distraction du roi Charles VII qu'un philtre d'amour consumait, comme il se plia au rêve de cette sorcière, idéalisant les martyrs de la secte, tous les larbins d'amour, les valets, les Lahire, ces « fidèles » de la langue d'Oc qui aux cours galantes dissimulèrent l'enseignement du Temple sous des fadeurs. Ne reconnaissez-vous pas dans le Chariot (lame 7) le char des Bohémiens, dans l'Ermite (lame 9) le Vieux de la Montagne, dans le Diable (lame 13) le Baphomet, dans l'Amoureux (lame 6) le charme aveugle que sait diriger le sorcier vers le cœur rebelle, dans le Feu du Ciel (lame 16) (tour fracassée par le tonnerre) la fatalité frappant le Temple qui se venge en écrasant sous ses ruines le Pape et le Roi ?... Henri VII, le patron de la secte, celui qui assiégea Rome et qu'une hostie orthodoxe empoisonna, c'est l'Empereur du tarot (lame 4) ayant à ses pieds l'aigle, attribut héraldique, oiseau de saint Jean, — saint Jean le patron des Templiers. L'Impératrice (lame 3) c'est la Secte elle-même, la « Bice » l'épouse mystique de l'empereur Henri VII. Qui ne découvrirait dans la Papesse (lame 2) la Sublime Maîtresse du Feu et du Métal, la Duchesse d'Égypte ? Le Pape (lame 5), c'est le pape d'Avignon, le bon pontife Albigeois, peut-être l'anti-pape Cadulus, l'auteur du célèbre grimoire signé Honorius. Quant à la lame1, le Bateleur, mais il faudrait être aveugle pour ne pas y voir le Bohémien, lui-même, ou le vieux sorcier d'Albi, réduit à faire des tours de gobelet, le rebouteur, le montreur d'ours.

Satan est désormais tranquille ; on pourra brûler les grimoires où il n'est pas. Son histoire et jusqu'à son avenir — lame suprême « le Triomphe des Mages » — sont écrits en inoffensives peintures où les femmes solitaires se complairont, dont les hommes se délassent, s'énervent, cartes de réussite, cartes pour l'amour, cartes pour le jeu, cartes vraiment de la Femme et du Diable !

IV

Cependant il semble que devant l'insistance des bûchers un conciliabule se soit tenu entre le sorcier et la sorcière. Moi, dit l'un, je garderai la terre des ancêtres. — Moi, dit l'autre, je serai plus maligne, j'irai au couvent, je détraquerai le prêtre, je démantibulerai l'Église, je mettrai Satan à la place du Crucifié, sur le maître-autel.

En effet, selon les procès plus modernes, on sent dans l'Église le souffle de la chassée ; elle y apporte sa crise, ses miracles, ces flambées de passions dont les pales nonnes s'effarent d'abord, puis sont gagnées. Quelques-unes firent tout tomber sur le prêtre, dirent comme en certaines dépositions : « C'est lui le confesseur, qui pervertit par ses questions, incite, lubrique, à d'abominables sacrilèges. » Non, la sorcière est surtout cause de tout, expie tout d'ailleurs le plus souvent. Elle tente : sa beauté, — yeux d'enfer, bouche dévoratrice, avec dans ce corps noir les sursauts qui, rend fou ; et son soin stigmatisé suggère à l'homme de Jésus l'impure hérésie. « Le corps a sa splendeur, le corps est divin, si l'âme y apporte Dieu ; il faut marcher nu (se rappeler les Adamites), tout est chaste pour qui croit ; s'il reste encore du péché dans la chair, que cette chair l'extermine en se ruant au péché... » Doctrines albigeoises, principe de Manès et du Temple qui se retrouvent tout à coup aux lèvres de Gaufridy, de Grandier, et surtout de Girard, de Picard et de Boullé... Madeleine Bavent est le meilleur exemple de la sorcière dans l'Église. Elle dégage, inconsciente peut-être, autour d'elle une atmosphère de sabbat qui corrompt tout. Mais la victoire ne peut plus tarder.

À la fin du XVIIe siècle la sorcière règne, elle asservit le clergé, terrorise la cour, manque tuer le roi. (Procès de la Brinvilliers.)

Le XVIIIe siècle la voit rayonnante, installée enfin avec le diadème et la tiare promis par le Tarot, impératrice et papesse, épouse du grand Cophte Cagliostro, prêtresse d'Isis. — Elle fomente la révolution, elle construit l'échafaud, qui revanche son bûcher.

V

Aujourd'hui, son empire grandit encore ; elle se révolte sur tous les points, rêve toutes les conquêtes, erre parfois voulant trop avoir, comme un enfant à qui on aurait longtemps trop refusé. En Amérique, en Angleterre, elle triomphe ; au nord de l'Europe elle s'agite ; en France ou commence à l'écouter. C'est elle encore qui gère et conduit le nouveau mouvement religieux.

Elle semble s'être réconciliée avec le Christ ou du moins l'enrôler sous sa bannière.

Son apostolat étend sur l'Occident cette renaissance « spiritualiste » dont bouillonne le Nouveau-Monde ; elle ne profite de sa liberté, cette sacrifiée qui veut toujours l'être, que pour la lier aux inspirations invisibles. Elle grandit même dans le catholicisme qui l'a tant dédaignée. Il n'y a plus de prophètes mais il nous reste des voyantes. L'hérésie et l'orthodoxie la glorifient également. Marie Alacocque, apercevant le Christ, y découvre son cœur, justement ce qu'il y a en le verbe de plus féminin, de plus passionné. Et le catholicisme s'oriente vers une ère nouvelle. Une des plus neuves et des plus étranges hérésies modernes, le vintrasisme débute en demandant l'immaculée conception de la Vierge Marie. Ce privilège inouï est accordé à la Femme par le Pape. Et Bernadette, la divine Pastoure, par ses entretiens avec la Déesse nouvelle, inaugure dans une humble grotte les miracles de la Suprême Bonté. Les sanctuaires de Marie envahissent les sommets et elle seule accomplit encore des prodiges. Est-ce bien la Marie de l'Évangile, toute seule qui monte et s'affirme ainsi ? Ne s'allie-t-elle pas cette Mère de Jésus, à la « Virgo paritura » des Druides[9], à l'éternelle épouse d'Osiris dont les images remplissent le monde ?

Par d'étranges destinées, émissaires d'un règne meilleur, deux femmes proclament le mystère en ce siècle, au milieu des colères et d'un incomparable étonnement.

Katie King, le plus beau des êtres humains, un fantôme de chair, sous les yeux du plus respecté des savants, William Crookes, pendant trois ans raconte sa mission d'Orientale et colporte en Europe la merveille des Temples du Très Loin[10].

L'autre une vivantedenotre terrestrevie, c'est la générale des Théosophes, Mme H. P. Blavatsky, l'Occidentale qui rallume parmi les brouillards d'une vie tumultueuse les flambeaux védique, brahmanique et bouddhique, comme afin de contrôler Katie King, et d'affirmer la Grande Doctrine.

J'ai parcouru Paris en quête des petites religions qu'il renferme, je l'ai trouvée partout la sectaire levant un front indomptable. Les femmes mènent le mysticisme, non plus cette fois secrètement, mais au grand jour, avec orgueil. L'élan est donné. Des âmes plus limpides communient secrètement avec l'au-delà, tentent, davantage encore, le mariage de l'Invisible et de l'Humain. Nobles femmes, je les vois Précurseurs méconnus défère nouvelle, qu'elles portent déjà dans leurs yeux fiers.

Si tu te purifies, sœur du Christ, antique Sorcière régénérée par la Douleur, Vierge Marie ou Isis, impératrice du Cœur, prêtresse de l'Esprit, quel téméraire ne reconnaîtra pas ta douce et lucide puissance ? qui donc ne tombera point à genoux devant ta grâce et ton infaillibilité[11] ?

1. ↑ Le vrai Juif est matérialiste.
2. ↑ La loi de Moïse défend l'évocation des morts.
3. ↑ M. Louis Ménard traduit très judicieusement et beaucoup plus exactement : λέγει αὐτῇ ὁ Ἰησοῦς τι εμοι και σοι γύνα par « Jésus lui dit : Femme qu'est-ce que cela nous fait à toi et à moi ? « C'était aux noces de Cana, Marie voulait qu'on eût du vin. Mais, pour des intelligences mystiques, que peut être un peu de vin ?
4. ↑ L'apôtre des Gentils, celui qui répandit la loi chrétienne avec le plus d'enthousiasme et d'acharnement, saint Paul, je le répète, fut sans cesse secondé par des femmes : tantôt Thécla, tantôt Lyda, tantôt Chloé la pâle et tantôt Phœbé la brillante ; à peine nommées dans les écrits qui nous restent, on les sent cependant ouvrières infatigables, exécutant docilement (avec la docilité de l'amour) les volontés du maître, et plus d'une tint le calame pendant que l'inspiration débordait des lèvres de Paul.

Jusqu'en 379, dans l'Église grecque orientale, l'Église mère, la femme a été prêtre, elle était sacrée solennellement, recevait le Saint-Esprit par l'imposition des mains. Quand elle officiait, une sorte de terreur environnait sa consécration ; au moment où un Dieu descendait à sa parole, sous sa main délicate, un frisson de trop d'amour secouait l'assistance. On finit par craindre la contagion d'un attendrissement inévitable ; les évêques lui prescrivirent de ne plus dire la messe qu'à huis clos, mais les profanes violèrent trop souvent la chasteté du mystère ; peu à peu les conciles s'émurent, lui interdirent le sacerdoce, puis lui défendirent de cathéchiser, de baptiser, d'étudier même, sans son mari. En Occident, la femme ne fut jamais chargée que du diaconat, des soins matériels de l'église, et au siècle elle en fut exclue entièrement.

Le mouvement messianique, le mouvement de foi, de martyre se ralentissent à cette époque ; c'est que le rôle de la femme faiblit.

Elle se recroqueville ; elle, la propagatrice de cette religion qui maintenant l'écrase, elle se sent destinée à l'œuvre sourde des conspirations. La voilà qui s'humilie dans le menu des choses, elle avait vu par-dessus nos fronts, elle avait baisé l'Invisible, elle s'enfouit dans des détails obscurs, et la Sibylle qu'elle porte en elle fait semblant de dormir, s'éveillant parfois en ce grand empire romain, selon la curiosité d'un empereur inquiet ou d'un prétendant impatient, — persécutée. (Voir encore p. 27, note 3.)

5. ↑ Voir Sprenger, Nider, etc.
6. ↑ a et b Ce détail est affirmé dans presque toutes les dispositions des innombrables procès des Templiers.
7. ↑ Toutes les professions se mêlent, tous les surnoms, depuis les grandes dames altières jusqu'à celles d'en bas, celles de la glèbe ou du petit commerce, « la Grosse Bossue », « l'Amoureuse », « la Gardienne du Pont », « la Vieille Charcutière », les plus jolies filles entraînant avec elles le jeune étudiant, toutes, jusqu'aux enfants de dix ans.
8. ↑ Lettres combinées, initiales d'une formule demeurée encore dans les traditions populaires du Midi, dont la clef reste à découvrir : *Arrego, Lucembourg Templaro, Romana, Imperator.*

   J'y distingue, mais bien faiblement, le navire Argo, le Temple et peut-être Henri VII, mais qui exactement saura ?
9. ↑ La crypte de la cathédrale de Chartres est l'ancienne grotte dans laquelle les Druides célébraient le culte, en quelque sorte prophétique, de « la Vierge qui devait enfanter ».
10. ↑ Un oriental aussi, Adullah apparaît à Londres et à Saint-Pétersbourg par les soins d'Aksakoff, mais il n'a ni la même autorité morale, ni une consécration aussi scientifique que Katie King.
11. ↑ Je tiens à revenir sur le rôle de la femme dans la primitive Église ; prêtresse elle y est l'égale du prêtre. La quatrième œcuménique du concile de Calchédoine lui permet d'être consacrée. Tertullien et Athanase s'en indignent assez. En 369, le concile de Laodicée lui enleva ce droit. (Collection de Denys le Petit, Mayence, 1525, cap. XII.) En 391, le concile de Carthage l'exclut tout à fait. Aussi quoi d'extraordinaire si un prophète moderne (hérésiarque on n'est pas très sur), Vintras, lui rend le droit d'officier, la proclame prêtresse de Marie, comme elle le fut dans le secte des Callydiciens ?

LIVRE PREMIER

SATAN ET SES DISCIPLES

CHAPITRE PREMIER

LES TROIS SATANS

Historique, positif, j'ai dit le mystère inconnu de l'éternelle Église dissidente ; je me suis confiné à l'Occident, ne voulant retenir de l'Orient que les lueurs, volcaniques parfois, qu'il verse sur l'Europe. Tâche énorme ! nul ne me garda, sauf une tradition orale tronquée, les lueurs du dernier des Albigeois, anxieux de toujours trop dire ; l'histoire avec ses mille plis et replis en trompe-l'œil, ses événements de premier plan, démesurément grossis, dissimule la foule de ces menus faits, qui, semblables aux jeux de la physionomie, trahissent l'âme beaucoup mieux que les grands gestes préparés d'avance. J'ai étudié la providence de l'ensemble ; maintenant il faut sonder le mystère de l'individu. L'individu est le plus souvent, égoïste, criminel pitoyable, suggéré par le serpent, et le baisant avec des lèvres goulues, pour son horreur, son froid de reptile, sa cauteleuse grâce aussi, sa puissance à mordre, à fuir, à se cacher, à être courbe et aigu.

En regardant le mal, ses causes, ses conséquences éloignées, on aperçoit Dieu le plier à ses desseins ; mais le Mal reste le mal, surtout dans la volonté, dans l'individualité néfastes, qui le conçoivent et l'accomplissent. Impossible de louer Satan, d'en faire un exemple de dévotion, malgré ses incontestables et inconscients services d'instrument divin. Son cas passionne et rebute ; il est l'Homme à ses extrêmes limites de défaillance avec cette terrifiante inclination à pécher pour la saveur triste du péché.

La véritable Divinité peut faire son Temple harmonieux avec des pierres inégales et noires ; mais ces rocs monstrueux, cet infâme ciment, vus de près, c'est la consternation, le danger, la turpitude.

Les cathédrales gothiques donnent un peu cette impression avec leur apparence de forêt, élancée vers Dieu, mais dont les plus basses branches subissent le chevauchement des monstres.

Ou bien encore, paysage large, tourmenté à la Salvator Rosa, presque sublime : l'ignominie a ses montagnes, l'enfer a ses fleuves, le désespoir sa houlante mer ; les fronces du terrain âpre échappèrent tout d'abord en l'harmonie farouche du tableau ; puis, peu à peu se trahirent, gluances, égorgements, la boue qui se colle, sang et crachat, sous le bleu rictus de la lune.

Comme le monde, comme l'homme, comme Dieu, Satan est trois :

Le Satan des déshérités et des pauvres, le Satan des dépravés et des riches, le Satan de l'ambitieux dilettante, du fou mystique et athée.

Ils se justifient ensemble par le premier ; le Satan de la souffrance ténébreuse, de l'abandon. Celui-là reste vil, mais son enfer remplit de larmes les yeux des saintes et des Messies, qu'il hait comme un amant jaloux et bassement sensuel, insatisfait d'une maîtresse de pureté et de rêve. Angèle de Foligno écrivit ce mot sublime, qu'il lui arriva dans les moments suprêmes de l'extase, d'aimer les démons ». Magnifique révélation qui explique pour le salut du monde la descente, sans cesse, dans la chair, des âmes délivrées se vouant à la carrière maudite des Bouddhas et des Christs. Certains siècles, l'humanité tombe si bas dans le désespoir, pour s'être librement déshonorée, que son cri démoniaque évoque Dieu ! Là gît l'éternelle puissance de Satan : il souffre. Écoutez Baudelaire chantant les litanies du Monstre, le glorifiant de sauvegarder les vieux os de l'ivrogne, de préserver du précipice le somnambule, d'apprendre l'amour au paria, de savoir, car les larmes apprennent ! de guérir, car il n'y a que le malade éternel pour connaître le secret de l'apaisement ! Huÿsmans le proclame par la bouche de son chanoine Docre, « le suzerain des mépris, le cordial des vaincus, le fertilisateur des cerveaux, le soutien du pauvre, l'incitateur au meurtre ! » En somme, ce premier Satan c'est le plus désolé des Anarchistes.

Il règne sur le sorcier, le bandit, le traître incurable et fatal, le miséreux hors toutes lois, le révolté. C'est Satan-Verbe, le Christ des fanges, le Reptile Émissaire du monde, l'éternel porte-croix des infamies, le persécuté à qui nul ne pardonnera. « Il y aura toujours des pauvres parmi vous, » a dit Jésus. Il voulait dire que tant qu'il y aura un monde, le Verbe des ténèbres créera la douleur dans l'incompréhensible châtiment. La renaissance des âmes qui ont démérité en d'autres vies, sur d'autres terres, apporte ce ferment de larmes au monde qui, sans elle, s'endormirait dans un égoïsme aveugle, dénué de sursaut. Ils s'indignent, les nouveaux venus, si mal situés, et avec raison et sincérité apparentes, puisqu'ils ont oublié leur antique vilenie et ne voient que leur moderne abaissement. Ils poussent de justes cris contre de justes injustices. Leur plainte n'est pas inutile, leur tourment non plus. Leur légion, qui est le corps de Satan-Verbe, blasphème pieusement et expie avec désespoir.

Satan se subtilise en sa troisième face, la face future de cette trinité réverbératrice de l'Autre, troisième face contrefaisant le Saint-Esprit. Le plus subtil certes, et le plus dangereux des tentateurs, pour les artistes, les savants, les philosophes. Non pas la première personne de souffrance, mendiant grossier qu'il dédaigne, ni la deuxième hypostase, le sensuel éperdu dont le faux ascète sourit comme d'un sot. Adultérant Platon, il est nourri de la sophistique d'Hegel et de Hartmann, qu'il inspira. Renan est en France son précurseur, et la mauvaise doctrine Sankhya a vu ces yeux ironiques palpiter au-dessus de ses abîmes.

C'est un passionné métaphysique.

En son cerveau — il n'est plus guère que cela, un cerveau ! — l'univers matériel s'éclaire de conscience et les nuages de l'orgueil forment la couronne de ce front crépusculaire et auroral. Il raisonne, alors que de ses deux frères l'un pleure et massacre, l'autre se pâme et croupit. Il raisonne, et à peu près de la sorte :

« Il y a eu jusqu'à ce jour deux dieux pour les hommes. Les esprits obscurément positifs ont adoré la matière, source des forces et des formes. Les stupides et doux rêveurs se sont agenouillés au contraire vers un dieu impalpable, redouté, gracieux, fait de fumée et d'espoir, vers un idéal chimérique, vers un illusoire juge.

« Je concilierai ces ennemis en mon implacable sagesse.

« Ils ne se sont pas entièrement trompés, les positifs. La matière a bien été jusqu'ici l'unique divinité. Elle seule

« *est* » profondément ; je la proclame la mère inconsciente, ténébreuse, le ventre dont je jaillis, moi le Dieu futur, allègre et savant, dompteur des brutes et dominateur des énergies. Mais je dédaigne si peu les lois de l'esprit et ses mystères que je les adapte à mon triomphe. Donc les rêveurs aussi n'ont pas eu tort ; ils ont prédit mon règne ; leur Dieu vague et chétif, je l'incarne, je le deviens. Je suis l'intelligence lucide, ne croyant qu'à elle-même, le moi athée, divin et victorieux. »

Ce Satan n'est plus Satan, il est Lucifer. Ses prophètes sont les Antéchrists. Parbleu ! il est si peu Satan, ou plutôt il est tellement pire qu'il a trouvé ce stratagème imprévu, de se nier lui-même, de nier Satan comme il nie Dieu. Il esquisse des sourires supérieurs de savant et de logicien, lorsque vous lui parlez du Diable. De la superstition que tout cela, bonnes gens ! La science a vaincu ce fantôme des obscurantismes et des mysticismes. C'est le suprême effort du Diable, a dit lumineusement un mystique contemporain, que d'être arrivé à cette hypocrisie parfaite de proclamer que le Diable n'est pas.

Il ne manque pas d'entregent et surtout de succès en notre époque, ce Diable-là. M. Barrès lui doit les frêles ressources de son intelligence. Nos bons positivistes si sereins, tant impassibles devant les plus tourmentants problèmes de l'humanité, si imperméables et rassis, représentent le bras aveugle et obstiné de ce Satan, dont le cerveau loge quelques mystiques raffinés, ivres d'intellectualisme personnel.

D'ailleurs nul être supérieur à lui, croit-il ; et voilà bien le sophiste allemand ou égotiste, l'homme d'action américain. À sa science d'occultiste noir et de savant matérialiste, aucune force subtile n'échappe ; il comprend la réalité du monde astral, pratique la suggestion et même la prière comme coagulatoire d'énergies, mais il ne prie que lui. Profitant de cet amour inconsidéré pour l'idéal, dont tout cœur d'homme turbule, lui, infiniment sceptique, exploitera cette croyance innée et perennelle, mais au profit de lui seul ; car lui seul existant, l'Idéal, s'il est, c'est encore lui.

Sa doctrine impie achèvera la synthèse des connaissances. Bientôt il étonnera le monde en prouvant le complexe pouvoir de son esprit. Mais il sera vaincu obligatoirement.

Il croit que son « moi » indigent est l'unique vérité, il crie que l'univers est la proie « du moi », le reflet pâle du « moi » alors que l'univers se dresse devant le « moi » en splendide mystère ; il affirme que Dieu est le mensonge ancien, le vague et fuyant idéal, l'entité scholastique. Pédant puéril, ce Satan n'aura été qu'un jouet de l'illusion devant l'immuable réalité qui le raille. Il ne se sera enivré que du vin frelaté de son orgueil.

En face du Paraclet, source de vie pour les trois mondes, lui l'Infernal Esprit sera terrifié par l'inanité de ses propres efforts ; ah ! la vie supérieure n'est pas le gain des habiles, la défaite des simples et des dupes ! Il faut compter avec l'idéal, la Sagesse, l'Amour et la Justice, même quand on n'y croit pas, parce qu'ils sont plus réels que le Soleil.

Je parlerai peu de ce troisième Satan, le dieu d'un Avenir où il n'y aura plus de Dieu. Il dépasse ce livre ; il veut et vaut une enquête à lui seul, que, plus tard, je tenterai.

Quant au second Satan, origine des deux autres, racine de l'Anarchiste et du Sophiste, de l'Infortuné et du Dominateur, il est l'universel mal, le grondement de ce moi néfaste dont tous, à de certaines heures, même les meilleurs, même les plus purs, nous grimaçons et hurlons — le propriétaire de ce monde, le pervers et le pervertisseur, le prince corrupteur et corrompu des Instincts fauves, la panthère éperdue qui, dans la cage de l'âme, se pourlèche, en arrêt, afin de bondir, pour jouir et dévaster.

Ce Satan, c'est la Volupté, mère des désastres ; le ferment de paresse et de violence, l'ennui féroce, l'abaissement par la veulerie et la colère, la Bêtise vorace et sans yeux, tellement les joues porcines ont bouché de leur masse le dernier interstice de cils, par quoi peut transpirer dans l'âme une mince lueur du ciel.

Il tenta Job, il tenta Jésus, il tenta le Bouddha. C'est le calomniateur, le menteur et aussi la nature véridique ; c'est le Dieu Pan qui joue de sa flûte nerveuse dans tout notre organisme, comme au fond de la complaisante immensité des forêts. Son épouse est l'Illusion, la Maya immense contre qui s'acharnèrent les ascètes d'Orient et d'Occident, la Maya qui se joue aux roses artificielles du teint des femmes flétries déjà, qui rit aussi aux jeunes lèvres, flétries bientôt ; car l'illusoire s'accommode d'un peu de réel ! Satan le hideux, d'avoir baisé l'épouse magnifique, en a gardé une fraîcheur de santé et d'allégresse. C'est que la nature, à l'encontre des premières colères catholiques, est belle et douce, si elle reste simple et endiamantée des rosées de la vie. Nous verrons au Sabbat l'étrange mêlée de Satan et du Dieu Pan, nous distinguerons le trompeur et le pervers, du grand besoin de vivre et d'être heureux dont déborde le monde. Le Dieu Pan oscille ; tantôt il est la terre fertile, le bienfait des moissons, le flot de sève, la poésie d'une chair saine, d'un paysage pur ; tantôt il se coagule en brute au tréfonds de l'homme. Alors il est le ventre aux appétits exagérés détrônant le cerveau ; la gourmandise et la luxure, la fureur sensuelle faisant sombrer la barque timide de l'âme sur les flots déchaînés. Péché originel, comme dit l'Église, péché qui sommeille dans nos plus chères joies, dans les consolations, au recoin même du repos, de la fierté et de l'amour. Nul ne découvrit encore plus divine émotion que celle du Baiser ; Satan Père se l'est acquise, et des lèvres enthousiastes et éperdues s'appuyèrent au dos purulent du Mopse !

Sacrilège contre la nature, sacrilège annonciateur de tous les autres ! Si la « nature matérielle » n'est pas en nous sans cesse obéissante aux lois d'une judicieuse volonté, lavée par les grands vents de la grâce, régénérée à l'immersion de la

« spirituelle nature », — la corruption y descend, ou plutôt y naît tout à coup comme en l'onde assoupie. La perversité est naturelle à l'homme, comme la pourriture aux étangs. Alors ce qui était fleur devient fumier, le flot rafraîchissant enfièvre et empoisonne, chargé de miasmes ; et le pied qui se risque en cette boue, y risque l'engloutissement.

Satan Père, c'est donc le Satan des profanations, des envoûtements, des messes noires, des sortilèges, du honteux amour, des sacrilèges assassinats, le Seigneur des larves empoisonnées, le Maître des nécromancies abjectes reniflant la semence et le sang, — le dieu de Gille de Rais, des prêtres infâmes, des tristes vicieux, des débauchés interlopes, des femmes déjà damnées par l'ennui et l'absence de toute foi, — Celui que de plus près ce livre analysera.

Satan Père — toi qui es en nous les déchus, et autour de nous dans les replis de la Bête universelle — ô instigateur des adversités, et Adversaire des adversaires ! — sois enchaîné ! car devant toi que réhabilite en vain ton fils douloureux va se dresser ta propre image assez épouvantable pour t'épouvanter.

CHAPITRE II

LA SORCIÈRE

I

LA FEMME, MÈRE, ÉPOUSE ET FILLE DE SATAN

La femme impie ou même seulement indécise n'a pas besoin d'évoquer Satan, rituellement ; l'homme s'entête dans les cercles consacrés, sur les grimoires. Elle l'a sous la main, à son service, à son amour. Quand le père veut persuader le fils, il lui est nécessaire ou de le prier ou de le gronder en forçant sa voix ; la mère, elle, n'a qu'à pleurer. La sorcière pleure et Satan est là. La sorcière — toute femme — ne saurait rester seule dans les larmes sans que l'Autre n'accourre, entraîné par sa grâce, captivé par su faiblesse, ivre de cette sexualité où il espère se reposer, se reproduire, s'éjouir. La femme triomphante, à l'aurore du monde, créa les Dieux ; Fabre d'Olivet l'explique. La femme, souffrante et vidée de religion par l'ambiant scepticisme des hommes, enfanta le Diable. J'entends son corps, sa vie terrestre, comme Marie mit au monde l'homme, où le Verbe s'enveloppa. La femme règne dans l'empire de la chair, parce que l'Esprit la dévaste sans cesse, s'y blottit, profite de ses entrailles pour y devenir vivant. — Dans le décor ladre, exaltée par la gêne et son têtu espoir, elle crée lentement, sûrement, sous l'œil du père ou du mari, qui trop occupé, ne s'indigne guère, songe, pour excuser sa femme, à cette délicate impressivité, n'ose user d'énergie ; il la casserait. Elle parle la nuit, se lève, écrit d'étranges pages, qui semblent ne jaillir ni de ses souvenirs, ni de ses lectures, ni de ses conversations. D'où alors ? Autour d'elle on s'inquiète ; comment croire à des fraudes, on se récrie, on résiste ; puis, d'épouvante, on accepte tout. C'est que l'Invisible devient visible de plus en plus, il commande, il conseille, il investit la maison de sa présence outrecuidante, utile cependant. Il gère les affaires, prophétise, allonge dans la famille moderne l'ombre des vieux dieux. Le mari vient-il à mourir, l'Esprit le remplace, s'installe dans la chambre à coucher qui devient son sanctuaire, se sert même de l'âme du défunt ; tout lui est bon. Désormais, elle a beau être veuve, délaissée, sans âme parente ; Lui est autour d'elle, soufflant dans sa nuque, parlant dans ses meubles, délaçant par jeu autour de son bras le bracelet, posant un baiser à ses yeux qui se ferment, chantant comme un grillon menu dans le foyer où cuit le repas, ou bien, dans le poêle, ronflant un somme vigilant dont elle est bercée. Parfois elle le voit presque complètement, surtout à l'heure de s'endormir, quand les ombres se groupent dans la chambre où la bougie s'éteint.

Ses yeux émergent d'abord, vagues lueurs sur un fond sombre, douloureux, d'un rose morne où chatoie l'enfer. Elle dilate ses paupières, cherche à comprendre, curieuse, inquiète, amoureuse. La face flotte ; elle danse, se déplace, se délimite enfin ; mais toujours les yeux s'érigent très hauts, semblables à ceux d'un qui magnétise. Il parle. Comment ? Elle ne sait l'expliquer. Dans son épigastre des paroles qui sont des vagues d'ombre rose frappent, oppressent, sont entendues par son cœur. Mystère ! Il grandit. Sa poitrine de noble garçon, au cou svelte, la tente comme celle de quelque mythique héros. Elle halète, ni extatique, ni endormie, à peine hypnotisée ; mais son flui de vital lui échappe, tiré hors d'elle par l'apparition. Le fantôme la vide. Elle distille de ses nerfs, de ses os ce rejeton, le nourrit avec elle ne sait quelle essence de soi. Vraiment sa mère à cet esprit, vraiment sa matérielle origine. Et lorsque le matin elle s'éveille à la lumière du jour, elle est plus brisée qu'après le plus surhumain effort ; si blême qu'on dirait une accouchée. Son âme en effet enfanta.

Le drame s'accentue. Nous voici au deuxième acte. L'Esprit — le Diable en effet — ne se contente plus de son rôle de fils, il veut des étreintes plus étroites, des baisers plus libres, une sorte de communion où tout sans restriction lui soit accordé ; il ambitionne non plus son royaume de l'éther aux flammes ternes, mais ce sein d'où il jaillit et où il voudrait retourner, robuste et fécondateur. Elle se rétracte de stupeur, tend des mains qui traversent, sans l'atteindre, le fantôme ; lui se baisse, monstrueux, quitte à crisper mortellement cet organisme. Et son baiser sur les lèvres vaincues sonne jusqu'au ventre ; elle se sent inondée d'une impalpable, mais réelle, pressante, lassante pesée sur tout elle-même, à en pâmer de désespoir ! Ah ! elle se souvient. Ce n'est point vainement, sans motif, que le Diable acquit cette puissance inextricable d'où elle n'échappera pas. Elle épie ses souvenirs. Oui, le visage du Démon revêt l'aspect de son premier péché, de son crime inavoué toujours, de cette défaillance dont fut bouleversée sa vie. Symbole du pacte inconscient qu'elle trama, il ressemble à l'amant dévastateur de ses devoirs, à celui dont irrémédiablement s'affola son avenir ; il ressemble à tous les péchés d'au delà cette vie et de cette vie, il ressemble à ce karma[1] noir et souffrant qui domine ses présents jours ; il ressemble à son mauvais génie, il est sa douleur, son remords ; il est sa perversité depuis les premiers jardins édéniques. Ce fils, cet époux, est aussi le père de sa mission, l'origine de sa mésaventure, l'ancêtre de son mélancolique et solitaire destin.

Désormais, initiée par l'époux-fils-père, elle promène en l'agitation des heures son hystérie hallucinée ; elle porte l'uniforme de Satan, cette robe sans âge, sans mode, défraîchie et rutilante, encombrée de breloques, de faux bijoux, de strass. Elle colporte, trafique, vend, achète, guignant les soldes, les fortunes qui s'effritent, les désespérés qui ne savent, pour une bouchée de pain, comment liquider les débris de leur avoir. Eprise surtout des prêtres, elle est ravie de les tenter, de les gâter, de les pourrir jusqu'à l'abjection d'un sacrilège auquel elle coopérera de ses nerfs éperdus. Elle irrue dans les chapelles des moines, au soleil levée, dès l'office de cinq heures, pénètre dans le parloir, propice quoique âgée, sorcière mais chaude. Et toujours l'accompagne, passé à son bras convulsif, le Cabas inséparable où s'entassent des échantillons de fard, des denrées compatissantes, la sabine et la rue, des emménagogues, un Martial (« c'est l'eucologe que je lis à l'Église », dit-elle), des houppes, de la parfumerie, des rosaires et des instruments plus bizarres encore, la trousse maudite et luisante de l'amour.

II

LES SORCIÈRES DES CAMPAGNES

Nous venons de pénétrer en la magicienne de tous les temps, du nôtre surtout ; or il faut parmi cette coterie distinguerles sorts divers, nuancer Celledes villes d'avec Celle des champs. Pareilles en fait, ces femmes, mais différentes par le milieu, la race, le ciel étroit, embué des cités ou le firmament large et rayonnant de l'air libre. Le même mystère les sacre, — sacrement à rebours ; la face docile reflète le Démon, selon le tempérament de chacune, tempérament façonné par de longs atavismes et coloré de la sève des terreaux, où, plantes misérables et ardentes, elles naquirent, les sorcières, avec une même âme, une même tige courbe, mais une fleur qui ressemble au climat.

La paysanne solitaire, sans autre contact avec les hommes ou les femmes que pour ses nécessaires travaux, blanchisseuse, repasseuse, lingère, faiseuse de fagots, sarcleuse et glaneuse comme la Ruth d'antan… Toute petite elle sut les magnétiques secrets et payait d'un mignon miracle son pain de mendiante. L'initiation s'accomplit par les ouï-dire, les hasards des rencontres avec les bohémiens. Elle grandit, sèche et plate, se coulant partout, en couleuvre. Les premières réunions ont lieu dans l'île ou au milieu de l'étang… Elle glisse au fond du vieil esquif dont l'amarre d'elle-même se détache ; et elle va vers la terre enchantée où sonnent les éclats de joie, sans rame, portée par le courant, par les fées, les nymphes, par le cantique qui s'essore de sa poitrine, oppressée longtemps. Chez elle, la statuette de la Vierge s'enguirlande de roses mortes, elle s'assied sous la lithographie d'un cœur vulgaire transpercé de flammes ou de glaives, — envoûtement divin de Jésus où s'enfoncent tous les péchés humains ! Ses bandeaux calmes, déjà grisonnants, ses yeux baissés et blessés vers la pelote, ses doigts laborieux déliant le fil — ô Circé, elle revit ta magique quenouille, — ne laissent pas deviner au passant, lorsqu'il s'écarte, au hurlement rauque, hagard, d'un invisible dogue derrière la haie drue, que c'est elle l'infernale aboyeuse, la chienne intarissable mordant les reflets des fantômes, projetant l'agonie vers les berceaux[2].

Son roman — son histoire, devrais-je dire — il est de toute époque, perpétuel depuis la pythonisse vénérable et persécutée, la fuyante éryge[3] du sanglant moyen âge jusqu'à la somnambule d'aujourd'hui, à l'œil mauvais, mais aux cartes compatissantes qui apportent avec leurs figures diaprées, raidies, comme cadavéreuses, momies peinturlurées, la promesse d'une surprise — on ne sait quelle, — sans cesse convoitée. Voyante à table convulsive et éloquente ; faiseuse de cercles, girouettant pour l'amoureux dédaigné, avec des syllabes maugréées dans le vent vers la maîtresse qui l'a lâché, mais reviendra férue de passion, prise au lazzo de l'incantatrice.

D'où lui vient ce pouvoir ? Qui lui a transmis ce désolant privilège d'être en dehors des femmes ? Qui la mit au banc de ses semblables, — si près du diable ?

Parfois elle se remémore l'époque tragique où la posséda le don des dons… Nuit du dimanche ; rien n'est à faire, les bêtes malfaisantes n'obéissent pas, la « haute-chasse » même se tait… Est-ce bien de son passé à elle ou de l'initiation des mères ancestrales, dont elle se souvient nettement tout à coup ?

…Il y a des années, elle était presque jeune encore et pas veuve ; elle se fâcha de ce que son mari ne voulait pas lui bailler un hocqueton[4]. La voilà qui passe dans les grands prés solitaires au crépuscule, ruminant sa jalousie, détestant le compagnon trop avare, grinçant des dents contre la paysanne sa belle-sœur, plus jeune qu'elle et si éclatante sous son fichu.

Maintenant que l'atmosphère est devenue moins propice au miracle, ce n'est plus le diable qu'elle rencontre, mais le sorcier. À qui se fier puisque son homme l'abandonne ? — Tout homme trahit lorsqu'il tient ce qu'il désire, et cette peau à sa volonté ne lui arrache plus la promesse de quelque don. Acquérir un mâle nouveau, différent ? c'est marcher vers semblable et sure désillusion... Et la hante la confuse idée de l'Autre, de celui dont le nom mystérieux est chuchote par certaines qui s'en trouvent si bien, si l'on en juge à l'irrésistible et pétillant éclat de leurs yeux... Celles-là, elles ont tout à foison... insolentes elles étalent une fiévreuse coquetterie sous des colifichets neufs et vibrants... Si elle consentait, elle aussi, certes l'Autre ne la dédaignerait point ; sans lui elle est déjà si belle, si ruisselante de désir... qui sait cependant ? s'il n'en voulait plus ! Non, impossible. Qu'il vienne et d'un sourire elle est sûre de cueillir le Robin... Ah ! ce n'est pas ce gentil compère qui lui refuserait ce hocqueton avec quoi elle éclipserait sa belle-sœur... Aie ! aie ! elle pousse un double cri ! là devant elle... qui ? L'émotion étouffe dans sa gorge toutes questions. Jamais elle n'eut si peur ni si espoir à la fois. L'Inconnu — roux et velu comme un renard — la salue avec politesse : « Je suis le Renard Rouget, tu es jolie, colère, que te faut-il ? — Un peu de drap seulement, sire Rouget, rien qu'un peu de drap, l'étoffe d'un hocqueton pour ne point faire honte à mon mari quand je vais avec lui à la messe le dimanche. — Tu auras ton drap si tu me rends hommage comme il se doit, et si tu me promets à l'Église de ne plus prier et de penser à ton nouveau Maître. — Et que faut-il faire encore. Renard Rouget ? — Te donner à moi entièrement et après ne t'en pas repentir. — Voici mon corps, messire, il est à ton commandement. »

Et la paysanne s'agenouille devant le Renard Rouget, qui se retourne ; obéissante à l'ordre silencieux, elle l'embrasse sous sa longue queue de bête et grommelé avec soumission : « C'est bien froid… bien froid. »

Se donner ! il se peut aisément, mais ne pas s'en repentir ? difficile. Le Diable a préjugé des forces de la femme. En rentrant elle raconte tout au mari, qui, lassé d'elle, semble soulagé de la voir moins grogronne, presque assouplie « Bien, bien, bougonne-t-il ; si bien tu as fait, bien tu trouveras… » Elle le trouvera et le trouve en effet, la Bête rousse reparaît sous l'orme des fées à l'heure où elle va prendre de l'eau fraîche à la fontaine. « Traitons, dit-il, donne-moi de tes cheveux, voici un morceau de pain noir. » Elle arrache une mèche de sa bondissante chevelure brune ; la patte crochue l'enlève et l'enfouit dans son épaisse toison. En revanche ses lèvres à elle grimacent au goût de la miche étrange, amère comme du peyret. « N'es-tu pas le Diable, Beau Renard ? » Mais le voilà tout à fait semblable à un homme qui lui dit : « Je me nomme Morguet ; je serai, si tu veux, ton véritable époux. — Je veux bien, » dit-elle… Aussitôt après, plus puissant d'être satisfait, le regard en étincelles comme un feu de Saint-Jean : « Vois tu ce bâton ? explique-t-il ; quand tu me voudras, tu le chevaucheras, et il te portera à la Synagogue. — Mais comment pourra-t-il me transporter, messire ? — Tu n'auras qu'à t'écrier : « Bâton blanc. Bâton noir, porte-moi là où tu dois… »

Brusquement elle sursaute ; que s'est-il passé sous l'orme des fées ? Il lui semble qu'elle se réveille… mais entre ses mains reste le petit bâton blanc. D'où lui vient cette branche taillée ?…

En tout cas, comment résisterait-elle à sa curiosité de femme, chatouillée par l'Incube ? La nuit même, tandis que sommeille la brute à qui la lia le prêtre, elle saute par la fenêtre, va dans un buisson, sous les lueurs d'Hécate, ramasser le cadeau de Morguet. Un trouble étrange lui vient de la lune, de se sentir presque nue parmi la nature complice qui la frôle de brindilles concupiscentes ; un vertige l'entraîne tandis qu'elle prononce la brève conjuration, que le bâton magnétique froidit ses jambes. Qu'est-ce qui la fouette et la soulève ? partirait-elle en effet ? Le paysage tourne devant ses yeux qui se closent à demi, et elle ressent la volupté d'une fuite involontaire sur un mince cheval qui aurait pris le mors. Tout à coup une brutalité la renverse… elle ouvre les paupières ; autour d'elle des hommes, des femmes, boivent et mangent, on lui rit au nez, on lui souffle au visage, on la fait boire… « Tu as froid, tu auras chaud. » Mais il lui semble qu'elle boit les froids rayons d'Hécate, diminuante, comme rongée chaque fois qu'elle boit un peu plus. Elle reconnaît le Rousset, mais avec un visage de bouc cette fois ; et comme elle en a terreur : « Tu m'avais demandé mon nom, dit-il ; mon vrai nom, c'est « Le Laid ». Fais du mal aux gens et aux bêtes, tu me donneras satisfaction. »

Deux mois après, au contact de cette chair parfumée des odeurs de la lande, mouillée par la rosée des fleurs sauvages, transformée par l'épousaille du rustique satan, — son mari, que gagne le maléfice la harcèle : « Où vas-tu de la sorte certains soirs ? — Je vais à la Synagogue. — J'irai bien avec toi. — Soit dit. » Ils chevauchèrent ensemble le bâton blanc, l'homme disant : « Bâton blanc, bâton noir, mène-nous là où tu dois de par le Diable » ; et se trouvèrent transportés au milieu des prés, proche un buisson où était le Diable et sa compagnie mangeant et sautant lascivement. Le Laid lui donna à elle un autre bâton, mais plus court, qu'elle cacha dans une haie près le pouiller et nul ne l'eût pu trouver sinon quelqu'un de sa secte[5]. « Tu te fâches toujours, dit le Laid, tu me plais. — Je me fâche et je pleure aujourd'hui à cause d'une jument au poil rouge qui m'a baillé un coup de pied au bras. — Prends ton bâton caché, continua le Maître, et frappes-en jument ou être humain qui te nuirait, tu verras ce qui s'ensuivra. » Elle toucha de son bâton la jument, qui mourut. Tous ceux qu'elle touchait de la sorte moururent aussi. Une ivresse lui vint de sa puissance à nuire. Ses sens d'ailleurs s'aiguisaient à ces corruptrices agapes ; elle s'embellissait de perversité. Ayant mis un peu de poudre sur la tête de son fils le plus petit qui crie sans cesse, il languit trois ou quatre jours, puis mourut sans baptême. Alors elle se sentit l'adepte vraiment de Morguet, ayant été amplement criminelle. Adepte et apôtre.

Un autre enfant à elle, les fils à son mari, son frère, elle mène tout le monde au sabbat, poussant à la grande faute incestueuse... Le moulin voit de nuit la famille maléficée, gagnée par la gangrène satanique, apaisant une brûlure furieuse... et tandis qu'elle baise le Diable au genou, — obéissance prêtée à celui qui ne voulut pas obéir — lui la mord au front pour y tuer le baptême, la lumière, le souvenir d'un Dieu.

III

LA SOMNAMBULE DES VILLES

Elle n'émigre pas de son village, de sa forêt, de sa fontaine, l'épouse du Dieu Pan, saoule des effluves de la grossière Isis. Affiliée aux sectes vagabondes, elle regarde la ville, Paris surtout, comme une sorte de piège, où s'étiolerait sa puissance, où son charme tomberait à ses pieds comme un noir oiseau sans ailes ; car dans les cités Satan n'a pas besoin de magie pour régner. Toutes les maisons lui sont vouées, les temples eux-mêmes regorgent de luxure, d'orgueil, de coquetterie et de l'abominable médiocrité, blandices du plus laid des Démons. La nuit sainte de Noël n'est-elle pas choisie à Notre-Dame par les lubriques vieillards pour les antinaturelles chasses ? Satan ne fait pas de vrais prodiges ; il se contente de ses messes noires, officielles, discrètes, en les principaux quartiers. Il se paie cependant quelques nécromanciennes, mais pas pour de vrai, vaudevillesques singes de ses suprêmes vellédas, pour qui il n'est qu'un maître Gonin, un prestidigitateur, l'archifaiseur de tours.

La plupart des officines diaboliques s'affadissent, vénales et piètres. À peine si, çà et là, quelque agitée respire et aspire l'haleine du vieux Pithon. D'ordinaire c'est bien la somnambule, dans le sens scientifique de ce mot, la femme qui marche dans son sommeil, jacasse, rêvasse, esclave d'un nerveux malaise. Elle n'est rien par soi ; non la fauve prêtresse, mais la dégénérée, l'hallucinée, l'ensorcelée, la possédée. Elle n'apparaît pas maîtresse d'occultes courants ; à la dérive elle est poussée par eux. Seulement une domestique de larves. Lucide parfois, — je parle ici des deux ou trois rares qui ne truquent point — elle débute par l'inconsciente découverte d'un crime, d'un vol. La police s'en empare aussitôt, la surveille, la lance, lui fait sa clientèle, en fait sa cliente. Celles qui ne sombrent pas dans les envoûtements de pacotille et les pharmaceutiques charmes, se contentent, — endormies par une main choisie, — de révéler, selon un contact d'objet ou de personne, les visions passant et repassant devant leurs yeux baissés. Elles peuvent, restant à peu près pures, être utiles quelquefois, et le plus souvent apaiser les banales inquiétudes de malades et de filles, de spleenétiques et d'oisifs.

La sorcière — celle-là comme les autres — est âgée ; c'est un fait[6]. Jules Michelet soutient que la sorcière est jeune, jolie souvent. Il se méprend. Non, les poètes ne trompèrent pas. Il faut au Diable une proie coriace, fourbie, fourbue, durcie, tannée aux épreuves, recuite aux rebuffades. La sorcière est âgée, belle peut-être, pour des yeux sadiques, (non sans difformité) malfaisante presque toujours (la bonne sorcière n'a guère existé que dans l'imagination de Michelet), attifée avec un goût affreux, maniaque de la drogue. Elle n'a point de patrie, elle est nomade, propulsée de toutes parts par cette malédiction du Juif-Errant : ne pouvoir rester en place. Elle fuit toujours quelqu'un, le juge, le gendarme, le savant, le bon prêtre, le grand jour, fuit aussi quelqu'un en elle, le remords, le fantôme du crime initial qui la lie à l'invisible et universel malfaire, tourne autour de la jeune fille crédule, des receleurs, des charlatans, redoute la moquerie et la clarté, plie avec un dos de chienne sous l'insulte, joue cette comédie de la consolatrice à laquelle Michelet se pipa : « Votre mère est morte, pauvre petite... Mais je vous la montrerai ce soir en la crypte... nous sommes quelques personnes à peine... nul ne saura... on paie si peu... » Ou bien : « Il est parti, loin de vous, il avait promis cependant d'être fidèle... d'épouser peut-être... venez me voir, avec mes chapelets, mes prières, mes chandelles... il reviendra. » Plus bas encore : « Le mari vieux, sale... avare... oui... il y a le breuvage, le philtre... le cœur de mouton... le philtre est plus sûr... dans le café du matin. »

Basses et perfides manœuvres pas aussi éteintes qu'on voudrait le croire ; car l'ignorance est profonde, le vice aveugle et profond aussi. J'ai vu dans l'antichambre d'une somnambule (demi-sorcière seulement puisqu'elle se contente de raconter au consultant la vision qu'elle a de lui) un monde lunatique, cossu, pittoresque où d'illustres perverses coudoient des épouses de ministres, des agents d'affaires accostent des fils d'empereurs et de rois angoissés de leur décadence — et les actrices de la Comédie-Française. La femme a besoin de l'oracle. L'officine de ces voyantes inférieures recueille celles qui ne s'agenouillent pas au temple. Le vieux Satan, anonyme parfois, rafle toujours les hérétiques, les séparés, les dissidents. La femme ne se passera jamais, trompeuse ou trompée, du mystère.

Et même celles qui croient et pratiquent les cultes orthodoxes s'exaltent volontiers jusqu'à la superstition, n'osant, quand elles déraillent de la norme, s'adresser au confesseur pour le cas ambigu, louche : — afin de savoir s'il faut quitter cet amant pour un autre ou le garder… il répondrait : « il ne faut pas d'amant », — afin de connaître où placer tel argent soustrait ou frauduleusement gagné… il répondrait : « il faut le rendre. » Et tous les secrets qu'on n'ose avouer au mari : comment sauver le fils de ses dettes ? où trouver la soubrette modèle ? comment gagner le gros lot ? À qui se fieront-elles pour les mille minuties de leur vie, pour tout ce qui exige un conseil dégagé de leur milieu, réclame une confiance solennelle ? Mais à la sorcière. Elle a de plus que les autres le prestige sinon du divin, au moins de l'infernal.

Seulement, je le répète : quelles lueurs jailliraient de ces pythonisses vénales, usées (si elles furent douées de quelques instincts divinatoires), à d'idiotes prophéties, détraquées, si elles « dorment » vraiment, par les suggestions des consultantes, pressées aussi, afin de satisfaire, pressées de promettre, d'illusionner, de parler, quand même elles ne verraient rien, ne sentiraient rien, n'entendraient rien ? Au hasard, elles touchent juste, en profitent ; et comme l'oracle tatillonne, vague, ambigu, devant l'événement précis il a toujours les chances d'être interprété dans le sens d'un accomplissement.

Cependant, au milieu du torrent des mensonges et des menteuses, des vérités surnagent comme d'abruptes îles, d'intuitives voyageuses s'y dressent hésitantes parmi les rocs glissants d'erreurs. Dernières preuves de l'immortel don en la femme de communier avec la mort : et ce qui ressemble tant à la mort, ce qui encore n'est pas. Néanmoins souvenez-vous de cet axiome caché, ô vous frénétiques d'une curiosité périlleuse ; le néant, la vulgarité, la sottise n'excitent point la prophétie ; il ne peut être prévu amplement que la prouesse, le succès inouï, ou le désastre :

LES PORTES DE L'AVENIR NE S'ENTRE-BAILLENT QUE POUR LES PRÉDESTINÉS

IV

LES PRODIGES ET LES CRIMES DES SORCIÈRES

En somme nous touchons à une niaise déchéance ; nos magiciennes s'accordent à la vulgarité de nos mœurs démagogiques. Nous avons perdu, en nos pourritures, jusqu'au bel éclat de ces pourritures, leur coruscation, leur sourd flamboiement, cette merveilleuse scintillation qui est la lèpre de l'art sur la plaie suppurente des âmes. Ce sont aujourd'hui, à côté des exploits somptueux de Gilles de Rais, de médiocres commerces en de trop peu pittoresques repaires ; nos recueilleuses d'enfants pour le trafic de leurs souillures ne vaudront jamais la vieille mémorable, cette ogresse, Perrine Martin, la meffraye, faisant sa retape d'innocents, avec sur le visage une étamine noire.

La chasse à l'enfant fut autrefois la plus monstrueuse hantise des vieilles habitées par le démon du massacre, Horace nous a décrit les supplices inventés par Ganidie. Elle dépouille l'enfant ; et devant cette chair impolluée ses cheveux se dressent comme les soies du sanglier traqué par une meute. Dans un trou, creusé par un lourd hoyau, l'enfant est englouti jusqu'à la tête, et il mourra de faim devant les viandes étalées autour de lui et qu'il ne peut atteindre. Cette haine de l'enfant s'explique de la part de la damnée parce qu'il est plus céleste ; se souvenant des linges des anges, c'est déjà la pure hostie, le corps du Christ. Plus tard, avec les Eryges du moyen âge, cette persécution s'accrut. Elles volaient les enfants non baptisés, encore dans le délicat et blanc vagissement des berceaux. Alors, marmottant les syllabes fatales, elles s'enfonçaient dans les cimetières. Là, elles élevaient en l'air, sur les tombes des païens, les frêles proies gémissantes ; puis les ayant laissé choir sur la pierre sans croix, avec un soin maternel, elles dirigeaient, sur ces crânes mous, une très longue épingle qui du haut de la tête jusqu'au menton pénétrait avec une petite bavure grise autour du mince fer ; joignant le cadavre chaud à des cadavres en décrépitude que leurs ongles recourbés avaient arrachés à la terre du repos, elles les faisaient bouillir jusqu'à ce que dans la marmite, dont les sorcières de Macbeth elles-mêmes auraient eu horreur, une gélatine se formât épaisse et beurrante au-dessous d'un infect liquide écumant de la moelle des tendres os.

Encore d'autres jeux : arracher la chevelure de ces petits ; pousser les uns dans l'eau jusqu'à ce que, quelques bulles claquant à la surface, l'indice de la noyade soit certain ; précipiter les autres dans les fosses d'aisance ou dans des fours embrasés en écoutant l'affreux glouglou de dessous la soupape ou le pétillement sanglant de la flamme ; — ou bien, les ayant étouffés en comprimant leur face effarée entre les plis de la robe ou sous la robe : — « Enfant, disaient-elles, retourne d'où tu viens, meurs où tu es né » ; fouiller en la fine poitrine avec des dents de fauve jusqu'à ce que le cœur atteint craque en éclaboussement.

Aussi, fortifiées par ces lamentables sacrifices, elles passaient sur le monde, déjà émancipées de nos lourdeurs, ascètes du forfait solitaire, ou mieux bêtes-femmes, vampires humains, chauves-souris où il y a de l'oiseau ténébreux et de l'animal qui rampe, amphibie vivant dans l'astral et sur la terre, monstres ayant développé en soi le surhumain à force d'inhumain.

Leurs dons mystiques les reliaient aux phantasmes des légendes. Ne possédaient-elles pas la faculté des métamorphoses pour elles et pour ceux qu'elles approchaient ? La Pamphile d'Apulée savait avec une pommade se couvrir le corps de duvet et de fortes plumes, durcir et courber son nez, allonger en griffes ses ongles. Changée en hibou, elle fuyait avec un cri plaintif. Lucius se trompe d'onguent et le voilà devenu âne ! Circé mue en porcs les compagnons d'Ulysse. Les Eryges du moyen âge s'envolent par les cheminées, se précipitent sans danger du haut des montagnes, deviennent aussi des chattes pour mieux se faufiler et courir discrètement. (Voir le *Manuel des confesseurs italiens*.) Ainsi que dans le passé grec et latin, elles donnent l'amour et le rompent, lient les torces de la génération, infusent à leurs amis une vie nouvelle, dessèchent leurs adversaires par les langueurs ; dépravent, dans les ténèbres où il se débat, sans se résigner à être complice, le jeune homme que leur décrépitude choisit. Leurs pouvoirs sur les êtres, bêtes et gens, ne donnent qu'une faible idée de leur influence sur les éléments, que le savant croit inébranlables pour des volontés humaines. Une femme du pays de Constance, pas invitée aux noces de son village, se fit porter par le Diable sur un sommet, creusa une fosse, y répandit son propre liquide, prononça quelques mots et excita une tempête qui mit en déroute la noce, les ménétriers et les danseurs. Les sorcières apaisent ou excitent les orages, soulèvent comme Velleda ou nivèlent les flots ; elles éteignent les astres comme Médée, afin de mieux illuminer les enfers ; elles constipent les fontaines, dissolvent les montagnes, abaissent le soleil, suspendent la terre, font descendre, telle Canidie, la lune écumante dans les herbes. Pareilles à ces Indiens qui remplissent de mirages l'univers par leur seule puissance de suggestion sur ceux qui les regardent, savent-elles illusionner des hallucinés par de menteuses merveilles ? ou bien leur douleur, leur haine, leur science, leur sacrifice aussi sont-ils si profonds, qu'ils en arrivent à remuer l'âme du monde et à ravir au Démiurge paresseux ses suprêmes commandements ?

1. ↑ Selon les doctrines ésotériques, le Karma est la somme de tous les actes du passé et des précédentes incarnations. On peut admettre deux Karmas, le noir et le blanc, celui des péchés et des vies mauvaises, celui des bonnes actions et des existences pures. De là sortirait la conception des deux anges, de l'Ange gardien et du Démon gardien.
2. ↑ L'ancienne sorcière aboyait comme la moderne hystérique.
3. ↑ Eryge-Erinnye ? C'est lavis des démonographes ; mais ils ont le sens étymologique si biscornu !
4. ↑ C'est la coquetterie, au moins autant que l'ennui et la souffrance, qui livre la femme à Satan. Gœthe en a écrit la légende de Marguerite ; mais Satan choisit ses disciples. Celles qui s'offrent à lui, vaincues et toutes faibles, s'il ne sait comment les utiliser à son service, il se contente de leur confisquer leur petite âme frivole. Il ne conserve que les fortement trempées, celles qui serviront à son apostolat. Témoin l'histoire suivante à laquelle il convient de laisser son caractère de vétusté.

Histoire miraculeuse et admirable de la comtesse de Hornoc Flamande, qui a esté estranglée par le Diable dans la ville d'Anuers pour n'avoir trouué sô rabat bien goderonné le quinziesme Décembre 1615.

Le luxe a esté de tous temps si dépraué par dedans les femmes principalement, qui semble qu'elles se soyet estudiés le plus à ce subjet qu'à autre chose quelle qu'elle soit. Geste laxiue Egyptienne Cléopatre ne se contentoit de porter sur soy à plus d'vn million d'or vaillant, des plus belles perles que produise l'Orient. Mais en un festin elle en faisoit dissoudre & manger à plus de vingt mille escus à ce pauure abusé de Marc Anthoine, à qui à la fin elle coustat et l'honneur et la vie.

Je laisse une infinité d'histoires qui serviront à se subjet pour racompter ceste très véritable modernement arriuée d'Anuers, ville renommée et principale de la Flandre.

La comtesse de Hornoc, fille unique de ceste illustre maison, estoit demeurée riche de plus de deux cent mille escus de renie, mais elle estait fort colérique, & lorsqu'elle estoit en colère, elle iuroit & se donnoit au diable, & outre elle estoit fort ambitieuse & sujette au Luxe, n'espargnant rien de ses moyens pour ce faire paroistre la plus pompeuse de la ville d'Anuers.

Au moys de Décembre dernier elle fut enuoyée en vn festin qui ce faisoit en l'vne des principales maisons d'Anuers, où pour paroistre des plus releuées, elle ne manquait à ce subjet de ce faire des plus riches habits, & de plus belles façons qu'elle se pouuoit aduiser.

Entre autre des plus belle & des lie toille, dont la Flandre, sur toutes les provinces de l'Europe, est la mieux fournie pour se faire des rabats des mieux goderoné, à ces fins elle auoit mandé quérir une empeseuse de la ville pour luy en accomoder vne couple, & qui fussent bien empesez, ceste empeseuse y met toute son industrie, les luy apporte, mais aueugle du Luxe, elle ne les trouue point à sa fantaisie, iurant & se donnant au Diable qu'elle ne les porterait point.

Mande quérir une autre empeseuse, fit marché Wune pistole avec soy pour luy empeser un couple, à la charge de n'y rien espargner, Ceste y faict son possible, les ayant accommodez au mieux qu'elle auoit peu, les apporte à ceste Comtesse, laquelle possédée du malin esprit, ne les trouue point à sa fantaisie. Elle se met en colère, dépitant, iurant et maugréant, disant qu'elle se donnait au Diable corps & âme avant qu'acné parlasse des colets ou rabats de la sorte, réitirant ces paroles par plusieurs et diuerses fois.

Le Diable, ennemy capital du genre humain, qui est iousiours aux escoutes pour pouuoir nous surprendre s'apparut à ceste Comtesse en figure d'homme de haute stature, habillé de noir. Ayant faict vn tour par la salle, s'accoste de la Comtesse, luy disant, & quoy, madame, vous estes en colère, qu'est-ce que vous auez, y peux ie mettre remède, ie le feray pour vous, cest un grand cas dit la Comtesse, que ie ne puisse trouuer en ceste ville vne femme qui me puisse accommoder vn rabat bien goderonné a ma fantaisie en voila que l'on me vient d'apporter, puis les iettant en terre, les foulant des pieds, dit ces mois, ie me donne au diable corps et âme, & iamais ie les porte.

En ayant proféré ce détestable mot plusieurs fois, le diable sort vn rabat de dessous son manteau, luy disant : Madame, celuy-là vous airees il point, ouy, dit-elle, voila bien comme je les demande. Ie vous prie mettez le moy, et iesuis toute à vous de corps & d'âme, le diable le luy présente au col, & le luy tordit, en sorte qu'elle tomba morte à terre, au grand épouvantement de ces serviteurs. Le Diable s'esuanouyt faisant vn si gros pet comme si l'on eust tiré un coup de canon, & rompit toutes les verrines de la salle.

Les parens de la dicte Comtesse, voulant cacher le faict, firent entendre qu'elle estait morte d'vn catarre qui l'auoit estranglé, & firent faire une bière, & firent préparer pour faire les obsecques à la grandeur, comme la qualité de celle dame portait, les cloches sonnent, les Prestres uiennent, quatre veulent porter la bière, ils ne peuuent remuer la bière, ils s'y mettent six autant que deuant, bref toutes les forces de tant qui sont ne peuuent remuer la bière, en sorte qu'on est contraint d'ateler des cheuaux, mais pour cela elle ne peut bouger, tellement que ce que l'on vouloit tenir caché fut descouuert, toute la mile en est, abreuée, le peuple y accourut ; de ravis des Magistrats, on ouvre la bière, il ne se trouue rien qu'en chat noir qui court & s'esvanouyt par dedans le peuple, voilà la fin de ceste misérable Comtesse, qui à perdu &. corps & âme par son trop de Luxe.

Cecy doibt seruir de miroir exémplaire à tant de poupines, qui ne désirent que de paroistre de mieux goderonnez, mieux fardez, avec des faux cheuaux, & dix mil fatras pour orner ce misérable corps, qui n'est à la fin que carcasse, pourriture, pasture des vers, & des plus vils animaux. Dieu leur doint la grâce ceste histoire leur profite & les conuie à amander leurs fautes. Ainsi soit il.

5. ↑ Secte de Bohémiens, d'Albigeois, de Templiers, de Vaudois, de Turlupins... secte, certainement culte religieux de Satan, franc-maçonnerie de toute époque.
6. ↑ Il y a en effet une sorcière jeune et belle, c'est celle qui ne l'est pas, sorcière, mais que le peuple prend pour telle parce qu'elle se distingue, plus svelte de mysticisme, parfois instrument de divins miracles. Wilhelm Meinhold, dans *Marie Schweidler*, créa une semblable héroïne. C'est une jeune fille poursuivie pour sorcellerie et condamnée injustement. Pendant la guerre de Trente ans, la contrée a été ravagée par les amis et les ennemis ; famine et maladies déciment le bétail et les habitants. On croit à des possessions diaboliques. Une seule vierge dans le village a été épargnée par les soldats ; elle est la fille du pasteur. Et la légende dit qu'une innocente est nécessaire pour rompre les maléfices. Une vache est malade ; on cherche la jeune Marie pour qu'elle enterre sous le porche de l'écurie trois poils de sa queue. La vache guérit. Des porcs tombent malades, des hommes sont tourmentés par le diable. Poussée par la population, la jeune fille devient un thaumaturge vénéré ; par malheur, elle ne réussit pas toujours ; alors elle est dénoncée à l'inquisition, emprisonnée, mise à la question, interrogée selon le *Malleus*. Affolée, elle avoue des rapports avec le diable, va devenir la proie du bûcher, lorsqu'un chevalier amoureux d'elle, témoigne en sa faveur et la sauve.

Le livre de Meinhold, écrit en allemand du XXIIe siècle, a ravi Swinburne ; à vrai dire, il nous révèle de combien d'erreurs furent coupables des tribunaux superstitieux et il désigne comme victime la tendre innocente, la vierge aimable et inspirée, celle que le bûcher menace aussi bien que l'abominable vieille. Cette prétendue sorcière-là, c'est la sainte, la salvatrice, la Jeanne d'Arc.

CHAPITRE III

LE SORCIER

I

APOTHÉOSE DU SORCIER

J'ai un faible pour le sorcier, il est tellement le reflet naïf de Satan, l'apôtre qui souffre, le moine mendiant de la Synagogue ; tellement le dernier prêtre des Dieux, misérable et abandonné comme eux, fidèle à la plus lointaine religion, le culte des âmes plaintives qu'emprisonne la nature. La Nature, elle nous semble, libre et riante ; cependant que de pauvres petits êtres esclaves de ces apparences délicieuses où nous nous arrêtons ! Ils furent sorciers les solitaires des Thébaïdes, les Paphnuces, les Antoines, ils furent sorciers les doux anachorètes, ils furent sorciers les poètes des champs, ceux qui, dédaignant les cloaques de l'âme humaine, s'éprirent de ces âmes pures enchaînées dans les fils de la Vierge, sous le verrou d'une herbe, dans la geôle d'un arbre, en cet enchanté palais qui est le miroir des eaux. Ah ! les mignons esprits, englobés dans une goutte de pluie, ceux qui se flétrissent avec les pétales effeuillés, qui frétillent dans les insectes, volent avec les oiseaux et les nuées, grondent aussi dans les foudres électriques[1]. J'ai un faible pour le sorcier qui comprend ces forçats de l'universel paysage, qui trébuche, craignant à chaque pas de piétiner une âme, qui, fuyant les villes et les gens, s'allie aux bêtes, choisit les plus décriées, devance Hugo en son affection enthousiaste pour le crapaud, réhabilite avant lui Satan, s'allie avec le reptile, manipule l'ordure, sait, avec Paracelse, qu'au fond des matières putréfiées palpite la vie nouvelle : dictame et résurrection.

Il fait le mal, dites-vous ? il est vrai. Il fait le mal, mais avec la simplicité des animaux qui se défendent ; il fait le mal comme tuent les énergies naturelles, en qui réside pourtant la possibilité de toute guérison. Il fait le mal, et il n'a pas toujours tous les torts[2]. Le crime est presque excusable s'il est beau : j'entends par beauté la profondeur désintéressée, l'instinctive colère, la souffrance acceptée comme une exquise pâture amère. Ah ! la résignation muette et furieuse elle défend plus efficacement que les autres armes. Inclinez la tête, baissez l'échine sous le fléau ; obéissez aux coups, l'élasticité du corps meurtri sait renvoyer à l'adversaire victorieux les blessures qu'il donne. Le bâton rebondit, féroce, contre celui qui a frappé ! Le crime, s'il est beau d'ardeur simple, dépasse la médiocre vertu, où barbotent le juge, le bourgeois, la mondaine, le curé, se hisse au-dessus de la société hypocrite, regarde les Anges avec un sourire éploré reflétant leur sereine pitié, appelle Dieu irrésistiblement comme cette voix du Psalmiste criante des profondeurs de la Faute.

Le sorcier fait aussi le bien. Il en est qui guérissent ; qui, aux heures désespérées, quand le médecin abandonne, apportent le dictame inédit, la drogue qui ressuscite. Les meilleurs ne veulent pas être payés, acceptent au plus quelque don en nature[3]. Paracelse raconte qu'il tint des « sagas » et des bourreaux ses meilleures recettes. Et les remèdes de bonnes femmes sont encore en faveur dans les campagnes. Ce sont les bribes du codex de la sorcellerie. Le secret consiste le plus souvent en des simples méconnus, en de la force vitale surtout, extraite d'un animal sacrifié et dont la moiteur sanglante, appliquée à même la peau, transmet une existence qui s'évade ; parfois la pharmacopée du traîne-guenilles est immonde comme lui, elle distille l'ordure ; mais devant la nature y a-t-il des substances abjectes ? Toujours d'ailleurs ce même instinct de recueillir la chaleur de la vie partout où elle s'attarde encore. Les talismans non plus ne sont pas inutiles ; les métaux deviennent des propriétés secrètes que les électriciens modernes ont accrues, mais n'ont su encore classer. Tout cela, c'est de la sorcellerie, une science confuse, où pèchent les inventeurs. Peu de remèdes intérieurs, le contact d'un sachet grouillant d'un reptile ou d'une chenille ; fumées de plantes, parfois. En somme, ce qui agit le plus directement, le plus sûrement, c'est la volonté du nomade, sa puissance de suggestion. Les momeries de bouche ou de main, si dédaignées par les savants des Facultés, sont encore les plus efficaces, elles qui précisent et dirigent le magnétisme curateur.

Thaumaturge modeste, le sorcier s'amadoue jusqu'à n'être presque plus satanique, sauf par l'obscurité et la pauvreté, qui sont des vertus. Vieux plutôt bénins, que l'âge en tout cas rendit ermite.

Huysmans m'a raconté que Villiers de l'Isle-Adam ne fût soulagé vers sa fin que par l'un d'entre eux. Mme Villiers alla voir le rebouteur trop vieux pour être dérangé. Il habitait en Seine-et-Oise. Il n'eut qu'à toucher des cheveux du grand et mélancolique poète pour reconnaître qu'il ne restait plus à celui-ci qu'à mourir. Cependant il prescrivit un sirop qui avait la couleur du jaune d'œuf battu, presque aussi épais qu'une mayonnaise, et où entrait comme principal ingrédient l'essence de sapin. Villiers en prit et put ainsi allouer une brève vacance à sa tribulation.

II

MISÈRE DU SORCIER

Je place le sorcier très haut parce qu'il se terre, n'accepte pas les lois, ne reconnaît d'autre patrie, que celle où de mystérieux amis le saluent dans les choses, récuse les Grands Dieux empiffrés d'encens, de fleurs, d'ex-voto, fuit les assemblées des puissants et des riches, raille sous sa lamentable livrée les modes, l'argent, le monde. N'est-il pas le type déjà de la race future, humiliée d'avance en lui et d'autant plus forte ? la race des Citoyens du Monde, portant en soi leur église, leur livre, leur famille, leur divinité, ne dormant pas en des lits étroits, protégés par des conventions plus étroites encore ; ils crachent au visage de la civilisation infâme, boivent le ciel, mangent la terre, s'enivrent au banquet invisible des esprits, se réfugient dans les îles de la mort.

Ces parias ont leur fierté, ils s'inféodent à l'âme de Tolstoï, haïssant le confort, les chemins de fer, le vain travail cérébral. (J'entends ce métier d'amuseur où se galvaudent les intelligences modernes, amuseuses d'elles mêmes d'abord, ce qui est la dernière abjection, le vice d'Onan dépravant le cerveau des dilettanti.) Une sorcière, racontent les chroniques, vit son bourreau panteler pour elle d'un amour obscène, peut-être sauveur. Il est beau, solide, propice à de fortes ivresses, et elle n'en a pas peur, elle est habituée à de telles bourrasques ! mais elle n'en veut pas, il est le chien de garde des riches, enflé des résidus de leurs mets : « Jamais je n'embrasserai ton visage, répond-elle, mes lèvres se sont posées au derrière étique de Satan, ta joue grasse les profanerait. » Et en mourant elle garde sa virginité farouche, la Vestale. Peut-on l'en blâmer ? Le derrière d'un pauvre ne vaut-il pas cent fois la face luisante et inutile d'un riche ?

Ah, bon sorcier, tu sens mauvais et tu es mal mis.

Le sorcier bien mis ; folie ! le diable apparaîtrait-il à quelqu'un qui ne porte pas la livrée de son sacerdoce, c'est-à-dire la loque sacrée de la pauvreté ? Il laisse à Lucifer les rites pompeux, la sublime et ténébreuse initiation, les évocations en formes belles ; il laisse aux mages de notre époque les hallucinations qui déçoivent, la jactance charlatanesque dédaignée par l'humble et robuste traîne-guenilles. Naturellement les mauvais mages détestent le sorcier, l'insultent, le traitent d'ignorant, de fou, de sacrilège, eux les vrais monomanes, fils du Satan de la médiocrité et de la spleenétique envie, que guette la maison d'aliénés ou l'hôpital — l'hôpital si Dieu a pitié !

Ce rustre, sans ambitions, est plus noble, il « travaille » pour quelques sous, sorcier malgré lui, comme subissant un mal héréditaire. Les gestes qu'il accomplit, les paroles qu'il prononce, ses formules et ses signes de croix accompagnant le coup de pouce du rebouteur, comment les expliquerait-il ? Il n'en sait guère qu'une chose : c'est que son père les lui légua sans lui dire plus, avec la seule peur que le curé les surprit au moment de la révélation bonne et funeste. L'église, il lui montre le poing quand il passe près d'elle : et il s'en écarte en ses interminables pérégrinations pour choisir les simples, dans la campagne. Haine instinctive ; le vieil Albi se révolte sourdement en ses veines sans précise mémoire. L'ombre noire du prêtre commémore le noir résidu des bûchers. Et ce pain même, gagné si durement après quelles humiliations et quels tours de bateleur, ce pain, en sa méfiance, il l'exorcise d'une malédiction qui atteindra le donateur et jusqu'à celui qui triture le blé, jusqu'à celui qui le sema, et, s'il le pouvait, toute l'organisation de l'humanité à vie tranquille.

Ne se connaît-il pas étranger, même en sa tanière ? Vaguement il pressent que ses ancêtres luttèrent sans cesse, que le plus lointain fixé en ce pays fut un martyr discret, un traqué des inquisitions qui paya d'une formule l'hospitalité. Et il terrorisa lui-même, tant il était effrayé ; sa seule manière de se défendre, lui isolé, ce fut d'exagérer sa puissance naturelle, de marcher de plus en plus dans l'ombre de Satan, de ne livrer à l'acheteur, des bribes de son « expérimental » qu'après promesse d'épouvantable châtiment, si le secret était trahi.

Le sorcier est reconnaissable, marqué, là où le démon l'a jugé bon, afin que sans arrêt la griffe de son maître persiste, inoubliable sous la peau. Parfois on ne la voit point, car le démon l'a enfouie, cette marque, au dedans de la bouche, sous la langue, ou en quelque partie plus secrète ou plus impudique. Serre de vautour, d'épervier ou de hibou ; parfois griffe de chat, patte de chien ou de lièvre, souvenir sans doute de l'animal que fut le diable au moment du Sabbat. Quelquefois seulement marque bleuâtre et livide, insensible toujours, disent les démonographes, cicatrice close à jamais et qu'aucune main humaine n'élargira plus pour la souffrance. Promesse de l'enfer, mais avec cette restriction que l'infime partie du corps, porte et voie de l'exécration, sera sauvée de toute douleur terrestre. En effet, homme ou femme mis à nu, tripoté par des mains curieuses que déprave l'érotisme inconscient de l'exorciste ou du médecin, minutieusement flambé de toute pilosité confuse. — la victime sait que si l'indice l'a souvent livrée au supplice, il la préserve aussi dans le supplice, lui est un garant du pouvoir satanique, la protection sûre d'une égide. Les aiguilles s'enfoncent, le sang giscle, parfois le fer rouge fait fumer la chair, l'insensibilité garde l'étroite trace du diabolique baptême, insensibilité qui souvent gagne le sorcier tout entier, — car Satan est clément. D'aucuns attribuent cette aubaine à un breuvage, à un onguent. (De la poussière d'enfant mort, disent Del Rio et Springer.) Cependant la marque sacramentelle à elle seule suffit, symptôme de la bonne catalepsie, signe du don de « taciturnité » que l'Homme noir accorde à ses disciples.

Défense aussi cette griffe — la griffe de Martinette (comme disaient les sorciers de Mantes), car le souffle démoniaque l'arme d'une puissance de griffe en vérité, de griffe qui serait aussi une gueule, avec des ongles qui seraient des dents, une langue qui serait un dard et vomissant une imprécation de feu et de soufre (Reinesius, médecin, qui le raconte, *l'a vu*).

III

LE VŒU À REBOURS

Voici l'heure où craque le purin dans la cour déserte des fermes ; ces âcres senteurs brouillent l'atmosphère d'un grouillement animé ; le ferment de la vie qui bientôt fécondera la terre, l'enrichira cette bonne terre, anémiée par les moissons, de force neuve, ce ferment palpite, bout, fume. On ne sait quelles exhalaisons, traînent, puissances ductilisables par la volonté dans l'abîme de l'air. Parmi les flaques éparses, dans l'interstice des moellons défoncés ou au creux d'un sol en pépie, c'est une pestilence qui n'enivre pas seulement les narines, mais qui — ô sortilège ! — « prend aux yeux »... Vous souriez un peu de dégoût, beaucoup de stupeur. Vous avez tort. Ces déjections de bêtes et d'une population animale, instinctive, n'ayant presque pas d'âme, — physiologique uniquement — nourrissent la rustique atmosphère d'une énergie épaisse où le sorcier-berger, le « montreur d'ours » le « mendiant qui sait voir[4] » va contracter avec LUI — ô l'horrible encens de ce sanctuaire ! — le « solide » engagement, le Pacte. Le fumier voilà le vrai, l'efficace laboratoire du sorcier ; là il dépose ce grain de chénevis (écoutez les traditions gardées à Rennes) qui sert à la boulette dont le simple contact à la tête rend chauve et fou.

Pacte souple, pacte ténu, pacte plus sûr dans son modeste ânonnement que les grands pactes signés, avec cette note mirifique : « la minute est en enfer. » (Voir ce sot de Collin de Plancy.) Celui-là est à haute voix prononcé et pas plus. Le Diable inscrit dans sa mémoire le serment ; prudence légitime, dessein louable de rester occulte même en ses engagements solennels. Mais le pacte est prononcé à haute voix afin qu'il ne demeure pas, dans les volutes du cerveau, conspiration obscure, afin qu'il devienne acte réel, formel, décisif, irrévocable. Il peut n'être prononcé qu'une fois et sa formule dépend des circonstances, des besoins ; car ce pacte est précis : tant pour tant, ceci pour cela… Il est parfois utile, lorsque la gravité de l'affaire tourmente le sorcier, de le réitérer neuf fois, ce vœu exécré. Neuf fois, nombre sacré dans les vieux Temples, comme dans les églises du Christ où les neuvaines sont accomplies, et encore dans la sombre et désespérée synagogue du Très-Bas. Serait-ce une prise à témoin des neuf hiérarchies diaboliques ? ou plutôt pour le sorcier une sorte d'auto-suggestion idoine à l'imprégner mieux de son propre vouloir, à augmenter sa foi pour accroître sa puissance.

IV
PUISSANCE DU SORCIER

Le sorcier reçoit de son maître le don de fascination.

La fascination[5] est le pouvoir de nuire par le regard surtout aux objets animés et inanimés. Il suffit au sorcier de regarder un enfant, une plante, une maison pour que cet enfant meure peu après de langueur, cette plante dépérisse, cette maison défaille en ruines. Un démon, communiqué par Satan à son prêtre fidèle, émane à volonté du mauvais œil du sorcier ; et ce démon, doué d'un certain libre arbitre, d'une faculté d'adaptation dans les moyens de mal faire, propage tantôt la maladie, tantôt la destruction.

Fascination presque bestiale ! il faut avoir renoncé à l'œil intérieur et sage, qui reçoit sans éblouissement la lumière d'en haut, pour allumer en l'œil extérieur cet éclat impassible, ce scintillement morne qui tire et fige, irrite et endort. Don fatal, inconscient, par quoi le sorcier devient un animal humain, une bête fatidique, en les règnes d'en bas plus compétente et plus néfaste d'avoir abdiqué les couronnes de l'esprit. Le voilà, le Monstre associé aux monstres, partageant leur banquet d'épouvante et de méfait, accouplé au basilic, au serpent, au crapaud dont les yeux sont habités par Satan.

Cette prunelle, affermie par la scrutation des ténèbres, perd l'habitude de la douceur des paupières retombées. Elle est fixe à jamais ; et tout œil, vide de surnaturelle fièvre, se baissera devant elle. Tandis que les livres des mystiques et des saintes regorgent de la louange des larmes, — *le don des larmes*, dit l'Église, — lui le sorcier, le damné, sent sa prunelle devenir aride pour jamais. Les ouvrages des inquisiteurs spécifient qu'il ne peut verser que trois larmes de l'œil droit. Il est devenu l'inflexible et l'impassible. Au moyen âge, quand le sorcier était à la fois redouté, traqué et torturé, cette physionomie de révolte impénitente lui sied[6]. C'est le dernier des stoïciens, le silencieux, tandis que le troupeau des chrétiens bêle ou rugit, se cabre d'effroi ou déchire. Il ne pleure pas, plutôt il ne pleure plus. Il a pris son parti d'endosser tous les vices, sauf celui de se trahir, toutes les hontes, sauf celle de les reconnaître. Tandis que les dalles des cloîtres s'attendrissent à l'intarissable ruisseau des pleurs repentants, lui le dissident, l'hérétique, enfoui dans les bruyères, celé par les joncs du marécage ou par les fondrières des ruines, il garde un œil vigilant que n'obscurcit aucune brume montée de ses douleurs ; et il rit, il rit de ce ricanement furieux, épanoui, de la brute lâchée aux instincts, ivre des passions.

Il ne fascine pas seulement par les yeux, sa parole aussi est funeste, réprobante ou louangeuse, louangeuse surtout ; son geste sait sculpter la promesse invisible de la mort[Z].

Le premier, le plus sincère et le seul anarchiste. Il repousse l'aumône, ou ne l'accepte qu'avec haine, ne veut pas des consolations ecclésiastiques : « le royaume de Dieu après la mort », il préfère le royaume du Diable sur la terre, croit en son titre d'homme, s'enorgueillit de ses loques (son corps comme ses vêtements en lambeaux), prétend penser, paresser, travailler, vivre à sa guise, sans prêtres, sans juge, sans roi.

Sans juge, surtout ! car, — devant le tribunal qui autrefois le vouait au fagot de l'hérétique, aujourd'hui le déporte ou le claquemure comme malfaiteur, — même lorsqu'il feint de s'amender, il darde l'arme qu'aucun assaut ne fait plier. Cette arme, fourbie à l'induration de son cœur que métallisèrent les tourments, c'est l'inamovible acuité de son regard.

Autrefois les juges en prenaient terreur, se trouvaient mal à l'aise sous la menace de cette impalpable épée. S'ils allaient faiblir, succomber sous le satanique influx ? Aussi ne permettaient-ils pas que le sorcier ou la sorcière les regardât le premier. Touchés, vaincus peut-être, ils auraient risqué d'être compatissants ; à la barre on introduisait le fascinateur, le dos tourné.

Yeux d'un gris froid qui fouille les ténèbres intérieures, yeux qui ont coutume de s'égarer là où les autres yeux ont peur, yeux de nyctalopes, yeux de voyant funèbre, yeux dont l'horizon visuel s'approfondrit au delà de l'humanité et de la vie. Zahorie, le sorcier voit la mort, comme les autres voient les vivants.

V

VIE MYSTÉRIEUSE DU MODERNE SORCIER

Le sorcier s'éveille après minuit à la chiquenaude discrète comme d'un os de squelette aux volets clos ; il se lève, somnambule sans doute, harcelé par une force innée, intime, résultante de mille énergies héréditaires, des infiniment petites impulsions déposées en lui par ses ancêtres. Il sort ; personne sur la place. Quelques chèvres broutent des frondaisons sombres, le regardent avec des hochements de leurs ironiques barbiches. Il prend une sente et vers la campagne descend. Là, devant lui, une confuse foule d'épaules houlantes, avec des bruissements de miserere, roule emportant dans les balancements de son flot un mystérieux cercueil, barque funéraire, sans mât ni voile, vouée par sa structure au naufrage éternel. Le sorcier veut se mêler à ce cortège qui l'attire. En vain il court, souffle, s'acharne ; le fantôme de l'arrière-garde, monté sur un étique cheval, reste toujours à la même distance, aux confins de la route, là-bas. Après plusieurs détours, qui reconduisent au village, la sinistre théorie, escortée du nocturne suiveur, pénètre jusqu'à l'église, y entre. Le sorcier n'ose franchir le seuil, car la porte s'est fermée contre lui, et le dernier fantôme sur l'étique coursier demeure au plus haut des degrés, barrant, comme d'une mortuaire croix, la maison divine, où, huit nuits avant la mort annoncée, se joue le simulacre des obsèques.

Lui, ne peut bouger, stupide, cloué par l'effroi ; il assiste au drame lugubre, il comprend que tous les défunts de la contrée, plus subtils que les parents de l'agonisant, veulent lui offrir d'avance une fête de retrouvailles, et à travers les parois fluides du cercueil, il reconnaît la tête prédestinée.

Le lendemain, le sorcier raconte son aventure et sa clairvoyance ; il désigne celui ou celle qui doit trépasser ; mais il lui faut se taire bientôt. Les gens du pays s'ébrouent à l'entendre ne se tromper jamais dans ses prévisions de mort. Désormais, il scellera les révélations de ses nuits dans un silence qui est déjà le tombeau[8].

D'ailleurs ses rêves sont la part fatidique de sa vie Il se croit à la chasse, en quelque forêt ; soudain le chien jappe, deux perdrix se lèvent, il fait feu ; elles tombent ; mais, ô stupéfaction ! ô remords ! deux pales visages de jeunes filles sanglants, qu'il remémore, ont remplacé le gibier foudroyé. Peu de jours après, il va rendre visite aux deux sœurs que son rêve extermine !. Elles agonisent en effet, et l'une d'elles, à sa vue, tout à coup redressée, ses ongles en furie tendus vers le terrible intrus, hurle dans le suprême râle : « Assassin ! Assassin ! »

Parfois c'est son tour d'être la victime ; sans qu'il s'en doute, aux heures d'inconscience nocturne, son âme animale, apte aux métempsychoses, revêt la forme qui lui plaît, de bête fauve, d'oiseau. Qu'en sait-il ? rien ; sauf qu'au matin parfois il se lamente, battu, déchiré, car ses ennemis l'ont reconnu sous la forme nouvelle et l'ont harcelé jusqu'à l'heure du réveil ; alors ils lui reprochent d'avoir, sous l'apparence d'un loup massacré et dévoré leurs enfants[9]... Ses songes lui font déjà habiter l'enfer des hommes, prodrome d'un autre enfer. (Voir le chapitre Ier de la IIe partie, LE SABBAT.)

Refoulé hors de l'humanité et n'ayant su devenir le Surhumain, il se résout à son rôle de « Soushumain ». Il s'assied au rang des bêtes, qu'il aime et qui le comprennent ; que de fois le sifflement de ses dents rêveuses groupa autour de sa marche l'inoffensive horde de serpents, surgis de retraites imprévues. La légende populaire de la sorcière avec son chat, du sorcier avec ses reptiles n'est pas un racontar de commère ; elle symbolise le compagnonnage de la bête et de l'homme résigné à la bestialité. Une part de l'âme du sorcier descendait en l'humble et fraternel camarade ; tuer l'un revenait parfois à exterminer l'autre, en tout cas à l'atteindre sûrement. Les Indiens de la province de Saint-Domingo concluaient des alliances avec les alligators des rivières et les créatures rampantes des forêts. Les anciens Égyptiens avaient toujours resserré les liens de l'animalité et de l'humanité, puisqu'ils imposèrent même à leurs dieux des formes bestiales. Le sorcier a résorbé en lui la poussière des vieux cultes ; aussi il remonte au delà des temps, s'inféode au chaos primaire des espèces.

Il existait, ces dernières années à Tullins près de Grenoble un spécimen caractéristique du moderne sorcier. Une bicoque, édifiée sur les ruines de l'arsenal des Dauphins abritait « le prophète Chavat » ; car la population lui décernait ce sobriquet. « Mon nom, expliquait-il, me vient d'une famille illustre et lointaine qui s'est écroulée ; « Chavat » veut dire en le patois du pays « tombé là-bas ». — C'était du front à la ceinture un étrange personnage presque solennel, avec des cheveux tels qu'on les imagine au chef d'Isaïe, un visage calamiteux et robuste, et sur la poitrine le tatouage exhibé d'un crucifix. Mais de la ceinture aux pieds, il se terminait dérisoire eu jambes tortes, exécrable nabot. Son vêtement, qu'il ne quitta pendant des dizaines d'années, était fait d'étoffe paysanne et inusable, sans couleur, gondolée et raidie à l'empreinte de son corps. La rumeur des servantes lui attribuait la mort de sa femme et de son fils trouvé étranglé dans le torrent. Mais il ne fut inquiété jamais. Il se plaisait à cette attitude de moine laïque, s'assimilait à ce Melchissedeck indécis et formidable, traversant l'époque patriarchale, sans père, sans more, sans épouse, sans fils. S'il tua les siens, ce ne fut à vrai dire que pour aggraver l'ombre autour de sa personne, pour se magnifier de mystère. Ainsi, il s'aimantait de plus d'ascendant sur la région qui allait en pèlerinage le consulter. Par malheur la libre pensée infecta Tullins, on railla l'oracle, on manqua laisser mourir de faim le prophète. Ses sermons confus, ses prédictions apocalyptiques induites d'événements saugrenus et parfois scatologiques ne furent plus récompensés de l'indispensable victuaille. Alors Chavat raccommoda des plats pour une assiette de soupe. Le peintre Blache, dont je tiens ces détails, a fixé la physionomie insolite de ce mendiant, écouté des humbles, conspué par les bourgeois. Il me raconta que jamais Chavat ne manquait la messe du dimanche. Il est vrai que, pareil à l'ancien sorcier, ce n'était pas un pratiquant[10] ; il ne se confessa à personne, nul ne le vit communier ; mais il aimait rendre un étrange hommage à l'Église. Ses sabots claquaient en ironiques gifles d'une main de bois sur les dalles ; il traversait tous les rangs distraits des fidèles et s'installait non sans une humble arrogance à la table de communion ; malicieux se plaisait-il à une comédie hypocrite ? Au fond, il ne cherchait peut-être, à l'instar de certains adeptes dévoyés, qu'à résorber l'attention des badauds.

Quel sentiment il avait du décorum dans l'ignoble ! un beau jour, il brûla le plancher du premier étage en sa masure, prétendant qu'il fallait vivre sur la terre, immédiatement : « Celui qui est abaissé sera seul élevé, » répétait-il. Son rez-de-chaussée volontaire lui faisait-il espérer l'exaltation des suprêmes étages du ciel ? Il avait fini par coucher dans une caisse en forme de cercueil, à même la boue et les ordures. Ce qui ne l'empêchait pas de se croire un « type » exceptionnel. « Mille visages ; mille indifférents, s'écriait-il encore ; moi j'ai le visage de Chavat ! » On le trouva mort un soir dans son lit de bête, et on l'enterra avec ses guenilles, avec ses instruments, comme un fauve dans sa fourrure, comme un guerrier celtique à côté de ses armes.

1. ↑ Il n'y a pas une chose au monde, pas un brin d'herbe sur qui un esprit ne règne. » (Salkat Chadash.)
2. ↑ Voir la 2e partie presque en entier consacrée aux maléfices du sorcier.
3. ↑ En Bretagne et en Provence surtout.
4. ↑ Le mendiant « qui sait voir » — type dangereux, nomade essentiellement satanique, car Satan c'est la misère avant que d'être la révolte — est redouté dans les campagnes lointaines. Vieux rôdeur hâve, de porte en porte claudicant sur ses trois pieds, dont un noueux bâton. En retour de l'aumône, le sou simple ou double, la miche de pain dur, la bolée de cidre, les restes d'une compacte soupe dont le chien de garde n'a sans doute pas voulu, suppliée et arrachée par cette voix où l'on pressent la colère sous l'humiliation, il livre quelques bribes du mystère, renseigne sur l'inconnu. Sorcier, non pas, — mais somnambule. (Il en rôde près de la chapelle espagnole de l'avenue Friedland, au coin de la rue Lamennais.)
5. ↑ Voir dans le journal de Folklore, *la Mélusine*, l'étude de M. Tuchman sur la fascination. Elle est extraordinaire de patiente science documentaire.
6. ↑ « Rébellion, dit Samuel, est comme le péché des devins. »

7. ↑ La sorcière possède au même titre que le sorcier le don de fasciner ; mais elle « charme » surtout par le rythme, l'intonation, les grâces rauques ou languissantes des incantations. (Voir le chapitre III de la IIe partie. L'Envoûtement d'amour.)
8. ↑ Ce fait est fréquent à Belvédère (Corse) où le poète M. Lorenzi di Bradi en a pu constater la véracité ; cette ronde fantomale est appelée par les paysans la « squadra di roda »
9. ↑ Lire dans la *Démonomanie* de Bodin, le chapitre des Loups-garous, confirmé par les récits modernes des Corses et des Bretons.
10. ↑ En Bretagne, les sorciers modernes racontent que, s'ils vont à la messe, ils perdent leur pouvoir.

CHAPITRE IV

LE MAGE

Il y a eu et il y a des sorcières, il n'a pas encore existé de « magesse ». Hypathie n'était qu'une philosophe, Sémiramis une reine somptueuse et chimérique, Hélène une courtisane en extase, les druidesses de l'île de Sein restent obscures[1], la reine de Saba recule dans la légende. Le collège des initiées de Pythagore ne nous a laissé aucun célèbre nom. Les cloîtres ont produit des saintes éblouissantes de vertus et de miracles, mais nulle, même sainte Thérèse, ne fut la Beauté sereine, la Science et la Force unies. Les plus hautes tirent leur attrait et leur gloire d'avoir été défaillantes. Si elles allèrent à Dieu, ce n'est pas tant d'un mouvement libre, conscient et personnel que par un impulsif élan. La femme parfaite et omnipotente gît dans l'avenir, inéclose ; mais cet avenir lui appartient de par cette raison, qu'ayant souffert et étant dédaignée, elle amassa de quoi devenir victorieuse, que l'ostracisme du passé, les luttes du présent lui tissent un nimbe de sang et de flamme. Regardez à l'Orient du monde le cortège des déesses et des saintes, annonciatrices de la Future Reine, de la Mystique Colombe, entrevue par Guillaume Postel[2].

Mais a-t-il même existé des mages ?

Atroce et sublime destinée s'il en fut ! Le mage est seul.

Je sais bien que la sorcière est fugitive, que le sorcier est maudit ; mais ils aiment la nature, ils communient avec l'universel soupir. La terre, sinon les hommes, leur est fraternelle, maternelle. Ils sont des parias, jamais des exilés ; ils ont de quoi reposer leur tête, sinon leur cœur, ils ont où dormir, sinon où aimer ; que dis-je ? ils aiment. Un esprit diabolique, mais tendre parfois, les berce au creux de son inconscience. Ils s'anéantissent, donc ils ne méconnaissent pas toute joie. Le Mage, lui, est seul vraiment ; à la fois surhumain et inhumain, infortuné et inaccessible, sans épouse, sans volupté, sans faiblesse. Il est : des yeux veufs d'émotion et de sommeil, une bouche vide de sourire, — une main et un front surtout.

« Eris sicut Deus, » lui a-t-il été dit, et le voilà plus pitoyable que le mendiant des routes.

Le Mage n'aime pas, parce qu'il est immortel. « Chaque fois que tu aimes, tu meurs d'autant, » prononce le Maître Janus de Villiers[3]. Et ce mot redoutable est exact. L'homme qui se marie à la vie, qui baise des lèvres amères et suaves, qui se propage en des fils, qui s'attache à la mouvante vague des jours, n'a-t-il pas renoncé à l'immortalité ? Il se disperse, celui qui ne s'exile pas de tout. Vous avez incliné de pitié votre tête, lourde de pensées éternelles, vers l'éphémère humanité ? Vous êtes voué à la mort. Le cri du désir, le sanglot de la miséricorde, le geste de la consolation vous perdent à jamais. Ah ! si le pilier du Temple, ému de l'agenouillement des fidèles, veut imiter leur adoration, il chancelle, s'écroule et tout l'édifice dans sa chute le suit.

I

L'APPARTEMENT ET L'ÂME DU MAGE

Une planche de Kunrath[4] théosophe et médecin nous initie à l'intérieur du bon Mage ; c'est une salle haute et sans ornement, aux austères boiseries. À droite le fourneau d'alchimie avec les bocaux renfermant les substances idoines au grand œuvre ; les deux colonnes qui soutiennent le manteau de cette occulte cheminée s'appellent l'une : *ratio*, l'autre *experientia*. N'est-ce pas déjà formulées les deux lois de la science moderne : expérience et induction ? Tout près une fontaine, car pour l'opération mystérieuse le corps doit être aussi pur que l'âme. À gauche l'autel des opérations avec les pantacles et le livre, sous une tente à peine entr'ouverte laissant voir le Mage vêtu de sa blanche soutane à genoux sur un coussin, les bras écartés et levés pour la dure amplexion mystique ; une sorte de veilleuse pend au baldaquin orné d'une croix ; et sur l'étoffe on lit

« Ne parle pas de Dieu sans lumière. » Sous l'autel, une tête de mort est presque cachée par les plis retombés de la nappe. « Apprends à bien mourir, » dit-elle. Non loin de là un encensoir fume sa prière symbolique, car « la prière est de tous les sacrifices le plus délectable au Seigneur ». Au milieu, une table révèle le miroir magique (la loupe, peut-être), la balance, le couteau, l'encrier, la plume, des gobelets et les minuscules outils des bijoutiers et des naturalistes ; des instruments de musique s'étalent, unique et utile distraction ; une cithare, une lyre, un violon, une mandoline ; de la musique s'éparpille, cette sainte musique qui, selon le maître de céans et le roi Saül, fait fuir la tristesse et par cela même les esprits du mal ; car « l'esprit de Jéovah souffle favorable dans le cœur rempli d'une pieuse joie ».

Des sentences hébraïques et latines sacrent monastiquement les meubles de ce laboratoire mystique ; une des poutres du plafond s'écrie : « Sans le souffle divin nul n'est grand. » Le mur conseille de n'agir « ni timidement, ni témérairement ». Le laboratoire raconte en sa réticence alchimique : « Celui qui recommence ses essais avec patience réussit quelquefois ». Sur la tente de l'oratoire une fière devise explique le rôle humain de la Providence, rôle envié du mage, qui parfois pensa l'endosser : « Heureux celui qui est des conseils de Jéovah. » Mais presque chaque ustensile est éloquent ; le seau à charbon commande l'humilité, l'athanor la hâte lente, l'œuf philosophique la maturation. Tout au fond un lit bas, sous une tenture qui le sépare de la large salle, recommande la vigilance même lorsque l'heure d'éteindre la lampe et la pensée a sonné.

Le fauteuil unique témoigne de la solitude absolue, de l'absence des visites ; aucun portrait, aucun tableau ne distraient par le souvenir d'un visage profane le méditatif exilé. Les fermoirs de livres inégaux s'accotent sur l'étagère, entre la double rangée des fenêtres aux vitres carrelées. L'air ne semble pénétrer que par une circulaire ouverture, un œil vide près du plafond.

Rien d'impur ici, rien non plus de souriant. La femme est à jamais absente.

La femme ? Et que ferait-elle en cette maison de science et de volonté, où le recueillement est la première loi ? N'apporterait-elle pas en ce temple le tourbillon du monde ? La femme, écrit Kunrath, commentant le desenchanté Salomon, « elle a du miel dans la bouche et le sol arsenical dans le cœur ».

Le bon Mage m'a semblé un moine protestant, poussant le goût de la mortification et du silence jusqu'à abolir le monastère, au profit de la cellule ; le bon Mage est un moine sans compagnons.

Ne faut-il pas admirer et soupçonner ce détachement suprême des choses et des êtres ?

Certes, plus j'étudie ce plan d'une chambre spacieuse et sans extérieur frisson, plus je me rappelle le rêve de la jeunesse, la vie de labeur et de modestie, la création de soi-même par soi-même, avec le réconfort des bains d'eau pure pour le corps, et pour l'âme la secousse lénifiante des oraisons. J'avoue que rien ne me tenta plus que cet abandon cogitatif et cette paix inexpiable. Les rumeurs quelconques ne bourdonnent plus aux vitres trop hautes, et aucun visiteur n'interrompt la grâce dévote de la journée. Ah ! cher et doux Kunrath, aurais-tu trouvé la pierre philosophale, plus précieuse que la transmutatrice des métaux, celle qui fait de l'âme trouble, épaissie et noire, un lingot d'or immatériel ?

Mais cette paix, longtemps cherchée, Kunrath ne sut l'extraire de son « philosophique » alambic ; ce sacrifice universel accompli pour l'obtenir n'aboutit point.

En neuf pantacles, le docteur théosophe nous explique les mystères qu'il arracha du cœur des solitudes. Il serait long et peut-être inutile de mettre en phrases ces ésotériques géométries. Elles témoignent d'une psychologie illuminée, d'un décisif et imperturbable savoir. Celui qui a compris les neuf pantacles n'ignore plus rien de la magie ; mais en est-il plus joyeux ? Kunrath lui-même avoue que la tristesse est un péché. J'ai toujours été ardent et triste, plus proche du Lucifer qui sait et qui expie, lorsque je me suis longtemps penché sur ces planches où Dieu, la création et l'homme sont disséqués. Je crois qu'un peu de musique pieuse vaudrait mieux que ces infernales mathématiques ; et rien ne m'efface le souvenir gracieux de cette lyre sur la table de travail du cabinet alchimique ; elle est meilleure que le travail. D'ailleurs lorsque Kunrath se dévoile, nous assistons, sous l'eau morte de ce repos extérieur, à l'insurrection d'une flore douloureuse et presque néfaste. Étudiez la planche où le théosophe nous apparaît, tenant tête à ses ennemis, chez lui en son costume opératoire, en ville avec l'habit de gentilhomme. On sent qu'ils le hantent, que cet isolement est envahi par les larves de la guerre et de l'effroi. Cette fontaine de la sagesse, si jalousement défendue semble avec son « vin catholique » l'avoir enivré d'une hallucinatoire vésanie. Il y a du Callot et du Goya dans la figuration de ces douze adversaires, dont le principal c'est assurément le pape, appelé l'Autéchrist et qu'insuffle une chauve souris satanique, tandis que lui Kunrath attire vers sa tête la colombe du Paraclet. Les haines, les calomnies, les railleries, les persécutions s'animent pour le mage ; hors du monde, il évoque plus fortement le monde. Ils portent, ses ennemis, des chapeaux de prélats sur des têtes d'oiseaux de proie ; leur cou est surmonté d'un visage d'âne, ils sont des fous à grelots, des éponges dégoûtantes de fiel, des langues multiples, tortes et ailées, des dards de flammes, des seringues, et sur eux plane leur grand maître Beelzebuth, préfet des démons. Les dédaigne-t-il tant que cela, le cénobite ? Il est vrai qu'en costume opératoire il s'écrie : « Je priais pour eux afin qu'ils m'aimassent, eux me trahissaient, » mais sa pincette étrangle le serpent sous ses pieds, ou bien malignement le projette contre eux ; sous un roc la grenouille de sorcellerie lève une tête obéissante, toute prête au maléfice… Ah, doux Kunrath, toi aussi tu sais frapper occultement, et derrière toi ton chien se traîne bon compagnon des tours magiques. Le scorpion se recourbe sous ton talon, alors que tu voyages ; décidément tu n'es pas l'agneau des reconcements et des blancs sacrifices, et ton épée te décèle agresseur. D'ailleurs ne t'imagines-tu pas entendre Jéovah lui-même te conseiller : « Ne cède pas aux méchants, mais sois encore plus audacieux contre leur menace ; je suis avec toi. » Que ta doctrine ressemble peu à celle du vrai prophète Tolstoï, sublime ainsi que Jésus ofirant l'autre joue à l'insulte. « Ne résiste pas aux méchants, » a dit en notre siècle le divin Slave. Toi, Kunrath, tu ne résistes pas seulement, tu prendrais bien les devants !

Hélas ! je crains trop que tu ne nous déçoives avec tes affirmations pacifiques, ou plutôt non, tu ne nous mens qu'à moitié ; tu es bien le disciple du Jéovah, du démiurge orageux et insociable ; car si j'étudie un peu plus loin ton portrait, à tes cheveux hérissés, à tes mains rétractiles, à tes yeux inquiets, à ta bouche froissée de dédain et d'épouvante, à l'acuité de tes joues, à ta devise : « Phi Diabolo ! » (on n'insulte que son plus victorieux ennemi), je reconnais le martyr de la manie des persécutions, le sage plus impatient et plus irrité qu'un amoureux, celui qui, ayant fait taire le bruit inutile des cités et le vague frémissement des campagnes, a réveillé en lui l'insolite clameur, les turbulences, les insanités du « moi ».

Auprès de toi, ton fidèle chiea te garde ; tu semblés écouter des voix formidables et vengeresses, l'éloquence blasphématoire du vertige ; « Dieu me conduit, » dis-tu. Je ne sais, mais ta main tremble poussée par une force dont tu n'es guère le maître ; à la façon dont tu tiens ton calame, tu as exactement le geste que s'est accordé M. Stead, en l'an de grâce 1894, au seuil d'un des numéros de sa revue occultiste « le Borderland », M. Stead, journaliste tapageur, devenu médium auditif et écrivain.

Cependant, vieux Kunrath, tu as été le meilleur de tous, ayant paru dédaigner les prestiges trop ostensiblement évocatoires, t'élant restreint aux commentaires des livres sacrés, répudiant toute bibliothèque profane, ne t'asseyant que devant l'athanor, ne t'agenouillant que devant les noms divins, — et parfois pour te distraire, jouant de la très pure lyre !

Si je regarde tes frères, si j'ausculte la palpitation de leur vie, quelle tristesse n'en sort-il pas !

Ayant voulu devenir des dieux, trop souvent ils se défigurèrent en monstres.

« Nous ne sommes pas d'espèce humaine, s'écrient-ils, nous les fils des Anges ; nous ne venons pas d'Adam, notre ancêtre est Samyasa, le chef de ces Enchanteurs qui ne se compromirent avec des femmes que pour apporter à cette terre le bienfait immérité de notre apparition. Nous avons classé l'invisible et le visible avec Zoroastre ; pareils à Moïse, nous voyons, face à face, Dieu ; nous conversons avec les génies comme Salomon ; pour nous le Dragon veille sur la Toison d'or ; notre rythme édifie les cités intérieures et notre charme orphéen endort les tigres et adoucit les lionnes ; nous savons tout comme Hermès, nous avons pour chaque énigme la subtilité d'Œdipe ; les miracles de Simon sont le jeu de notre repos ; nous triomphons de la mort comme Apollonius de Tyane ; Prométhées impunis, nous ravissons le feu du ciel ; à l'exemple d'Élie, nous ne mourrons pas. »

Orgueil, péché père de tous les péchés, tu adombres l'auréole des mages.

Approchez-vous de ces hiératiques discoureurs, bravez l'épaisse muraille d'encens et de soufre, dont ils se protègent et qui les enivre ; secouez l'oripeau de chacun, voyez la chair nue, touchez la plaie.

Le plus hautain d'entre eux, Julien, meurt en blasphémant sa destinée, en avouant sa déroute, lui l'intelligence exaltée devant le Galiléen, le dieu du cœur. Les autres n'arrivent pas à la popularité ; ils sont liés d'ombre. Gilles de Rais étonna le monde de sa folie de massacres. L'alchimiste Flamel fut un usurier. Trithème s'enténébra dans des pantacles et de chimériques algèbres. Cornélius Agrippa, sceptique et vénal, finit par écrire un livre d'ironie suprême sur la vanité des sciences. Paracelse, le plus fougueux, le plus génial, vécut dans l'ivrognerie et la débauche ; et sur lui savant prodigieux pèse, irréparable, le discrédit de l'empoisonneur et du charlatan, pour son style emphatique et ses trop hâtives découvertes. Les anciens Rose-Croix mystifient en vaticinant. Cardan et Lavater se tuent. Cagliostro laisse une réputation d'escamoteur et de proxénète. Le comte de Saint-Germain ne fut jamais pris au sérieux. Cazotte ne toucha aux grands secrets que pour en mourir.

Deux s'efforcèrent plus loyalement vers la piété et la sagesse ; en vain ils rompirent avec la vanité artificieuse des prétendus adeptes, le sort redoutable les enveloppa.

Je veux parler de Raymond Lulle et de Jean Dee.

II

RAYMOND LULLE ET JEAN DEE

Raymond Lulle le docteur illuminé, le poète, l'alchimiste, le martyr. C'était un amoureux aussi, un amoureux d'un unique amour ; il fut sauvé d'une réputation équivoque devant la postérité par ce rayon de la femme dans sa vie. Mais il n'eut que les plus douloureux triomphes, ne connut de la couronne que les épines.

Né à Gênes, il y avait, jeune homme, la réputation d'un séducteur. Ayant rencontré dans la rue la belle Ambrosia, il ne sut pas retenir sa fougue et son cheval, pénétra à sa suite dans l'église. Puis il pourchassa d'intrigues et de sonnets sa nouvelle passion. Ambrosia appela chez elle enfin le bouillant cavalier. Et tandis que celui-ci songeait au triomphe tout proche, elle dégrafa son corsage et lui montra sa poitrine… un des seins totalement rongé par un cancer faisait un trou.

« C'est à ce corps misérable, flétri et de si brève durée, lui dit-elle, que vous voulez consacrer votre jeunesse et votre esprit. Dieu seul mérite un tel amour. »

Raymond en cette noble épreuve trouva sa rédemption et Ambrosia fit du chevalier dissipé un savant, un saint et un adepte.

La légende raconte que Jésus-Christ lui apparut dans la nuit, qu'il donna tous ses biens aux pauvres et qu'il se voua désormais à la propagande du catholicisme contre le mahométisme envahisseur. Il y dépensa une incomparable activité. Jamais existence ne fut plus traversée de menaces de mort ; cependant cette existence fut longue et hérissée de missions. Raymond Lulle échappe à tout. Les rois cherchent à le retenir, car il pourrait, en quelques jours, lui qui détient le secret de la pierre philosophale, remplir leurs coffres d'or. Les Africains, irrités contre l'adversaire de leur prophète Mahomet, l'ensevelissent sous les pierres et les coups ; Raymond Lulle ne peut retenir la mort ; c'est un des voyageurs les plus infatigables et jamais depuis les premiers apôtres, un cœur aussi vaillant, aussi inlassable, n'a combattu. Mais le pape le méprise, son pays le renie, l'Angleterre le poursuit, les Génois après sa mort cherchent à l'exploiter, à le vendre, morceau par morceau, les reliques atteignant à cette époque un prix considérable ; et ce pauvre éternel qui avait cherché la mort pendant plus de quatre-vingts ans ne trouva toujours que la vie, cette néfaste vie, comme un immérité châtiment. Quand il mourut, il dut sur son vaisseau-sépulcre songer à l'énormité de ses efforts, à la multitude de ses livres, à la désorientation de sa vie, qui n'aboutissaient à cause de l'occultisme qu'à une réputation incomplète et au reniement de tous ceux qu'il avait aimés et défendus plus que lui-même, entre autres le pape et le roi.

Bien autre mésaventure advint à Jean Dee, cœur naïf et ardent, bon souffleur[5]. Il eût certes mené une vie honorable et honorée, s'il n'avait rencontré un aventurier, au pseudonyme de Kelley, qui avait eu les oreilles coupées pour faux. Désormais l'existence du sage est empoisonnée. L'infatuation mystique le détraque, il se croit le correspondant et le familier des Anges et de Jésus-Christ ; il veut morigéner les rois, fonder une religion. Vie d'illusions tout illuminée et ravagée. La populace pille la demeure de celui qu'elle prend pour un sorcier malfaisant, les rois lui donnent la chasse, il est persécuté même par ses anges lui ordonnant de brûler les livres qu'ils lui dictèrent et qu'il imagine très précieux. Ce cœur droit s'incurve dans l'hérésie la plus abjecte. Kelley et sa femme, Jean Dee et son épouse reçoivent de leurs mystiques amis des communications impérieuses, exigeant entre ces deux couples les promiscuités sexuelles. Jean Dee a beau protester, il finit par céder, s'avilit à un libertinage révoltant. La cause de tout ce mal, c'est le cristal magique, apporté par un Ange, qui délicatement passa par la fenêtre pour faire ce beau don. Le cristal magique est le réceptacle des esprits ; ils y apparaissent, ils y parlent, ils s'y jouent de la bonne foi de Jean Dee, lequel, trompé sans cesse, mais entêté de merveilleux, n'est même pas converti à la raison par la vieillesse et par la mort.

Ce qui perd le mauvais Mage, le renonciateur de la femme, c'est le vertige où il plonge, parmi les mirages de l'astral. Le sorcier lui du moins s'adresse à des divinités sûres quoique basses, à des forces sensuelles, mais qui ne trompent qu'à moitié, étant naturelles. Le mauvais Mage s'adresse au vide, il se lie avec le pâle reflet de son ostentation, l'hallucinatoire frère qui le perd. Son intellectualité, dédaigneuse de l'amour et de la vie, ne se nourrit pas des fluides terrestres, et les célestes ne le baignent plus, car il a trop éteint son cœur. Il est desséché et autonome, il prie avec colère et reproche, s'exile avec fureur. Il repousse les révélations de l'humilité, les seules qui soient véridiques. Peu à peu, il se filie à l'Antéchrist, devient un membre de l'Église maudite, s'use et se ronge, se divise, proie du Mensonge et du Néant.

1. ↑ M. Barth nie qu'il en exista jamais.
2. ↑ « *Les Merveilleuses victoires des femmes.* »
3. ↑ *Axel.* (Le Monde occulte.)
4. ↑ *Amphitheatrum sapientiæ.*
5. ↑ *Vita Johannis Dee.* Londres, 1707.

CHAPITRE V

LES ÉVOCATIONS FANTASTIQUES DES MAGES

Pour se conformer à l'impitoyable orthodoxie, il faut appeler révocation dans les cercles, même avec la pompe sacerdotale, quand elle a lieu hors du temple, — l'évocation de l'anonyme esprit qui n'est pas Dieu. Cet esprit, Moïse le condamna et les théologiens l'appellent le souffle de Satan, le Diable ; car Jésus le refoula dans les porcs et Agrippa, l'ayant adoré, le maudit ensuite comme fauteur de prestiges et d'hérésies. Pas d'autre esprit — aux yeux du catholicisme par exemple — que l'esprit de Jésus-Christ descendant dans l'hostie et s'y revêtant d'une nature de chair. Eliphas Levi lui-même l'entend ainsi et frappe d'anathème, sans même l'examiner, le spiritisme. Tout le reste est douteux, méfié ; Jeanne d'Arc, même avec ses voix qui la conduisirent à libérer la France, restera longtemps expectante devant l'auréole accordée à d'autres saintes moins retentissantes, moins éclatantes de miracles. Le miracle, hors de la maison des prêtres, ne semble pas bon aux prêtres ; œuvre de Satan, toute œuvre hors du sanctuaire. Le spiritisme devient pour l'Église la plus pernicieuse hérésie, quand même les manifestations en seraient bienfaisantes, surtout dans ce cas ; la conscience humaine, grâce à ces directeurs nouveaux, insaisissables et d'autant plus influents, échappe aux dogmes, se rit des hiérarchies ecclésiastiques, ne veut plus recevoir d'ordre que directement de l'Au-delà.

La magie, elle, exaltation de l'homme, sa glorification aux dépens du visible et de l'invisible, rentre pour des yeux théologiques ou scientifiques dans le casier poudreux des superstitions ; mais elle chatoie des découvertes nouvelles et futures : le magnétisme, l'hypnotisme, la télépathie dorment en elle ; de plus, à l'homme, sombrant volontiers en l'idolâtrie grossière, peur ou adoration des phénomènes naturels et de cette objectivité sans cesse opposée à ses efforts, elle a fait comprendre cette vérité révolutionnaire : l'infini s'approfondit plus en soi que hors de soi, Dieu est moins le père au delà des sept cieux, que la voix silencieuse, la force irrésistible en deçà des sept cycles de l'âme ; le mystère rugit en l'homme avant que de rutiler dans l'univers. Celui qui sait les lois de son être connaît la terre, l'éther et les étoiles.

Platon, Kant, Hegel, Renan lui-même, — ô paradoxe des Providences ! — popularisèrent la pensée des mages ; et toute cette médiocre jeunesse moderne qui blague le mysticisme transcendantal ne vit, parasite aveugle, que sur ce banquet du « moi » triomphant, servi par Zoroastre, Apollonius, Paracelse, Eliphas Levi à son indigence d'orientation et de méthode.

I

LE MAGE ET LE CHRIST

Le mage a récusé, malgré ses accommodements et ses respects, la doctrine du Christ.

Il s'enferme dans le cercle, symbole de son isolement, de son orgueil, de sa sélection, pour se concentrer et vaincre comme du fond de la citadelle visible de son égoïste moi. Sa main serre le glaive de la conquête et de la révolte. Sa baguette c'est le sceptre des vieux pharaons, le serpent rigide et haut, volonté divinisée commandant au serpent souple et rampeur, la faible et serve âme des hommes ; son couteau légitime l'immolation du plus faible ; sa robe le rehausse hiératiquement hors de son sexe, en la similitude des premières déesses. Et dans ses rituels il lit les confidences de son seul chef et ami, le dieu cruel des armées, des abîmes, des montagnes, le Dieu-Force qui, lui confiant ses noms vénérables et incompréhensibles, lui a transmis sa propre puissance sur les âmes et les éléments.

Nul n'a fait assez remarquer que Salomon est le père des magiciens ; ils semblent bien moins se soucier des prêtres de Khaldée ou d'Égypte, des Brahmes ; ils ne reconnaissent comme autorité indiscutable dans le champ pratique que ce roi despotique, amoureux effrénément, avide de domination dans les trois mondes et architecte de ses rêves ; — ne fit-il pas construire par les esprits ce temple duquel, même renversé, toute initiation même infernale se réclame ? Selon les légendes, il parvint par une tension de ses facultés à se passer de Dieu, à être Dieu — ou mieux le Diable ; car on sait qu'il finit dans la folie de la luxure et de l'ambition.

De pauvres copies d'obscurs manuels opératifs se pavanent de la signature de Salomon ; ce sont toujours ses *Clavicules*, confiés à ce fils symbolique Roboam qui est toute la tradition du mage solitaire, et contre les Églises révolté.

Les livrets, surtout les plus anciens, ceux venus d'Allemagne, l'exemplaire de la bibliothèque de l'Arsenal charment par de nettes et intelligentes révélations. Le dogme et le rituel d'Eliphas Levi en sortent de pied en cap avec leur bric-à-brac captieux et terrifiant. Pour moi, plus modeste j'ai laissé à la magie en quelque sorte religieuse son développement dans l'Appendice de cet ouvrage avec le quatrième livre d'Agrippa, jamais traduit, que j'ai annoté. Il faut reconnaître à ces rites une beauté, une pompe cérémonielle qui ne se retrouvent dans aucun grimoire campagnard, que les procès de sorcellerie, distillant leurs sacrilèges crottes, ne traduisirent jamais. Oui, on devine une tradition originaire de Khaldée ou d'Égypte, — d'où vous voudrez — des deux pays, je crois, — de l'Inde, peut-être. Déloyalement soumise aux dramatiques ampleurs des psaumes, au sourd tonnerre de Moïse sous le nuage desséché de son texte, marquée par ce Salomon d'une irréparable ostentation, elle se laisse conquérir à contre-cœur par Jésus, discret magicien, aux incantations douces, sans cesse trahies en les évangiles, malgré l'ignorance du scribe (Jésus est même un magicien terrible et rebelle selon le Talmud et quelques Évangiles apocryphes). Cette tradition voulut, à travers l'évolution cultuelle, concilier rituellement l'Enfer et le Ciel dans l'homme réhabilité par un sacerdoce hautain. Certes, il ne faut point crier trop haut, trop vite ; Zoroastre ne s'est pas livré à Jésus. Les commentateurs sémites ou grecs de la Kabbale ne s'engloutirent pas en la doctrine si limpide et si profonde du pur Maître conçue à la fois pour les gens du monde et les cloîtres, les gens pressés pour le salut ou pour le plaisir. Cette morale, qui méprise certes les pharisaïques gestes, résiste au Kabbaliste et au Magicien. Erudits méthodiques ceux-ci, scrupulards, exégètes sceptiques peut-être, mais minutieux, clercs enchaînés à la lettre, appliqués à sertir les textes comme un jardinier enjolive un parterre, les replantant, y greffant une subtilité troublante, — toute la science humaine corrompant, de sa factice splendeur, la nudité de Dieu !

Il y a chez tous ces kabbalistes, depuis la dispersion surtout, une préoccupation exagérée de Satan. Méfiez-vous de l'homme qui compte sur le Diable : c'est un imprudent ou un perfide de s'être allié avec le plus notoirement faux des amis. Celui qui s'étaie à la tentation y penche déjà. Impitoyable loi : l'Église autoritaire accapare les Anges ; que faire ? Les nabis se rattrapent sur les Démons. Parbleu ! ils les dédaignent, les consultent en des conjurations, qui ressemblent à des exorcismes, mais ce sont de caressantes enjôlées que ces bourrades. Satan comprend : il ne déteste pas qu'on le bâtonne, il sait que chaque coup qu'il reçoit se répercute en son flagellateur ; il compte sur les blessures et les sévices — comme Jésus sur sa croix — pour conquérir ses bourreaux.

Autre détail immense : Satan est théologien, sophiste limeur de cas de conscience ; il ergote, plus janséniste, plus difficile, plus tatillon que le saint, qui, lui, va droit à Dieu, sans ratiociner, par son cœur pur. Que vois-je dans la Clavicule, dans « la sacrée Magie » ? l'attention superstitieuse accordée à toutes cérémonies. Rien n'est assez intègre, assez blanc, assez purifié ; cet art je le devine si impeccable, qu'il échappe à une humanité saine, exige une ingéniosité de sophiste, une subtilité d'hérésiarque.

II

LE COCHON DE JACOBUS

On a tellement ressassé en de niaises compilations les pompes et les discours de ces livres, qu'il fait plaisir de relater le truc de l'un d'entre eux ; l'auteur, Jacobus Derson ne manque pas de quelque originalité. Christianisant la clavicule rabbinique, le bonhomme prend un livre de taffetas neuf, le parfume à jeun pendant trois jours avant le soleil levé, commence son opération la nuit du vendredi au samedi, jette sur du charbon neuf l'encens mâle et la verveine en poudre.

L'emplacement de l'évocation n'a reçu neuf jours auparavant nulle visite, et neuf jours après il sera vide encore.

En traçant le triple cercle, Derson prononce : « *Et portæ Inferi non prævalebunt eo, Jésus, Maria, Joseph, per virtittem quam communicasti, quæ pervenit usque ad me*[1].

Jacobus opère par le porc, dédaignant le crapaud, serpent et autre reptile, instrument de païen. Le bon porc lui est chrétien. Le Christ qui réhabilita l'âne en l'enfourchant, donne au cochon une allure diverse, mais pompeuse aussi, en fait le coursier de Satan.

Donc le groin ennuyé est repoussé parle magicien sur les flammes du parfum. Le groin grogne, mais l'homme de s'écrier : « *Non clamabunt in gutture suo*[2]. » Et l'animal se tait. Excellent essai. Satan obéit à la voix et à l'œil. Comment éteindre respectueusement ce brasier épouvante du démon ? Jacobus s'empifre d'eau bénite puis vomit sur les charbons, jusqu'à ce qu'ils crépitent, s'éteignent. Puis, tirant par une corde l'animal penaud, il le promène autour du cercle, ânonnant : « Je te maudis, réceptacle de l'esprit immonde, tu as vécu, tu vis, tu vivras de l'orgueil qui t'a perdu ; je te conjure, esprit, par les verbes divins dont Jésus se servit pour envoyer les démous dans les porcs afin que tu entres dans ce corps. Elohim † Michael † Tetron † Tau † Sahomma hoc †. »

Diable ! après cette conjuration trois fois répétée, qui sait si, à l'exemple de ses devanciers, la bête effarée ne va passe précipiter dans la mer ou du moins en quelque voisine mare ? En tout cas il grogne fort, agité par l'occulto force. Attrape : et Derson jette au cochon une étolo. (Voir plus loin le chapitre de *l'Exorcisme*.) Pour plus de sûreté le tabernacle de l'Impur est solidement attaché dans l'enceinte la plus extérieure des trois cercles. Deux cierges bénits s'asseyent en l'enceinte intermédiaire et Derson, protégé dans le triangle central, s'évertue, éjacule des exorcismes, implore les Anges, les saints, le grand Saday, le doux Emmanuel, plume en main, notant dans le livre de taffetas neuf sa prière comminatoire, à trois reprises… Enfin au grand nom de Schemhemaphoras, du sel de sapience ayant été semé autour de lui et le cochon (attrape encore !) ayant reçu un joli coup d'épée, — le génie le plus puissant et le plus voisin du lieu apparaît, prêt à servir, et dit se nommer : « Maldescliats[3]. »

Derson obtempère :

« Je te lie pour trois cents années et te donne ce porc.

— Trois cents ! jamais, c'est trop long, répond l'esprit : et tu ne vivras certes pas trois siècles, niquedouille.

— Je ne suis pas égoïste, je veux que tu serves mes descendants. Et puis, tu n'as rien à dire, je t'inscris sur mon livre de taffetas neuf pour trois cents années. Tiens, signe. »

Mais Derson raconte qu'il fut roulé par ce malin génie ; quand Maldeschats lui rendit le livre orné de sa griffe, un zéro manquait comme par miracle ; au lieu de 300, il n'y avait plus que 30... Fiez-vous au diable, bonnes gens !

III

ÉVOCATION PAR L'ÉPÉE QUI A TUÉ

Tant de familiarité avec les laquais escamoteurs de l'invisible n'est pas faite pour déplaire à notre scepticisme que gênerait l'irréprochabilité de tels esprits.

Un manuel plus pratique encore, c'est « l'instruction pour la préparation de l'épée qui a tué[4] ».

Ayez une chambre à vous et une épée qui ait été mortelle. Faites avec la pointe un grand cercle et une croix au milieu d'un bout à l'autre du cercle en disant : « Au nom du Père, du Fils et du Saint-Esprit. » Plantez au milieu de la croix l'épée nue ferme et droite. Un petit cierge changé chaque jour brûlera neuf fois vingt-quatre heures. Dites votre prière le matin à jeun avant le soleil levant. Ne parlez à personne même pour répondre. Le neuvième jour laissez la fenêtre ouverte.

Ayant prononcé trente Pater, trente Ave, trente Credo, les psaumes : *Laudate Dominum* et *Cum invocarem*, à genoux, dans le cercle, sur une pierre, tête nue, la face tournée du côté de l'Orient, écriez-vous :

« Je te prie. Seigneur Jésus-Christ, de vouloir bien m'accorder qu'en quelque lieu que soit l'âme ou l'esprit du corps que cette épée a percé et fait mourir, il vienne tout présentement sans délai et aucun bruit et m'apparaisse en forme humaine douce et belle pour m'obéir et faire mes volontés et qu'il me soit aussi soumis que vous l'avez été à votre père Eternel, — au nom du Père, du Fils et du Saint-Esprit. »

Pour congédier l'âme du défunt, après que lui auront été transmis les ordres, vous direz :

« Pietourne en paix dans le lieu qui t'est destiné jusqu'à ce que je te rappelle. »

En entrant dans le cercle prononcez :

« Que la paix soit avec vous. »

En faisant le cercle, vous avez eu la précaution de dire :

« Je te fais, cercle, pour me garantir des mauvais esprits. »

N'oubliez pas le petit cadeau au départ de l'évoqué. Il varie selon les jours de la semaine. Le lundi vous lui jetterez un sou, le mardi une pierre, le mercredi un poil de chat, le jeudi un pain, le vendredi un pain bien brûlé, le samedi ce que vous voudrez, le dimanche un sifflet.

IV

LA GRANDE OPÉRATION DE LA CLAVICULE

Il faut noter que les psaumes jouent souvent et même à eux seuls un rôle important dans les opérations magiques ; la clavicule et les divers grimoires en font foi et particulièrement un livret des plus graves intitulé : ANACHRIST *ou langage des bons anges ou la manière d'avoir communication avec iceux par les ouvrages du prophète royal David qu'il fit pour le soulagement des enfants d'Israël lorsqu'ils étaient dans la captivité*[5].

L'éternel subterfuge toujours !

Mais elle est austère infiniment, grandiloque, grandiose, l'opération du Roboam avec sa cohorte de disciples, ses livres sacrés, ses arômes, ses déclamations. Vraiment le vertige de Jehovah doit prendre ces sacerdotes enragés de mômeries, ces supplicateurs hébraïques, ces automagnétiseurs qui, trop à jeun, s'enivrent des noms sacrés comme de très vieux vins de flamme en des bouteilles philosophiques. Ils sont harnachés, sanglés, mitrés, chaussés, inextricablement vêtus de pantacles, et il faudra une certaine dose de patiente vésanie pour ne pas se perdre, même avec le fil de Salomon, dans la forêt menue et géante de gestes, de paroles, de bains, d'exorcismes, d'odeurs, de processionnements, de consécrations[6] ; quel décor, quels rôles, quel bagage ! C'est une vraie caravane traînant en des boites, du bois d'aloès, des bibles, des encriers, des plumes, des glaives, des instruments de musique, des couteaux, des étoles, des goupillons, des anneaux, du charbon, des pots neufs et de grands cordages.

Je les vois, ces pèlerins en lente et mussitante théorie attifés comme de pieux histrions, se diriger à pas respectueux vers File sainte où s'accomplira le plus grand des mystères sinon le cauchemar du plus furieux orgueil, l'impération de l'homme sur l'enfer et sur le ciel !

Splendide folie, rêve forcené de solitaire se déroulant hors du cercle d'au moins neuf arpents. —

D'abord, tout est troublé, bousculé, retourné, renversé. Les montagnes s'enlisent, geignantes, dans les sables ; et l'on ne voit plus que les derniers arbres des sommets se crispant vers le ciel, semblables aux bras d'un colosse qu'on enterrerait vif. Les villes à l'horizon s'enflamment : de longues mèches de lueur lèchent les nuages qui rougeoient comme le plafond d'une forge. La tribu des opérateurs chancelle d'épouvante, plie sous cette bourrasque d'air, de pluie et de feu. Mais la tentation se précise, à chacun personnelle. Le père et la mère, et les douces sœurs, et les frères turbulents sont traînés autour de la ligne creusée par l'épée et ils s'entretueat en une telle rage que les témoins déjà se croient éclaboussés de cervelle et de sang. Quoi ! leurs parents sont là devant eux à si peu de distance et ils ne les sauveraient pas ! Ils irrueraient hors de l'enceinte, si le Maître, impassible, ne les arrêtait et, d'une parole divine, ne les réconfortait. Mais cette fois, comment échapperont-ils ? Des bêtes difformes ont jailli de la terre, scolopendres grossis jusqu'aux plus énormes pythons, dont les anneaux tracent autour du cercle sacré leurs cercles infinis. Le ciel lui-même s'épouvante, il se convulsé, s'ouvre, prêt à vomir les trombes des derniers déluges, la tempête de mer et de feu où disparaîtra l'univers.

Calme devant cette fantastique fin du monde, le Maître bande les yeux de ses disciples qui périraient d'horreur.

Tout s'apaise enfin devant l'inflexible vouloir du thaumaturge. Des coursiers passent maintenant, rapides dans le vent, montés par des cavaliers verts qui agitent des lances. Ils poussent des cris d'alarme, éclaireurs d'une armée lointaine dont la rumeur assiège l'horizon. Des tambours alourdissent l'air de sonorités nombreuses, trouées par la lance aiguë et prolongée des trompettes. — Oh ! pourquoi à l'approche de ces magnifiques visites, l'insupportable trottinement de rats autour du cercle ? — Maintenant succèdent des géants d'une merveilleuse beauté, droits sur des bosses de chameaux et nus comme des archanges ; ils crient aussi, mais d'une voix profonde, dominant trompettes et tambours :

« Voici venir le Roi des Rois, l'Empereur des Empereurs, l'allié du grand Salomon ! »

Le gros de l'armée approche avec à sa tête l'indéfectible Monarque, fleur-centaure, tiaré d'un casque dont l'aigrette noire remplissant le firmament, déploie l'oriflamme de la

Terre et de la Nuit ! Qui pourra le définir, le comprendre, le limiter, le saisir, le voir sous toutes ses faces, entièrement ? Tantôt on croirait un crocodile, debout, avec un visage d'homme, vêtu d'un lac jaune qui serait sorti de terre pour lui servir de vêtement ; tantôt un lion tenant un sceptre lait d'un arbre du Liban non taillé ; tantôt le soleil lui-même qui marche… Derrière lui, semblable à une forêt, à un troupeau, à une mer, la phalange ineffable, où toutes les armes — depuis le commencement du monde jusqu'à la fin des temps — résonnent en chant de guerre ; colonne de bêtes rampantes, sautantes, volantes, nageantes, de monstres aussi de toutes les races, commandés par de nobles hommes aux épaules grandies de larges ailes.

« *Quo tenditis ?* » (où allez-vous ?) dit le Maître.

Alors le chef s'arrête ; il est redevenu la fleur-centaure, homme, animal, plante et roc, le symbole hallucinatoire du Dieu Pan et de la Création.

À la vue des pantacles, à la nouvelle déclamation conjuratoire (les noms divins de Jéovah et de Jésus s'y heurtent aux diaboliques appellations de Moloch ou de Melech, de Gog et de Magog), le grand Roi pose les genoux en terre et s'écrie :

« Depuis le temps de Salomon, aucun exorciste ne m'a aussi puissamment commandé. Tu dois être un de ses plus fervents disciples. J'ai senti à ton verbe passer sur mon courage la crainte d'un mal et puisqu'il est impossible de te résister. Moi et ma suite nous t'obéirons, affectueux… »

Lorsque le Maître achève la conversation suprême, où lui sont révélés tous les secrets, il donne l'ordre à chacun de retourner là d'où il vient (*Unus quisque ad suum locum*), et ayant recommencé quelques minutes le chaos, il rétablit jusqu'à la conjuration suivante la sérénité des Créations[7].

V

HYPOCRISIE DU SATAN DES MAUVAIS MAGES

Jeu des Clavicules et des Enchiridions, jeu hypocrite à demi, sincère presque, de l'intellectuel qui croit enfermer dans des rites sûrs le monde le moins coercible, cataloguer les esprits, disposer de tel ou tel ange selon ses facultés, désigner chacun par son nom et lui fixer sa place. L'Homme centre du monde, maître du monde. Vieil espoir têtu. Je préfère appliquer à l'homme ce que Renan disait de Dieu ; l'homme deviendra un jour ce qu'il rêve qu'il est ; il ne l'est pas encore, il le sera certainement comme il l'est peut-être en son prototype idéal. Je vois toujours la planche de Kunrath[8] ; l'Homme-Verbe au cœur de l'univers, cœur lui-même de l'univers, l'Homme-Dieu. Idée chrétienne au fond. Je l'adopte pour ce qu'elle signifie véritablement : l'homme régénéré est le plus beau rayon du monde, son intelligence, sa conscience et par cela même sa direction. Voilà comment les Mahatmas[9], s'ils existent, gouvernent tout, du sommet de leurs montagnes, en ce Thibet de méditation et de miracle. Tel est le but, telle est la mission du vrai Mage. Mais s'imaginer qu'on va commander aux mauvaises forces, par une extraordinaire ambition, qu'on va se servir du mal, que, parce que l'on se dit mage, les démons vont se grouper autour de soi obéissants ! Vous répondez que les démons peuvent fort bien jouer ce rôle de domestiques, que Dieu sait ce qu'il fait, qu'il ne se laisse forcer ni conduire, étant le plus prudent, étantle plus fort. Le caprice humain n'a sur lui pas de prise, tandis que le diable… Je vous y prends ! Les anges ne vous suffisent donc pas, si vous êtes pur ! Si vous ne l'êtes, vous pouvez encore moins vous défendre contre la malice démoniaque ; le désordre au lieu de se plier à votre ordre, profitera de la mollesse de votre âme pour y ancrer sa dévoration. Le sorcier finit toujours étranglé par le Diable[10]. Vieille histoire du docteur Faust, légende vraie, roman d'observation. Il faut passer, le glaive à la main, le mépris sur les lèvres, devant les larves et les démons.

Mais le Tentateur du vertige est malin comme ce singe qu'il apparaît souvent. À travers tous les grimoires, le Diable, devenu ermite, susurre : « Respecte Dieu, tu seras puissant sur moi. » N'est-ce pas vrai ? toutes les Écritures en témoignent. Puis il continue : « Étant puissant sur moi, veuille bien t'adresser à moi pour tes petites réussites. Les Anges sont trop délicats pour certaines besognes, moi bon garçon, je me prête à tout. » Il s'introduit ainsi par la fissure de la porte, se faufile eu le trou de la serrure, humble, rampant ; puis, comme un laquais en qui trop on se fia, il devient insolent, se gonfle, grossit démesurément, remplit la maison, vous mène, vous bat… vous serre au collet, mortellement. Et l'on ne démasque la stratégie qu'après la déroute.

Jésus et Élie n'ont pas été servis dans le désert par les Démons, mais par les Anges. Jamais le prophète du Seigneur ne pactisa avec Satan.

Satan n'est pas le serviteur de l'homme, il est l'esclave des fatalités, qui, elles, sont, sans savoir, les brutes, soumises à Dieu. Satan est très loin du juste, Belial habite dans un repaire où le saint n'entre pas.

En feuilletant les plus surprenants des manuscrits de l'Arsenal[11], j'ai souri d'une ruse imprévue. Vraiment c'était drôle ; Satan, niais d'ordinaire, avait cette fois beaucoup d'esprit. Il avait trouvé le moyen exquis de faire son truchement de l'Ange gardien. Le mage évoque son Ange, grâce à un petit enfant de six à sept ans qui priera avec lui, l'innocent, devant l'autel de son oratoire, drapé de soie blanche. La lumière, une lumière physique symbole et vêtement de la spirituelle, siège dans cette chambre discrète qui ressemble beaucoup à celle que décrit Agrippa[12]. Un merveilleux phénomène semblable à ceux qu'obtiennent aujourd'hui les spirites confirme le stratagème cagot. Une tablette posée sur l'autel se mouille d'une rosée sacrée, sue d'intelligibles syllabes. L'Ange a parlé ; lui-même met en communication avec les démons, apprend comment on les agite, comment on s'en sert ; et pas de cercles, pas de cette vaine et superstitieuse astrologie, aucun pantacle, la magie blanche, messieurs, mesdames, rien que « la sacrée magie ! »

Avec cette méthode pas de danger, l'Ange gardien est là. Vous vous enchaînez grâce à lui quelques centaines d'esprits, la horde de Bélial, de Léviathan, qui s'emprisonnent en quelques carrés où des noms se déclinent. Les esprits disposent chacun d'un pouvoir, pas toujours très bienfaisant ; mais l'Ange gardien a bon dos, un dos si gros qu'on dirait la bosse du Diable. Il couvre tout.

Vous ne sauriez croire le dédain du juif, rédacteur de ce subtil grimoire, pour les magiciens moins hypocrites[13], il fait mieux que de les condamner, il les plaint. Parbleu, il sait ce qui les attend, la question, le fagot, ou la honte d'une renonciation. Lui au contraire voit ses affaires bénies ; un jour il demanda à son Ange gardien 3, 000 florins qui lui furent apportés aussitôt : je vous assure que le saint homme sut les faire fructifier, prêtant à l'un, à l'autre, usurier sans doute comme Nicolas Flamel ; il fait cadeau d'un esprit au roi de Hongrie ; un cadeau en vaut un autre. C'est dix florins chaque secret ; bien entendu ces dix florins sont distribuées à soixante-douze pauvres qui doivent, chacun, dire le psaume *Miserere mei* et un *De profundis*… Pour opérer, il suffit d'avoir moins de cinquante ans, et plus de vingt-cinq et de ne confier sa science qu'à trois amis.

Science qui, pour être *sacrée*, n'est pas moins hétérodoxe… témoin ce délicieux mot du maître de notre usurier, Abramelin, lequel s'écria, en lui transmettant la clef du mystère :

« Figure-toi que nous sommes si bons que notre secte est devenue insupportable non seulement aux humains, mais à Dieu lui-même ! »

Le bout de corne a percé.

Même dissimulation papelarde, chez nos modernes Roboams, fils de Salomon et neveux de cet Abramelin, Commis voyageurs ou pervers solitaires, ils se travestissent en bondieusards, chipent la confiance des naïfs, trafiquent, mentent, ambitieux médiocres, voués à l'éternel carnaval de singer les bons ouvriers de Dieu.

Je vois les curieux de notre temps se ruer vers l'Idole des anciens templiers, vers le Satan du moyen âge, vers l'Esprit de souffrance, de révolte, de science, vers l'esprit aussi de douceur altière et d'amour.

Qu'ils prennent garde, ceux-là pour qui j'écris, de confondre miséricorde avec lâcheté des nerfs, amour avec honteux libertinage, souffrance avec juste châtiment, révolte avec exaltation de vils instincts, science avec superstition.

Il est dans la vie des heures perfides qu'il faut élucider de vaillance ; elles ressemblent à ces carrefours où sacrifiaient les nécromants d'Hécate ; diverses routes, différentes destinées y aboutissent et en partent ; les belles et les pires. L'éternel Hercule hésite en leur âme ; qu'ils choisissent l'héroïque vertu et non pas le vice aisé, la défaillance néfaste et captivante dans le vertige passif. Mais qu'ils fuient le troisième chemin, celui qu'adopte la banale plèbe, timide de toute aventure, aveugle devant la noblesse d'un effort personnel.

VI

LE VRAI MAGE, C'EST LE PROPHÈTE

Le premier je me suis efforcé d'extraire le Mage de sa gangue évocatoire et égoïste. Je l'ai vu non plus en lui-même mais hors de lui ; je l'ai rattaché à Jésus, au Bouddha, au premier Zoroastre, afin qu'il se dressât hors des superstitions aux pieds de l'autel. Il fallait le dépouiller de l'israélite appareil, de sa chaldéenne rouerie, des torves pratiques d'une sorcellerie pompeuse. Au grand jour, ce pauvre mage clignotait des yeux, faisait triste mine sous sa charlatanesque vêture, dans son arsenal belliqueux d'opérette, bredouillant ses formules compliquées et barbares. Il le fallait mettre face à face avec la science et la vie, souriant des conjectures outrecuidantes de l'une, amoureux des profondeurs divines de l'autre. Il fallait le rajeunir, le styler, en faire un homme. Trop longtemps il fut hors de l'art, hors du monde, décrié. Je l'ai fait marcher parmi ses semblables, fort et simple, dur pour les puissants, bon et doux pour les pauvres de cœur, pour les désolés, réconcilié avec le dévoûment ardent et souple des femmes. Je sais bien qu'il n'est pas possible de plier l'irascible orgueilleux au devoir universel. Nos modernes Salomons sont lamentables. Qui les accepterait sans rire ? qui, les ayant approchés, ne se repentit d'avoir été dupe ? Ils appartiennent aux mages du passé frappés d'un ostracisme qu'ils méritèrent trop souvent.

Quelles luttes pour transformer le nécromant, l'envoùteur, le démonomane ! Eliphas Lévi le dernier maître magiste avait lassé les plus confiants lecteurs ; la génération mystificatrice issue de cet écrivain orageux et vide plein d'éclairs et d'inconséquences, admirable et quasi dément, cette génération pesait sur l'opinion, faisait croire à une boutique nouvelle de pharmacie interlope, à de falots et indigents professeurs d'une science de bric-à-brac et de raccroc. La vieille malédiction cernait de nouveau le mage. J'ai espéré la conjurer. Et le voici, le mage, tel le saint futur, éternel exemple, — Idéal. Il faut que le mage devienne prophète ou qu'il ne soit plus. S'il ne s'appuie pas sur la religion éternelle, si, rafraîchi aux ondes mystiques où il laissa sa crasse d'hérésiarque, il n'exerce pas sur ses frères le ministère laïque et divin qu'il revêtit, il tombe sous la loupe du folk lore, se dissout au laboratoire du chimiste, devient la risée de l'historien. Son salut c'est de devenir le prophète, d'utiliser les fers de l'antique persécution pour le glaive des combats intellectuels et des apostolats mystiques.

Alors il se hausse vraiment dans l'action providentielle, renouvelle ses révélations en les propageant, apporte en notre société déconfite, lugubre, criarde et hébétée, une flamme fière, une révolution pacifique et consolante.

Et il n'est plus seul, ayant dans l'ombre à ses côtés la tribu des voyantes et des prophétesses, celles qui animent sa foi chancelante aux heures de dégoût, celles qui éclairent l'avenir empoissé par les colères de Satan.

Je l'ai vu poète, car le poète est le primitif initiateur, celui que tous peuvent écouter sans contradiction, car le philosophe vexe, systématique, le savant choque, cynique et étroit, le politicien ne peut plus même être écouté et cru. Le poète chante, il s'adresse à l'âme impersonnelle, reculée, infaillible et une, il éveille l'instinct des femmes, il éclaire l'intuition du simple.

Lui seul peut en leur vraie langue dévoiler les dogmes éternels, que les cultes enfouirent sous le chaos de discordantes pratiques, que les prêtres défigurèrent, que les peuples suivirent avec une aveugle frénésie, ou lâchèrent avec un monstrueux et aussi aveugle dédain. Il clora l'ère du Christ au tombeau pour annoncer l'époque du Christ dans les cieux.

Il sera le premier saint de gloire, alors que les autres saints furent des saints de douleur et d'obscurité. Il réconcilie l'espoir et l'effort du monde avec la miséricorde et la justice de Dieu.

Il est celui qui cueille avec ses bras levés les étoiles du firmament parce qu'il s'est agenouillé sur la terre d'humiliation.

Étant pur il prie, étant simple il croit, étant savant et fort il lutte.

En vérité, il est celui dont Jésus a dit qu'il révélerait les arcanes que lui Jésus, à cause des temps, avait dû laisser cachés.

Il est l'homme du Saint Esprit.

1. ↑ « Et les portes de l'Enfer ne prévaudront pas sur ce cercle, Jésus, Marie, Joseph, par la vertu que tu lui as communique et qui est arrivée jusqu'à moi. » Toujours cette même idée d'un sacerdoce héréditaire.
2. ↑ « Ils ne crieront pas dans son gosier. »
3. ↑ Synonyme sans doute de luxure, colère, hypocrisie, dol, perfide souplesse.
4. ↑ À la Blbliothèque de l'Arsenal, comme l'histoire du bon Jacobus.
5. ↑ Voir le IVe Livre d'Agrippa, l'appendice et mes notes.
6. ↑ Je n'invente rien ; tout cela, et la suite, se trouve dans les Clavicules, mais exprime froidement, comme un procès-verbal. L'appendice narre de semblables faite. (Voir le IVe Livre d'Agrippa.)
7. ↑ Benvenuto Cellini a raconte dans ses mémoires (*Vita di Benvenuto Cellini*, t. I, pp. 223 et suiv., Milan 1806), comment il évoqua les démons au Colisée avec un prêtre italien et deux de ses amis. La deuxième opération fat surtout remarquable, car il y fut prédit à l'aventureux artiste qu'il retrouverait sa belle Angelica à un mois de là ; prédiction qui jour par jour fut accomplie
8. ↑ *Amphitheatrum sapientiæ*.
9. ↑ Mme Blavatsky se prétendait conseillée, guidée, animée, par des Maîtres dont la sagesse — conciliée sans doute avec les providences — régit les destinées de notre planète. Dans Axel, Villiers fait exprimer à Maître Janus une idée semblable. Le mage serait le roi occulte d'Ici-bas, qu'il dépasse et domine.
10. ↑ Voyez aussi dans *Là-Bas*, les évocateurs du Diable, bâtonnés par lui, et cela au grand desespoir et à la grand'pitié de Gille de Rais qui les appelle et qui les paie.
11. ↑ LE SACRÉE MAGIE que Dieu donna à Moïse, Aaron, David, Salomon et à d'autres grands patriarches et prophètes, qui enseigne la Vraie sapience divine laissée par Abraham à Lamech son fils. Traduction de l'hébreu.
12. ↑ Voir l'appendice.

13. ↑ Ses voyages à travers l'Europe et l'Orient regorgent d'intérêt. À Constantinople il découvre, en un lieu nommé *Ephiba*, des personnages, qui, pour obtenir des visions extravagantes se servent de nombres, lesquels ont encore la propriété de faire tomber les fruits. Il a découvert aussi chez les Bohémiens l'onguent du départ au sabbat.

CHAPITRE VI

L'ÉVOCATION DU DIABLE

I

L'INITIATION DE SATAN

La parole prononcée est morte, la tentation prévue avortée ; Satan mis à nu, n'a plus qu'à fuir. — Celui qui écoutera et lira ce chapitre aura appris à ne plus craindre le ténébreux esprit des évocations.

. . . .

Jeune homme, toi dont le sang aux riches globules bouillonne d'une convoitise d'au-delà, tu découvres la science qu'on t'offre caduque, ton avenir lié par d'obscures et vaines obligations. Tu ne crois plus ces lois qui firent tremblants tes ancêtres, tu étouffes en les temples de nos religions d'esclaves, et tu as cependant compris la nécessité d'un idéal moins abrutissant que le positivisme matériel prêché par de myopes professeurs.

Écoute, comme un véridique apologue, l'histoire de cette horrible initiation et crains de retrouver en toi-même, potentiel, tout cet enfer !

À l'époque dangereuse où tourbillonnent les désirs, où l'instinct, point encore assoupli par la volonté, se sert de l'intelligence pour s'assouvir mieux, où la religion amoindrie déjà par les doutes philosophiques laisse le champ libre aux superstitions, tu te penches, en des coins déserts de bibliothèque ; derrière les grilles et les cadenas, malgré le linceul des poussières, tu les ouvres et tu les feuillettes et tu les médites ces livres manuscrits ou imprimés, ces *Grand* ou *Petit Albert* y ces *Dragon rouge*, ces *Veillard des Pyramides*, ces *Grand Grimoire*, ces *Secrets magiques*, ces *Enchiridion*.

Ton doigt peureux s'enthousiasme de la pnge qui n'a pas été lue ; l'espoir grandit à chaque déception : la conquête du bonheur apparaît et fuit avec ces titres alléchants du grimoire promettant toutes les choses excitantes qui ne peuvent être tenues. Mais cette impatience déjà est diabolique. Ces livrets incorrects, obscurs, mystificateurs sont en efict magiques, car ils soulèvent au fond de l'âme, dans les dernières fibres des nerfs la cohorte des perversités.

« La voisine là toute proche que l'on épie de sa fenêtre, le rideau à peine soulevé pour la place de l'œil, la voisine qui, le matin, bras nus, épaulettes de chemises glissées, se reflète dans les glaces, mutiple, éblouissante de perles d'eau, et, le soir, — négligence de soubrette qui n'a point clos les volets — déploie la souplesse d'un corps qui glisse entre les draps... tout cela, chuchote le grimoire, cela à toi.

« Écoute mes secrets — vois leurs titres alléchants : *Pour jouir de celle que tu voudras — pour faire venir une femme vous trouver, si forte soit-elle — pour faire danser une fille nue*. Quelque sage et fidèle qu'elle puisse être, celle que tu désires ira te trouver, tirée par le filet de mon sortilège, et elle ne pourra reposer, dormir, être tranquille un peu dans ses nerfs, traversés d'invisibles épingles, qu'elle n'ait rompu tous les obstacles, te rejoignant enfin. Loin de toi les corvées de l'attente, la peur d'un refus sec qui décourage et ces niaiseries des saints sournois derrière les vitres. Tu l'auras aussitôt, où tu voudras, si tu suis le rite grotesque et familier. Elle te cédera sans parole, comme un animal obéissant qu'un geste appelle, qu'un regard fait bondir en caresses jusqu'au cou. Elle sera là, et pas de sotte et ridicule distraction. La seule étreignante volupté pèsera sur le couple. Le Diable présidera, décuplant les forces employées, ne demandant pour hymne de gratitude que grincements de dents coupant un essoufflé silence. Tu pourras même — car tu te plais aux lâches mystifications — parce qu'elle aura foulé le sol où a été enseveli le talisman, la forcer à se dévêtir, serait-elle plus pudique que Lucrèce, et à s'agiter toute nue devant l'ébahissement de tous.

« Tu es jaloux encore, chante le Grimoire, tu crains l'époux, l'amant aux droits semblables à celui de l'époux ; ta lampe près de laquelle j'habite éclaire ta face si pâle et convulsée de la savoir contre la poitrine de cet homme ; ah ! ton pire adversaire. Il la possède normalement, sans miracle, par cette redoutable magie de l'habitude ou ce plus inéluctable enchantement du caprice féminin. Tu es jaloux ; moi, qui accompagne ta solitude, comment l'ignorerai-je ? je vais te susurrer la recette de briser sa vigueur, je t'apprendrai à refroidir ses ébats... Cela ne te suffit pas encore ? tu es méchant, tu le détestes, lui — et d'autres qui t'humilièrent et le parent dont tu n'hérites pas et celui-là qui t'empêche de parvenir... J'ai des procédés pour que ton ennemi n'ait de cesse qu'il ne se soit réconcilié avec toi. S'il résiste, il mourra. Je suis charmant et doux puisque je veux la mort de ceux qui t'empêchent de vivre avec sérénité. Je saurai faire verser leurs équipages et les égarer dans les chemins qu'ils connaissent le mieux. S'il déçoit ta colère, si, se fiant à ses poings ou à ses armes, il se rue sur toi, tu croiseras la jambe gauche sur la droite, tu marmonneras quelques oraisons et son couteau ou son pistolet sera charmé. Si, puissant de ton inexpérience, il se précipite quand même, — souviens-t'en — par un billet porté au cou je sais rendre insensible et « dur » à ce point, qu'attaqué par dix cavaliers dans une auberge un homme que je protégeais fut garanti de cinq cents coups de sabre ; il retourna tranquille et sans atteinte à sa maison. Te blesserait-il quand même ? Que crains-tu ? je sais fermer les blessures et arrêter le sang...

« Et l'Or, l'or qui donne toutes les joies, même l'Amour, l'or tu peux l'appeler fébrile dans l'escarcelle, dans la tirelire qui attend. Les secrets foisonnent dans le livre ; avec eux tu gagneras au jeu, tu attendriras l'usurier, tu fascineras la bourse lointaine d'où, vers ta bourse, la jaune hostie, soutenue par d'invisibles petites ailes, essorera. Ah ! Ah ! qu'as-tu besoin d'obéir à ce travail stupide dont furent maléficiés tes ancêtres ? n'es-tu pas la chère exception du Très-Bas qui te veut libre de toute entrave ressemblant à un devoir ? Pendant la nuit, le génie de ta planète viendra te dire l'heure à laquelle il te faut prendre le numéro qui à la loterie gagnera sûrement ; je t'indiquerai comment tu dois couper la baguette vierge de noisetier sauvage, en trois coups, disant : « Je te ramasse au nom d'Elohun, Mutraton, Adonay, Semphoras, afin que tu aies la vertu de la verge de Moyse et de Jacob. » Ainsi tu découvriras tout ce que tu veux savoir et aucun trésor enfoui ne te sera caché... Entre au tripot sans peur, je t'apporte avec un parchemin vierge

où se lisent quelques mots barbares intercalés de croix, la certitude du gain ; si tu gardes dans ta poche la poudre de l'herbe *Morsus Diaboli* recueillie la veille de Saint-Pierre dans un demi-cercle au soleil levé, la banque sautera. Tu consens bien à voler, n'est-ce pas, si tu dois rester impuni ? Tant que flamberont en lanterne sourde les cinq doigts de l'enfant déterré, il te sera permis de choisir ce qu'il te plaît dans les maisons que tu violes la nuit ; maîtres et serviteurs en catalepsie ne s'opposeront pas à tes recherches… tu verras, tu verras… je ferai tenir dans une boîte le petit serpent à tête humaine qui apporte la somme double de l'argent qu'on lui a confié… Tu en fabriqueras de l'argent et de l'or aussi dans ton office transformé nuitamment en laboratoire d'alchimie. Ah ! les bons poisons, les chers poisons où se mêlent « une livre de cuivre rouge, une demi-chopine d'eau-forte, deux onces et demie d'arsenic, une potée d'eau de roses, trois onces de vert-de-gris, d'écorce de chêne, et de noir de fumée »… Ah ! ah ! il faut laisser bouillir jusqu'à ce que la composition soit « bonne », jusqu'à ce que le clou que tu y tremperas soit dévoré. Cela te produira de l'or, entends-tu, c'est la Pierre Philosophale[1]. celle qui exalte les métaux jusqu'à l'or, et la santé… jusqu'à la mort ; car ma médecine est « universelle », elle sauve et elle tue.

« L'adepte est préservé, sachant. Une goutte de quintessence ranimera ton défaillir. Les maux de tête par trois mots, trois pater et trois haleines sont dissous ; le feu des brûlures perd sa cuisance, « comme Judas sa couleur quand il trahit Jésus » ; les emplâtres des simples auxquels les plus étranges déjections ajoutent un ragoût d'infernal dictame, lénifieront les irritations flambantes de tes vices ; tu aspireras la vie des êtres, des choses ; des bêtes tuées brusquement te communiqueront, en un sanglant contact, leur vitalité qui coule ; toute la nature mystérieuse, le fluide qui sort des aimants, le magnétisme qui descend des étoiles, la saveur des métaux exaltés par d'électriques sillages, la terre, l'eau, le feu, toute l'Isis matérielle t'enveloppe, te protège, te gorge, te nourrit, te guérit...

« Comment te raconter tous mes pouvoirs ? Il me faudrait te parler sans cesse jusqu'à la fin de ta vie. Je donne l'illusion autour de celui qui m'écoute d'une foule qui le protège ; avec un peu de poudre d'aimant sur un brasier je produis des tremblements de terre ; je crée des éclairs artificiels ; avec de l'urine battue je fais grêler, pleuvoir, tonner, j'éteins les incendies ; je te transformerai en jeune ou vieux, en fille ou enfant à volonté ; je permets de voler en l'air dans un nuage, en forme d'aigle, de corbeau, de vautour ou de grue ; j'arrête les reptiles ; je garde de toute attaque imprévue et grâce à moi tes voyages ne connaîtront ni les voleurs ni les accidents ; je rendrai ton chien, ton cheval plus beaux et plus alertes ; j'apaise la foulure, l'entorse, je guéris de la gale, je détruis les hémorroïdes, avec quelques invocations je licencie les fièvres, je donne la force de marcher sans s'arrêter si l'on écrit sur trois billets les noms des trois rois mages ; je bride avec la clef de Saint-

Pierre le museau furieux du molosse qui te harcèle ; je romps les maléfices des autres sorciers ; je sais capter l'affection d'un roi, dompter l'hypocrisie éclésiastique, soulever des guerres, mettre la discorde dans une armée ; je découvre l'argent volé, je démolis les châteaux, je fais s'effondrer des villes, j'ouvre les prisons, je donne les biens matériels et la victoire, je rends invisible, j'endors aussi, je donne l'oubli, et tandis que les religions infâmes créent à plaisir les douleurs, moi compatissant à tout et à tous infiniment, — ah ! ceci est le grand arcane ! — « le plus solide et le précieux trésor de l'univers, » j'empêche de souffrir !

« Mais tu n'as fait que pressentir encore ton sort sublime, tu ne le connaîtras complètement qu'après l'initiation. Il faut que le prince de la nature, Satan, le diable, le sorcier des sorciers, qui se replie aussi bien dans le cœur d'une rose que dans les tuyaux d'un cloaque[2], t'ait choisi pour son adepte, sans cela tes efforts seraient vains, les richesses promises se métamorphoseraient en paille, feuille d'arbre, boue, chardons, fientes de porc, le grimoire t'enliserait en une superstition incompréhensible et inutile, tu bégayerais une langue que tu ne connais point vers un interlocuteur qui n'est pas venu. »

— Comment, comment rencontrerai-je, verrai-je, toucherai-je mon maître ? répond le jeune homme. À quel signe saurai-je que cette forme, présente à mes sens, enveloppe sa clémente majesté ? Quel chemin m'y conduira ! J'ai feuilleté les clavicules, mais aucune d'elles n'ose m'annoncer l'apparition du Prince des Instincts, aucune ne s'engage à me l'apporter devant ma face ; elles annoncent les apparitions des esprits, mais ce que je veux, moi, c'est l'esprit du péché lui-même, le corps de celui qui est Légion ? »

Les livres se ferment sous la main impatiente de l'évocateur, il n'y a point dans ces pantacles grimaçants, en ces écritures détraquées semblables aux dessins effrontés qui s'étalent aux murs des rues, mais exaltées par une luxure vraiment criminelle, il n'y a pas en ces voyelles assemblées comme pour reconstituer en sonorités incohérentes l'antique, diabolique et ténébreux chaos, il n'y a pas en ces mortes effigies de la vie enivrante, il n'y a pas le Vrai Diable. — « Le vrai diable, chuchote tout à coup, une voix inusitée dans l'épigastre du disciple, le vrai diable est en toi. »

L'homme se lève, mu d'un ressort inexorable. Il va dans les rues bousculées, agité et se parlant à lui-même, comme font les énergumènes et les possédés ; il marche, il marche, en le délire d'une joie qui, intarissable, ruisselle de tous ses membres… Son maître est en lui, il l'a senti ; il l'a entendu, — il le verra… Ce n'était pas en vain que ses nuits s'étaient peuplées des noirs complots d'une veille concupiscente, ce n'était pas en vain qu'il détesta son bienfaiteur, qu'il suborna, avec cette ardeur semblable à de la haine, la femme qui, chastement et sans le voir, s'assit une minute à ses côtés ; ce n'était pas en vain qu'il trompa, qu'il trahit, qu'il s'abaissa, lui intelligence, pour attiser les infâmes tisons dont s'aiguillonne le plus veule et le plus lâche de soi !... Ah l'évocation de Satan, dont tout grimoire se tait, la clef du mystère, c'est de créer en soi Satan d'abord, de lui faire un palais de son cœur, une fête de ses sens, un trône de sa pensée... Et le Dieu d'en bas ne tarde point... sa grâce empestée s'insinue au milieu des préparatifs de gala. L'éternel serpent s'enroule, autre intestin, en ce Ventre divinisé, d'où, par le suprême créneau du sexe, s'exhale la guerre têtue du désir à l'inconscient univers.

Mais, le maître, il ne suffit pas au disciple de le posséder, il faut encore qu'il l'aperçoive, qu'il le sache là près de lui non pas seulement compatissant et propice en ses entrailles, mais redoutable et tout-puissant hors de soi, autour de soi. Il veut être sûr que cette hantise ne lui sera pas momentanée, que ce secours dont il a maintenant un besoin acharné ne l'abandonnera pas jusqu'à la mort.

Que faire pour cela ?

Exécuter par un signe ce qui en lui fomente, exprimer par le geste, par le verbe, par le rite, un symbole visible cle son âme en malsaine liesse, qui rugit esclave et ivre de Satan. Le symbole appelle le symbole. Le sacrifice crée le Dieu.

Le Satan, resté intérieur à cause du culte intime, s'extériorise au moment où il reçoit un culte extérieur.

II

LES COMMANDEMENTS DE SATAN

Ne redeviens pas ce petit enfant, que laisse venir à lui Jésus, mais sois le vieillard abruti que Satan appelle ; non pas le bégayeur des divines syllabes ingénues, mais le tafouilleur immonde, dont l'obscénité rabâche, dont le pied titube, dont la main salie d'excrémentiels contacts ébauche l'hypocrisie d'un geste innocent. Contrefais l'ignorance pure et tout illuminée de Dieu par l'ignorance percluse et saugrenue, l'impudence, l'éhontement, l'extravagance machinale, — l'inaltérable stupidité !

Dès lors ne te lasse point, recommence les expériences avec un entêtement aveugle ; reviens par les mêmes routes ; ébauche les mêmes signes, creuse le même sol, verse un semblable sang ; mugis contre la ténèbre sans pitié le même aboi de chien en rage.

Et que ta foi se développe encore, non plus la croyance agenouillée en ce Dieu ineffable, dont Tertullien s'embrasait, mais retourne l'incompréhensible du mystère d'En Haut en l'énigme insipide d'En Bas ; lié à l'absurde pour l'absurde, esclave godailleur, enlise-toi en l'indigestion et en l'ivrognerie et, voulant l'interminable déshonneur, remange ton vomissement.

Souviens-toi du document que laissa celui qui était ou qui signa le pape Honorius[3]. Pages de perdition, de massacre et d'imposture ! et, dans ton imagination moderne, qu'elles groupent les éléments nouveaux d'une pantelante réalisation. Éliplias voulut y voir des doctrines gnostiques, une sorte de philosophie du mal ; tu y discerneras plus exactement la pratique du sortilège, l'entraînement psychique de la damnation.

Peux-tu hésiter ?

Les premières paroles t'apprennent que le chef de l'Église a été instauré chef des enfers, de par la volonté du Christ, annonçant à Satan : tu ne serviras qu'un seul maître. Et le pape Honorius décida, le premier, de communiquer sa juridiction à ses frères, « craignant que dans l'exorcisme des possédés, ils ne soient épouvantés par la figure des anges rebelles ».

Solennelle illusion ! la religion excuserait le démonisme. En effet les « marteaux », les « fléaux », les « fouets », les « liens », les « conjurations très fortes et très terribles » témoignent de cette évocation régulière de Satan, pour le chasser des âmes il est vrai, pour le faire apparaître, cependant. L'exorciste excite le démon tantôt par des appels, tantôt par des prières, tantôt par des malédictions. Et Dieu est incontestablement glorifié par ces prodiges !

Et la tentation insinue :

« Si tu ne te conformes pas à la Bulle, qui exige qu'on observe ses secrets inviolablement, Satan te possédera tandis que tu dois le posséder et le tenir. Ne faut-il pas connaître la voie souterraine par où descendre à l'Enfer, afin de mieux clore le soupirail du Tartare ? Appelle le diable par l'audace, de peur que, sans être attendu, il ne t'assiège par la crainte. — Archidémon, tu serviras. »

Désormais enlise-toi dans la superstition ; pastiche le saint, ses jeûnes, ses prières, ses abstinences ; ouis les messes, manie les hosties, enivre-toi des litanies et des psaumes, tue le coq noir des anciens nécromans, égorge l'agneau des chrétiens... L'office des morts surtout t'est précieux. Lucifer c'est le roi des morts. Hante l'église, aux nuits de solitude ; alimente de croix brisées le feu du lieu sinistre qui verra ton hallucination ; et célèbre ignominieusement le Seigneur afin de te soumettre son grand esclave.

Tu n'avais sans doute pas pensé, en les plus perverses minutes, dans ton goût de mal faire, qu'il était possible d'atteindre au delà du visible univers. Cette fois, sois fier de ton pouvoir suprême et funeste ; il te sera permis, grâce aux prescriptions de ce livre, de torturer jusqu'aux morts ; et le grand Nemrod lui-même, le chasseur des massacres, tu peux secouer sur son dos encore sanglant de fantôme ses chaînes de braises jusqu'à ce qu'il tende pour toi son inexorable arc !

III

LE PACTE

Tu secoues la tête sans enthousiasme ; comment croirais tu aux influences des cérémonies sacrilèges, toi qui souris des saintes cérémonies ? Ce n'est pas dans ce tissu d'hiératiques insanités que tu tailleras le manteau de ta vie nouvelle. Tu es positif, quoique mystique, tu regimbes aux gestes sacerdotaux, aux versets de missel, tu cherches des voies plus simples et qui te paraîtraient plus sûres. Eh bieu, n'écoute pas le mage, va vers le plus moderne sorcier. Tu le rencontreras aisément si tu parcours, solitaire, la lisière des banlieues ; parmi les forains, les escarpes et les saltimbanques, il faut le dépister à ses breloques de dentiste, à sa tenue à la fois bourgeoise et trop voyante dans la tribu de bohémiens qu'il hante et qu'il suit. Il n'a de vraiment sauvage que son âme ; mais cette âme s'apprivoise avec un peu d'or et surtout si tu simules pour lui quelque considération. Transmets-lui tes doutes, en lui versant à boire ; peu à peu tu verras son œil fuyant sous les longs cils soyeux luire de convoitise et de perversité. Avec toi, il se rira des grimoires, il applaudira ton sot athéisme, vantera ton caractère scientifique autant que tes liqueurs : et au moment de la digestion, te proposera le pacte.

« Le pacte ? dit-il, une simple formalité poétique et légendaire, mais qui aide à l'évocation. Il date d'assez loin. Sous le pape Justinien I, Théophilus souda la première alliance démoniaque. Fi de ces stupides contrats inventés par des prêtres pour terroriser les fidèles. Il faut rire de l'imagination du pacte de Gaufridy. Quel enfantillage[4] ! Les démonographes racontent aussi que le contrat a lieu le dimanche ou un jour de fête dans l'église, soit près le baptistère, soit près du grand autel, avant que les cloches n'aient sonné ou après tous les offices ; un affilié présente le postulant à un diable préoccupé uniquement de cacher par convenance la fourche de son pied. La plupart du temps on se bornait au baiser stercoraire. Monsieur, ne vous inquiétez jamais d'un papier noir, pour l'humecter d'une encre qui serait le sang de votre bras gauche ou d'un corbeau immolé ; tout est simple, même en satanisme. Nous nous contentons d'une renonciation au catholicisme. Tertullien avait pressenti le vrai pacte qui n'est qu'un nettoyage des superstitions, déjà un joli baptême positiviste. Les gnostiques, les « bons hommes », les Albigeois ne le comprirent jamais autrement[5].

« Cette formule nous est donnée nettement par Reuss en ces quelques mots : « Aussi peu ces raclures rejoindront la cloche dont elles ont fait partie, aussi peu mon âme devra se joindre à Dieu. » Ou bien encore ces trois vers allemands :

>
> Da steh ich auf dem Mist
> Verleugne Gott, alle Heiligen
> Und meinem Jesum Christ !

— Oui, répond le conscrit des magies noires, le pacte n'est après tout qu'un traité commercial, écrit en double. Donc, si vous arrivez à vous faire rendre par le Diable le texte qui lui fut confié, vous redevenez libre. »

Le sorcier se met à sourire de ses yeux ironiques et fuyants :

« Le vrai pacte, celui que j'ai accompli, moi par exemple, près du fumier des fermes, le pacte intérieur, celui-là n'est pas si facilement rompu. Le vœu à rebours sacre prêtre de Satan *in æternum*. L'autre pacte, celui de l'apprenti sataniste, le pacte écrit est aussi peu solide qu'une page volante ; si les mots s'envolent, le papier s'émiette, le cœur seul vaut, et les volontés jurées à soi-même sont durables. Saint Basile, si j'en crois sa vie par saint Amphiloque, débarrassa du pacte un jeune homme, en l'enfermant pendant trois jours dans la sacristie ; après une lutte du saint contre le démon, le pacte tombe du ciel vomi par l'ange noir qui décampe. Michel Schramm ouvrait les serrures à distance, attirait et retenait immobile l'eau d'une coupe renversée. Il fut purgé de ces dons étranges qui lui venaient du démon, lorsqu'une autruche hideuse où Satan s'enfermait rejeta la cédule.

« Mais votre vrai pacte sera votre volonté de connaître le Diable, de devenir son serviteur, son missionnaire, de vous identifier à lui par les actes de vindicte et par l'obscur espoir, comme le moine agenouillé communie avec le Christ, par le renoncement et la prière.

« Sur la cédule, devant être remise à Satan, n'insinuez que votre supplique ; lui-même jugera regardant dans votre âme, si, étant assez dégradé, vous avez renoncé à tout autre qu'à Lui. »

IV

SAINT-JUDE, JUDAS ET SATAN

Tu conclus le pacte ; songe, médite, crains avant l'abominable pas.

Rite vain, si tu n'as pas le désir têtu d'être à ce malin — toi l'apprenti sataniste.

Rite vain si toi, l'initié des Kabbales de la nuit, tu ne convoites pas le progrès sans cesse dans la voie malfaisante afin de te rapprocher de ton Dieu nouveau jusqu'à l'union.

Tu as juré ? Tiens ton engagement, strictement, avec un soin littéral de sacerdote... Il ne te trompera pas, le rustique Ami, si près de la terre qu'il en a l'ample certitude ; ta semaine, jetée en cette poitrine déchirée par le soc des douleurs, lèvera comme lève l'épi en le sillon.

Si tu défailles, omets, te trompes, trahis — prends garde, tu gênes et irrites l'obscur travail qui s'est commencé pour toi dans les alchimies de Satan. La bombe invisible qui s'élabore, ne la bouscule pas par terreur ou par imprudence, elle éclaterait entre tes mains, tu serais ton bourreau ; le « choc en retour » te renverserait.

Sois raisonnable, sans puérilité, grave ; ne quémande pas ce qui ne peut être accordé, n'appelle pas le vide, ne veuille pas l'impossible.

Sois naturel comme le diable, ton maître.

Au registre des demandes à Satan — s'ouvrent quatre pages infinies.

Sur l'une est inscrit : Envoi de maux de toutes sortes — délations à Satan, qui exécutera ta vengeance sur l'ennemi que tu lui auras désigné.

Sur l'autre : Conversion au diabolisme d'un parent, d'un ami, d'un enfant, d'une femme. (Augmente sans cesse mais sans extérieure propagande la complaisante synagogue.)

Sur la troisième : Eloignement ou délivrance d'un danger personnel ou du danger d'un frère, affilié à la secte. (*Libera nos, Satan !*)

Sur la quatrième : Préservation de l'extrême détresse. Non plus cette fois la menace passagère, mais la pluie immense des maux, la poussée au suicide, au désastre, au désespoir sans nom... Contre ces fléaux, Lucifuge est le seul bouclier.

Satan est bon pour ceux qui font le mal !

Tu te plains, mélancolique. « J'ai eu beau prier, conjurer, exorer... La neuvaine est achevée, je ne tiens pas l'objet de ma supplique... » Crois-tu vraiment ? Observe. Je te réponds du zèle de l'Esprit. Il ne peut pas, tout d'un coup, par un enchantement inexplicable. Épie... « Oui, en effet, dis-tu, j'ai éprouvé tel soulagement, incomplet il est vrai, mais évident ; telle volonté plia un peu qui eût dû rester inflexible ; j'ai deviné sourdement, à mes côtés, un effort ! » Tu ne t'égares point... Continue l'appel votif. Reprends ton trafic avec l'au delà des ténèbres. Ne te décourage pas surtout aux lenteurs des méticuleuses douanes ; le découragement est « une tentation ! » L'Ange gardien de celui que tu vises — le tien aussi peut-être — a tiré le glaive. Dieu jette un dernier appel pour que tu regagnes sa voie. Et puis, et puis — loi redoutable du triomphe — c'est au moment de réussir que l'incertitude envahit le plus. Va jusqu'au bout, puis recommence. L'obstination n'est jamais déçue avec le secours du Diable[6]. Ta doutes de sa puissance à certaines heures de vide ! Ton ange imbibe ton âme de cette méfiance ; c'est lui, lui seul, qui cherche à te faire croire que le Diable ne sait pas, ne peut rien.

Et le sorcier, l'initiateur, l'index à la tempe, son teint brouillé s'animant de méfiance et de plaisir, va t'expliquer, te croyant mûr, l'ultime secret pour correspondre avec Satan ; il t'indiquera l'orthodoxe route, si j'ose dire, où marcher vers ce pape des hérétiques ; il te révélera que le Diable est presque un saint.

Presque un saint ! presque deux saints serait plus exact. Satan, assngi, prudent jusqu'au bigotisme, apparie son museau grotesque à la face illuminée de saint Jean, l'apôtre de la femme, l'évangéliste de l'amour, le patron du Temple et par suite des sorciers. Mais saint Jean et le Diable ne sauraient être pris l'un pour l'autre, malgré la ruse albigeoise. Un autre saint s'olireà l'équivoque, propice et méconnu ; le nom qu'il porte, les malédictions de tous qu'il a recueillies sans les mériter, le désignent à ce terrible rôle d'intercesseur auprès du Diable, qui, par lui, s'oint de catholicité. C'est le « Saint sans autel », celui qui n'est pas invoqué par les croyants, le dédaigné de la multitude des fidèles, qui le confondent avec Judas ; bref c'est saint Jude Le sorcier a souri de ton étonnement :

« Le vieux calendrier napolitain de Louis Sabattini, nous apprend qu'à Naples, une chapelle fut vouée à saint Jude sous le patronage de la famille Cybo Tomacelli : elle fut détruite plus tard pour agrandir l'église des PP Oratoriens.

« À Rome, il existait une église de Saint-Simon, Saint-Jude, autrefois paroissiale ; elle fut supprimée comme paroisse par lettres apostoliques de Léon XII (1er novembre 1824) mais conservée en tant qu'édifice religieux sous le patronage de la famille des Gabrielli… La Papauté frissonnait-elle à l'appréhension des sortilèges ?

« Les deux apôtres possèdent dans l'église Saint-Pierre du Vatican un autel qui fut consacré d'ordre du pape Innocent III, par le cardinal Octavien évêque d'Ostia... Cependant, affront indigne, la mémoire de leurs vénérables reliques était *oubliée*.

« Benoit, chanoine de Saint-Pierre, au XIIe siècle rapporte cependant, comme une tradition, que sous cette même église gisaient les corps précieux de saint Simon et de saint Jude. Ce pieux écrivain signale : « *duo alteria in media navi ubi ab antiquis patribus audivimus requiescere apostolos Simonum et Judam...*

— Mais ce n'était peut-être qu'un racontar, une erronée tradition ?

— Du tout, Barthélémy Piazza, dans ses *Ephémérides Vaticanes*, assure que les reliques des apôtres furent trouvées sous chaque autel. Bien mieux les ossements étaient rangés de telle sorte que les corps avaient la tête tournée vers l'Orient, selon l'antique usage chrétien.

— Mais aussi selon le rite magique, selon la foi des astrologues. Dans la messe noire prophétisée par Ézéchiel les soixante et dix fidèles sataniques agitent vers l'Orient leurs encensoirs.

— Attendez... reliques incomplètes... Quand la destinée s'irrite, elle est cruelle, même en ses dédommagements. Alfaram dans l'Index des reliques de la Basilique du Vatican, affirme que, selon toujours la tradition orientale, ces apostoliques os étaient enfouis sous l'autel... mais des bras manquèrent, déposés sous d'autres autels qui eux avaient été détruits…

— Il paraîtrait donc qu'une volonté supérieure ait voulu éparpiller jusqu'à ces restes comme elle a dispersé ce souvenir…

— Oui, et c'est à peine si un évêque moderne[7] a rétabli un peu de justice pour diminuer l'effet des sortilèges et des sacrilèges… Mais la faute est irréparable. Saint Jude aux yeux de certains hommes a épousé la cause des dissidents, la cause de Judas. Fallait-il que ces deux âmes séparées l'une de l'autre par la damnation se réconciliassent sur la passerelle fragile de ce nom à peu près semblable qui les unit ?

— Oui et c'est là un grand mystère, le mystère du même nom créant un même avenir, malgré les individualités diverses qui les portent. Il y a des appellations maléficiées. L'Astrologie onomantique bat de l'aile sur cet abîme d'inconnu.

— Ne nous révoltons pas devant ces fatalités ; elles nous prouvent que le bien et le mal ne sont pas l'un de l'autre si distants, que le juste et l'injuste sous l'œil du destin se tiennent par de subtils et indivisibles fils ; qui sait si saint Jude ne sauvera pas Judas ?

— En attendant Judas damne le souvenir de saint Jude et certains évocateurs mystérieux « *a calamitosis et fama periclitantes* » (périclitant par de néfastes influences et de réputation infâme), ont touché l'âme universelle du diable par la prière au saint inconnu

V

LE DIABLE APPARAÎT

Je distingue les tâtonnements, les bégaiements du spiritisme en l'évocation de ce Satan : saint Jade et Judas. Il n'est plus l'apparition vaine qui succède aux exorcismes des mages, le mirage, l'artifice hallucinatoire ; c'est une âme mortelle et malheureuse, une pauvre âme symbole de toutes les injustices et assomptée dans une gloire mystique, patronne de la honte, de l'abjection imméritées, peut-être Ange de la Damnation. Image précise et trouble ; la gnostique religion de Judas lui apporte un halo d'effroi. Quand je songe à ce poignant amalgame, je revois l'Iscariote du sculpteur Niederhausern qui avec l'intuition des frénétiques réalisa dans un buste le messianisme du traître, la gloire profonde et misérable, la douceur têtue, fatale, le monstrueux attrait, la sainteté féroce et tendre du plus grand des maudits.

Une autre croyance naïve se greffe à cette pitié pour le légendaire fourbe : l'espoir d'un ciel moins haut, d'un paradis plus vulgaire, moins farouche. La plupart des saints, ils subissent que de pétitions et d'offrandes ! les cierges encombrent leurs autels, ils sont excédés d'ex-voto, ils portent de lourds ornements d'étoffes et d'or ; l'art songe à eux, les donateurs et les donatrices font travailler les ouvriers, les tisserands, les sculpteurs, les peintres, à la gloire même humaine de ces très heureux ; des mains princières filent pour leur robe un lin de luxe, des chevelures dénouées d'extase mouillent d'un chatouillement odorant leurs pieds ; certaines souffrent pour eux d'une ardeur sacrée ; ils apparaissent à des vierges, ils sont au cœur des veuves l'amant consolateur si attendu ; le corps du Christ s'immole sans cesse devant leur icône ; les prêtres leur rendent un hommage quasi divin. — Ils sont l'aristocratie du Ciel.

Et comment voulez-vous que les pauvres diables les approchent ? les pauvres diables vont au diable, qui est pauvre, qui est laid, qu'une cour d'adulatrices et d'adorateurs ne défend pas d'un cerne infranchissable. Il leur fallait un saint aussi misérable qu'eux, aussi désuet, aussi calamiteux, dolent, équivoque, un saint d'en bas, un saint de ténèbres, trop mal frusqué pour entrer à l'église, un saint sans feu ni lieu, un saint bohème et mendiant.

Saint Jude[8] était là, tout exprès, le bon serviteur ma récompensé, le bonhomme mis au rancart du sanctuaire, parce qu'il n'a pas le nom fringant des grands seigneurs du ciel, parce qu'il ne dédaigna pas de se nommer, lui le très fidèle, du nom du très lâche et du très vil, parce qu'il n'a pas un domicile d'encens et de fleurs, parce que nul genou douillet ou fier ne fléchit à son souvenir.

Dès lors le peuple des opprimés en fait son cordial ; il le malaxe aux essences de trahison et aux élixirs d'assassinat ; puis le met en bouteille. Bouteille qui devient une idole, s'affuble de jambes et de bras ; le sac de deniers s'accroche à la main gauche, la main droite crispe le couteau du réfractaire ; saccoche de Judas, glaive de Caïn. La révolte désormais s'allie avec la longue plainte refoulée des Jacques et la vengeance hurle là où les gémissements ne furent point écoutés...

Ah, voilà bien Satan complet, vorace, perfide, criminel.

Il agite le couteau ; aujourd'hui ne jette-t-il pas la bombe ? Saint Satan, patron de l'anarchiste, du génie méconnu, de la gloire suspecte, du péché qui a sauvé le monde, saint Satan patron de l'humiliation, et du supplice dont est rachetée la Terre, de l'indignation qui punit le riche et le tyran ! Je comprends que le Saint-Sans-Autel ait ébranlé d'une sympathie obscure les plus nobles, les plus impétueuses âmes. Le poète, ennemi du bourgeois, la femme que l'égoïsme viril sans cesse trahit, le déshérité qui n'a pas de toit, l'amoureux délaissé de toute maîtresse, le fanatique, fier d'avoir été impitoyable, je les vois en un pèlerinage lamentable et ininterrompu (n'ayant d'autre tonique que leurs larmes, d'autres présents que leur sang, d'autres pompes que le de profundis de leurs colères et de leurs désespoirs). Satan les cueille joyeux et fou dans sa malice inexorable ; il en groupe un bouquet de ronces, d'herbes vénéneuses, de serpents qui râlent, il les mord et il les baise, il les dévore ; et dans leur indigestion, il croit accoucher d'une ère future de salut.

Là est le piège : prier saint Jude pour évoquer Satan, Judas, Caïn. Certes, qui se refuserait à répéter la prière éplorée et véûérable, cette clameur de l'âme suspendue sur les gouffres, à conjurer par un agenouillement exalté de sanglots le saint des causes perdues, des heures sans issue, des projets en déroute ? mais de là jusqu'à vouloir affronter le crime et le suicide, de là jusqu'à s'enfoncer pour éternellement dans le noir parce que le crépuscule pénètre ! de là, jusqu'à se damner volontairement parce que le ciel semble clos ! Non si tout chrétien, tout mystique peut murmurer l'oraison des catastrophes, il ne doit pas pour cela se prêter à l'illusion démoniaque, et, suppliant saint Jude, il lui faut s'arrêter à l'aliénation de son avenir terrestre et surterrestre à Judas.

Dieu seul peut sauver de l'ultime démence, Satan ne peut que précipiter en de plus irrévocables abîmes celui que le vertige du mal et du malheur assiège d'un menteur attrait.

PRIÈRE AU SAINT-SANS-AUTEL

Sanctissime apostole, fidelissime Christi serve et amice, Juda, qui, oh proditoris nomen et quorumdam simplicitate in debito tibi cultu desereris, ob tuam vero sanctissimam et apostolicam vitam ubique fere terrarum a vera Ecclesia specialis calamitosorum et pene desperantium advocatus invocaris *et præstissime coleris, ora pro me miserum, ut per tua merita in tribulationibus et augustus meis consolationem recipiam. Tuum auxilium præsertim in præsenti perturbatione et angustia experiar.*

(*Très saint apôtre, très fidèle serviteur et ami du Christ, Jude, qui, à cause du nom du traître et par la simplicité de quelques-uns as été délaissé dans le culte à toi dû, tu es invoqué et très pieusement honoré à cause de ta vie très sainte et apostolique à peu près partout sur la terre par la vraie église comme l'avocat spécial des calamiteux et des presque désespérés. Prie pour moi misérable afin que par tes mérites je reçoive la consolation dans mes tribulations et mes embarras, J'expérimenterai ton aide surtout dans la détresse présente, dans ce tourment.*)

Mais, disciple de Satan, ta curiosité remporte sur ta terreur ; tu te sens d'ailleurs préparé et misérable, car le péché c'est déjà la douleur. Eh bien, suis ton maître néfaste, sois son allié et son coadjuteur, accompagne celui qui n'a pas d'escorte, tu es certain avec lui du « phénomène », tu ne seras pas déçu, ou plutôt tu le seras suprêmement et à ton horrible satisfaction.

Va, pèlerin du sanctuaire inconnu.

Nulle pompe. Tu ne te confondras point à la cohorte des gens aisés qui prennent voitures ou wagons, vers les stations balnéaires du miracle, s'installent en des auberges fréquentées, alternent l'eau sainte, la piscine, avec les bouteilles de via vieux et les mets réconfortants ; tu t'évertueras pieds saignants et nus.

Avec le sorcier fais le pèlerinage, vers l'Église qui n'existe pas, pour le saint qui n'a pas d'autel. Ce saint douloureux et obscur a trimé sans récompense, et fut peut-être puni d'avoir eu pitié. Vous vous arrêtez ensemble, humant l'air, consultant la forme des arbres, l'allure des rochers, l'espèce des herbes qui sur la terre rampent, sachant bien qu'il existe une place fatidique où dans sa supplication à l'Inconnu le paysage deviendra complice : chœur de voix végétales, de bruits de source, de souffles à travers les branches, de vapeurs hors des mystérieuses grottes ! Que s'est-il passé là plutôt qu'ailleurs ? Vers quelles époques proches ou lointaines un geste humain attacha-t-il à ce paysage une malédiction ? Les rayons d'une maligne étoile l'ont-ils consacrée ? Un génie l'habite-t-il, ou bien l'ancienne ronde des fées passait-elle, mortelle brûlure, sur cette lande ?

Le Maître a trouvé ! instant mémorable... certes, il ne possède pas le somptueux attirail des Clavicules ; il n'a que son bâton, son livret sali par sa main suante, aux caractères griffonnés avec impéritie, aux géométries contournées. Amant fidèle au souvenir, il garde sur lui le portrait véridique mais informe de sa bisexuelle amante : l'occulte force qu'il évoquera.

Face ridée et grimaçante de gorille, — cornue comme ces bonnes vaches dont s'offre le pis compatissant au hasard des chemins ; le poing serre les quelques deniers dont il a tant besoin, le sorcier, pour abriter quelquefois ses rhumatismes sous une grange et qui furent le prix judaïque de quelque lâche et nécessaire attentat ; dilaté de ses rêves de bons repas, un ventre prolifique, maternel, voluptueux aussi, à tabliers de peau noirâtre ; l'auréole de tous les proscrits est le coussin de cette face déprimée, déjetée, incomplète, les traits s'ébauchent, s'effilochent, s'effondrent, chaos d'une future humanité qui hésite en la décrépitude de l'ancienne. Les jambes et les pieds de bouc puent la luxure acharnée, la solide bestialité des antiques races d'au delà l'anthropoïde, au temps des vagabondages de la vache Isis essoufflée vers la virilité du taureau et de l'époux. Mais où l'équivoque recommence, c'est au centre de l'organisme, au mystère, à l'incohérence de la génération ; car Satan affecte une fémininité, corrigée de masculinité, le pubis hybride. Et pour suprême déchéance, le voilà sous un habit écarlate, galonné, en veste jaune, en culotte à boucles, harnaché comme un domestique d'ancien régime... Celui qui a dit : « *Non serviam* » est marqué d'une livrée, même en ses livres triomphaux !

Enfin tes souhaits vont être exaucés ; ton compagnon et toi, lui trop disgracié, toi trop jeune, vous ne connaissez que peu de choses, vos désirs sont quasi vierges de réalisations ; aussi votre Imaginative espère quelque Alhambra en une Espagne magique, complote de faire voler à Dieu le miracle indu, par Satan-Prométhée, d'obtenir, sans l'avoir gagné, le bénéfice d'habiter quelques minutes sur la lisière de la vie et de la mort, de boire avec tous les sens le ten du monde !

Le sorcier et toi, vous êtes surtout abominables de louher vers les médiocrités humaines ; vous profanez même votre forfait en le voulant utile à vos bas desseins.

Bon sorcier que j'ai presque exalté, tu te déshonores, si tu sors de ton empire de pauvreté et de désespoir, si tu t'enthousiasmes pour les splendeurs et les puissances qui te persécutèrent et que tu avais dédaignées. Bon sorcier, prends garde !

Mais le bon sorcier n'écoute pas.

Il oublie que peut-être en d'antérieures existences, il démérita jusqu'en la juste injustice de son ignominie, que peut-être, âme neuve, il a besoin pour se former, pour devenir à son tour un élu, d'un préalable enfer ; qu'il doit se lamenter et déchoir, se résigner à ses mésaventures, ne pas convoiter une inutile et fausse satisfaction qui le déprimera, le fera redescendre en un trou plus obscur comme un reptile, qui, affamé, s'approchant d'une caravane, est traqué par cette caravane avec plus d'hostilité jusqu'à son nouveau refuge, le souterrain encore plus loin de la lumière et de la vie.

Allons, apprenti sorcier comique et peureux, suis le faiseur de tours ; Sancho Panza de ce don Quichotte aussi toqué mais moins chevaleresque, Faust de vingt ans conduit par le bout de sa vanité jusqu'au sabbat par un Méphistophélès vraiment de chair et d'os, mais encore plus besogneux. Tu portes ton paquet tandis que se dandine devant toi, avec sa seule besace, le prélat famélique du Diable. Lui tend çà et là dans la forêt de vieux chênes, sa badine de noisetier, qui oscille au pressentiment des métaux. Toi, tu geins, inhabitué à ce pèlerinage, traînant dans un panier tout l'arsenal d'épicerie pharmaceutique : une bouteille de réconfortant alcool, une tringle qui soulève le couvercle, des œufs au chaud humainement ensemencés et desquels jaillira un gambillement de bestioles ; un bocal de sang humain où dansent sans pouvoir s'arrêter de petites poupées en terre de pipe, comme ivres de retenir dans leur tête des graines de pavot ; un peu de farine pour épaissir le sang ; de l'alcool camphré qu'on brûlera afin d'écarter les congestions ; enfin cette mystérieuse plante, mal nommée mandragore, rappelant la rose de Biskra, boule emmaillotée d'appendices, velue et quasi vivante, quoique jaunâtre et sèche, qu'il faut surveiller de près, tant elle se plaît aux mystifications d'une fuite, surtout vers la laine des matelas, et qui dans l'eau ronfle comme un homme !

À ton poing gauche tu suspens avec délicatesse le plus précieux, le plus indispensable instrument du maléfice, le reptile dans sa cage de verre, serpent, lézard ou crapaud, la bôte qui rampe, la bête cyclique, symbole de la lumière astrale, de l'âme du monde, du Diable ; la bête condensatrice des fluides, qu'écrasait Isis, qu'écrase la Vierge sur les autels, le monstre visqueux et froid où s'enrobe la grossière vitalité de l'univers.

Enfin le lieu est trouvé et le sorcier fait son cercle.

Cercle mesquin, maladroit, à peine tracé, aimanté cependant d'un vouloir solide ; il y inscrit les noms maudits, il l'orne des signes qui reproduisent sa misère, il y fait collaborer les morts et les bêtes dont sa besace se vide ; là le crâne d'un parricide qu'il déterra avec quel soin par une nuit sans lune ni étoiles ; les cornes d'un bouc presque humain, qu'une paysanne a trop caressé ; la tête d'un de ces chats presque hyènes qui, fiancés au démon, se repaissent de charognes ; le cadavre aussi d'une chauve-souris, l'oiseau qui est un rat, l'animal répulsif, sur la frontière des espèces, à qui les enfants jettent des pierres et qui se réfugie dans des décombres et ne tournoie qu'au soir tombé, protégé par la peur des passants et sa propre laideur, la bête qui est l'ironie de la colombe, et qui se posera sur la tête de l'Antéchrist, comme l'oiseau nitide et miraculeux désigna le front du Christ…

Le sorcier n'a pas de costume spécial de nécromant, sauf que s'étant déshabillé à quelques pas de là, il est nu sous une épaisse et noire alumelle, soutane sans manches qui laisse à ses bras leur fiévreuse liberté. Il n'a pas choisi la nuit redoutable et hallucinante. C'est le soir seulement. Le soleil a quitté l'horizon, au-dessus de la mer et des arbres, au delà de ce cimetière rustique, parmi le silence, traversé par les seuls vols lents d'oiseaux crépusculaires.

Le sol est rocailleux, protégé des tempêtes, par de vieilles roches, il est décharné, loin du sable aussi, sans ce limon rougeâtre qui est la viande de la terre ; il est maigre, osseux, triste, aride ; c'est bien le terrain doux au diable, le terrain breton, le terrain sorcier.

En face du cercle, la fourche qu'a saisie l'opérateur creuse un triangle où descendra la larve appelée. À droite et à gauche, un cierge vacille dans un chandelier d'étain. Aux pieds de l'opérateur, le brasier s'allume où cuisent l'assa fétida, l'aloès, la verveine, la sauge, l'ambre, le soufre et un peu d'encens. La fumée acre, pestilente, escaladant en volutes le ciel bas semble l'échelle de Jacob du Mal où ascendront les vils désirs conquéreurs. Diligemment le sorcier a tracé quatre routes vers chacun des points cardinaux, désigné par un des symboles cadavériques et pervers : l'une, c'est la route de la Richesse avec l'index de la relique parricide ; l'autre, celle du Savoir que marque la chauve souris des initiations du démon ; la troisième, celle de la Puissance où rient les félines dents rouges ; la dernière, celle de l'Amour, dominée par le double fanal macrocère du bouquin. En arrière du cercle avec deux fémurs de morts la croix est tracée et le nom de Jésus-Christ y parle d'une sorte de refuge, comme si dans sa religion satanique, le sorcier avait gardé la superstition de Dieu !

Pris du traditionnel délire, l'opérateur tourne autour du cercle, chuchotant, dénombrant en une confession au diable ses méfaits, ses lâchetés, ses crimes, ainsi que des mérites appelant irrésistiblement les grâces de l'infernal Esprit. Et à chaque mouvement rotatoire il s'arrête pour humer les vapeurs rebutantes, la puanteur du Sabbat. Puis, lassé de ces circuits démoniaques, il s'effondre sur les genoux, dans le cercle intérieur d'où naissent les quatre routes ; penchant les épaules, non pas prosterné mais à quatre pattes comme un chien, il hurle les mystérieuses voyelles de cette simple phrase en latin d'église, qui recommence l'abominable confusion de Jude et de Judas :

SANCTE JUDA, APOSTOLE FIDELIS ET MARTYR, DESPERATIS IN REBUS ADVOCATE, ORA PRO ME IN TRIBULATIONE MEA

Et toi, jeune catéchumène, que fais-tu pendant que glapit ton maître ? Mais ta besogne de marmiton du diable ; tu étales avec précaution un peu de ce sang du bocal en une soucoupe que tu places à côté du brasier ! De tes doigts tachés du blanc des farines et du rouge flux humain, non sans haut le cœur, tu as saisi dans sa cage de verre le reptile, serpent, lézard ou crapaud, qui sera l'organe de Satan.

Prudemment tu le places dans une autre assiette en disposant au-dessus de lui une cloche de verre, un peu soulevée par quelques herbes, de façon à ce que la bête respire sans s'échapper. Puis tu t'écartes et regardes avec inquiétude la cérémonie qui s'avance, ô enfant de chœur de l'hérésiarque autel. Tu t'inquiètes et tu frissonnes au vent froid qui vient de la mer et aux abois lunatiques de chiens très lointains en des fermes que ne l'on voit plus, abois répondant aux hurlements du nécromant et dont semble pâlir davantage la lune.

Le sorcier recommence l'appel des voyelles, des voyelles seules ; car, même dans les cris solitaires, il faut rester mystérieux. Et puis il se souvient de la puissance de ces sons nus, les seuls qui perturbent la psychique atmosphère, restent capitaux, évocatoires. Leur abrupte vol, acéré d'incognoscible, creuse l'éther d'un trouble ému. Ces voyelles, sculptent, l'âme éparse et molle de Satan, fixent ses lignes fluides, lui tissent un vêtement sonore, préparent l'automate inaperçu qui doit obéir au commandement du sombre et isolé adepte.

Maintenant le voici tout droit ; ses yeux d'un bleu sauvage inspectent l'ombre, se réjouissent déjà des prodromes du prestige. Le reptile bondit sous la cloche de verre, frappe les parois, épouvanté, se gonfle, devient énorme et fantastique ; l'ivresse où il s'agite à cause de son prince qui va venir, indique, jusqu'à l'excès de sa mort, la réussite. Pour coopérer à l'œuvre maudite, s'allégeant de ses énergies condensées, le sang humain se dessèche, blêmit, comme si des souffles chauds d'invisibles en avaient vaporisé l'essence pour y ravir la force de se montrer, pour se conférer l'illusion d'être vivants jusqu'au point de devenir visibles.

Le sorcier halète et, à son compagnon, d'un ton dur et sans réplique : « Entre dans le cercle, à mes côtés, tout près… donne le pacte… IL est là. » jeune homme, tu t'empresses, avide de connaître et de voir et d'interroger et de toucher peut-être, l'Esprit funèbre. Tu trembles ; le froid gagne tes os ; il te semble aussi que le sorcier médium te vide, que sa main qui se crispe sur ta nuque aspire en ventouse tes forces secrètes ; et tu t'étonnes et tu t'effrayes aux gestes incohérents de l'autre main qui, partant de l'ombilic, s'élance dans la direction du triangle, au delà du cercle, traversant chaque fois rhythmiquement la fumée du brasier. À quel affreux travail se livre cette main, qui semble arracher aux entrailles des épis magnétiques, remonte pour cueillir la vie psychique ruisselant en voyelles des lèvres, tord ensemble, enroule les fluides corporels et le souffle, l'âme de vie, puis cisèle sa monstrueuse statue de songe avec des doigts semblables à des ciseaux. Enfin le sorcier a poussé un cri noir et long, unique, désespéré, de femme en couches... Satan serait-il né ? Les éléments conjugués avec l'âme humaine auraient-ils mis au monde la larve où le Verbe incestueux s'est incarné. Un trouble inexprimable fait tituber le disciple, qui cependant ne distingue qu'en tourbillon une sorte d'outre, à quelque distance devant eux, une outre se balançant gauchement avec une tête trop lourde, à la renverse, un ventre colossal, des jambes informes qui, par un filet menu, semblent se rejoindre au ventre toujours houleux du nécromant[9].

1. ↑ Mensonge stupide, ricanement abject ; d'ailleurs, de la page 125 à la page 133, je n'ai fait que répéter strictement, en les condensant, les vantardises des grimoires.
2. ↑ Voir Gœrres.
3. ↑ Honorius II ou Honorius III, peut-être Cadulus évêque de Parme, antipape.
4. ↑ Le voici :

    « Je, Louis Gaufridy, renonce à tous les biens tant spirituels que corporels qui me pourraient être confiés de la part de Dieu, de la Vierge Marie et de tous les Saints du paradis, pareillement de mon patron saint Jean-Baptiste, saint Pierre et saint Paul et saint François et de me donner de corps et d'âme à Lucifer ici présent avec tous les biens que je feray à jamais, excepte la valeur du sacrement pour le regard de ceux qui le recevront. Et ainsi le signe est attesté. » — Et le diable répond par écrit aussi : « Par la vertu de ton souffle, tu enflammeras en ton amour toutes les filles et femmes que tu auras envie d'avoir pourvu que ce souffle leur arrive aux narines. »

Tout cela sent trop la fabrique des inquisiteurs.

5. ↑ « Le Diable, dit Tertullien, accumule les objets des sacrements divins dans les mystères des idoles. Comme ses croyants et ses fidèles, il touche certains, il repromet l'expiation des délits dans une sorte d'ablution. S'il se souvient de Mithra, il fait un signe au front de ses soldats, il célèbre l'oblation du pain et il s'attribue l'image de la résurrection… »

D'autre part, Pierre, moine qui écrivit l'histoire des Albigeois, raconte ainsi la renonciation : Quand quelqu'un se livre aux hérétiques, celui qui le reçoit s'écrie ; « Ami, si tu veux être des nôtres il faut que « tu renonces à ta foi entière qu'occupe l'Église Romaine. » Lui répond : M Je renonce. — Donc reçois l'Esprit saint des *bons hommes*. » Alors le prêtre lui souffle sur la place du baptême, sur la poitrine, sur les épaules, sur la tête. « Et que dis-tu de l'huile et du saint-chrême ? — J'y renonce. « — Crois-tu que cette eau opérera ton salut ? — Je ne le crois pas. — « Renonces-tu à ce voile qui sur ta tête baptisé fut posée ? — J'y renonce. « Ainsi le néophyte accepte le baptême des hérétiques et répudie le baptême de l'Église ; alors tous posent leurs mains sur sa tête, le baisent et le revêtent d'un vêtement noir. À partir de ce moment il devient un membre de la secte. (Petri monachi cenobii vallium Cernaii, *Historia Albigensium*, cap. II.) (Voir aussi Spitzer Teufelsbünder, Leipsig, 1871.)

6. ↑ Perseverare diabolicum.
7. ↑ J'ai dramatisé l'aventure, fidèle à mon plan ; mais tout ceci est historique, textuel ; consultant les archives de M. P. Christian père, augmentées encore par son fils, j'ai trouvé ces documents qui achèvent de caractériser le véritable Diable, celui à qui Ton fait tort, le persécuté, le maudit d'une malédiction où il y a de sa faute peut-être, mais où il n'y a pas de sa faute, peut-être aussi. Satan est un saint et c'est vrai au fond, un saint à sa terrible manière, saint ambigu qui tient à la fois de l'apôtre de bien (saint Jude qui meurt pour le Christ) et de l'apôtre de mal (Judas qui vend le Christ) ; il a encore besoin de cette ambiguïté, car en toute hideur pourrait-il tenter quelqu'un ? — En fait cet infortuné saint Jude était si oublié par la liturgie que c'est seulement il y a quelques dizaines

d'années qu'on y pensa. Mais il devait trouver sa petite rémunération cléricale dans le pays des Albigeois, non loin de Montpellier, ville de la Secte. Coïncidence, pleine de révélation.

Voici ce qu'écrivait à M. Christian père, le 25 octobre 1867, Mgr le Courtier.

Évêché de Montpellier

« Cher Monsieur,

« J'ai un petit secret à vous confier, vous le garderez fidèlement. — Imaginez-vous que saint Jude (28 octobre) est le seul des apôtres qui soit assez méconnu pour n'avoir *qu'une seule église* sous son vocable dans toute l'étendue de la France, peut-être dans toute la chrétienté. Cependant par une tradition vénérable on l'invoque comme *Patron des choses désespérées*.

« À Notre-Dame de Paris, j'ai fait vivre un peu le culte de cet apôtre. Évêque je lui ai dédié la première nouvelle paroisse que j'ai pu ériger, et la ville de Béziers a aujourd'hui une paroisse Saint-Jude, une église Saint-Jude, un curé de Saint-Jude.

« Dans ce moment, je fais la neuvaine de Saint-Jude, commencée le 20 et devant se terminer le 28, etc. »

Mais est-ce satisfaisant pour désaigrir ce saint irrité qui n'a de miséricorde qu'envers les oubliés, les méconnus comme lui ?... Heureusement pour le sorcier que cette petite offrande n'a pas suffi. Il y a bien des faits à l'appui de sa prodigieuse intervention dans les archives de M. P. Christian.

8. ⊥ Cet apôtre prononça de redoutables paroles, par lesquelles il eut du survivre, ramasser le type d'une personnalité forte, si l'humanité pouvait comprendre autre chose que les faits. Auprès de Jésus, Jude s'étonna qu'ils fussent choisis ces douze — et de par quel privilège eux justement ? — pour la suprême joie de la manifestation d'un Dieu. Il fut l'organe du cri sceptique infini ; « Pourquoi tout existe-t-il ? » Mais quelle révélation fendit pour lui les sept cieux lorsqu'il prononça cette phrase du symbole : « Je crois à la résurrection de la chair. » Ne jetait-il pas les assises ? confuses d'un spiritisme glorieux, d'un matérialisme comme céleste, n'exaltait-il pas, avant les Albigeois, cette chair maudite

par le Christ en lui promettant la suprême résurrection, en quelque sorte l'immortalité ? J'aurais désiré qu'Hello, dans ses « Physionomies des Saints » où il révèle saint Jude, nous expliquât mieux le mystère de ces deux paroles.

9. ↑ Cette évocation du Diable ne fut jamais livrée par les rédacteurs des grimoires souvent mystificateurs ou imbéciles. Réelle, efficace, elle est traditionnelle et moderne, moderne surtout ; elle répercute l'écho des anciens temples initiatiques en l'Église du Christ. C'est le déchet des grandes mystiques, le dévoiement des saints miracles !

CHAPITRE VII

DIALOGUE ENTRE LE DIABLE ET L'ÉVOCATEUR

LE DIABLE

Que veux-tu[1] ? Pourquoi troubles-tu mon repos ?

L'ÉVOCATEUR

Ne le sais-tu pas ? Qui de nous n'a pas heurté ton tympan de fatidiques lamentations ? Je veux la puissance ; je veux l'amour ; je veux la richesse ; je veux la science.

LE DIABLE

Tu veux tout ? Et sans rien faire, n'est-ce pas ? Telle est la coutume des enfants, des sorciers et des fous.

L'ÉVOCATEUR

J'ai accompli les rites effroyables, et ma misère supplie ta noirceur.

LE DIABLE

Je ne t'assouvirai pas.

L'ÉVOCATEUR

Pourquoi ?

LE DIABLE

Je suis fainéant étant esclave.

L'ÉVOCATEUR, *levant le bâton fourchu*[2].

Je te frapperai, ô vil fantôme, car ta hideur me révèle la bassesse de ton destin.

LE DIABLE

Qu'il est ennuyeux que tu aies pris tes précautions ; comme je te rosserais volontiers ou t'étranglerais avec mes ongles ! Je fais ces plaisanteries-là souvent.

L'ÉVOCATEUR

Oui, un coup de sang… la brusque folie… la mort violente.

LE DIABLE

Je suis naturel comme pas deux, je tue comme un coup de foudre ou comme un coup de boutoir. Prends garde, mon disciple.

L'ÉVOCATEUR

Tu n'es pas mon maître, comme je l'espérais, mais mon domestique.

LE DIABLE, *il bâille.*

Je suis fatigué, j'ai envie de dormir... Je souffre, car je digère mal ; oh ! avoir une forme, enfin ! comme je voudrais être moins laid ! (*De sa main vaguement il rajuste son œil qui lui tombe dans la bouche.*)

L'ÉVOCATEUR

Je te lierai par les paroles divines, je t'enfermerai dans mon bâton comme Paracelse dans son épée ; consentiras-tu à devenir mon chien comme tu fus le chien d'Agrippa ?

LE DIABLE

Il n'est donc pas possible de se reposer un peu ? l'évocateur Tu peux me donner ton regard ; je veux ton'or aussi et ton admirable méchanceté, je veux que mes irrassasiables sens fouillent des chairs sans cesse obéissantes.

LE DIABLE

Aïe ! Aïe ! Je n'ai plus le courage d'agir, même d'agir mal ; tu ne sais pas combien je m'ennuie, j'ai besoin de faire peau neuve. Sois gentil, tu es jeune, d'âme énergique, deviens moi-même dans ta vie et après ta mort, je ne te demande que ça ; tu auras tout ce que tu voudras, nom de diable !

L'ÉVOCATEUR

Je suis loyal, mais tu ne l'es guère ; dis ton nom.

LE DIABLE

Je suis celui qui se cache ; appelle-moi, si tu veux, Lucifuge[3].

L'ÉVOCATEUR

Oui, toujours Diane, la sombre Proserpine et la terrible Hécate[4], dont les tétasses de ta poitrine parodient les pâles seins.

LE DIABLE

Et Judas, et Caïn aussi, — ne reconnais-tu pas ma barbe rousse et mon sac de deniers ? Ne reconnais-tu pas mon couteau ?

L'ÉVOCATEUR

Il est vrai que tu embrasses et il est vrai que tu assassines.

LE DIABLE

Il est vrai que je sauve aussi de la détresse pour laquelle il n'est plus de divin salut. Tu vois cette auréole autour de ma face misérable ; en elle brasille l'injustice immense et inconnue dont s'honore et se fortifie mon péché. Rappelle-toi qu'il n'est pas de suprématie sans un sacrifice. C'est ton désespoir, c'est ma torture, c'est la pitié peut-être de notre ennemi d'en haut qui fait notre dialogue d'aujourd'hui et assied notre solide contrat. Saint Jude, serviteur de Dieu, c'est rallié à Judas, serviteur de moi. Diable. Saint Jude, comme moi persécuté, m'a fait cadeau de cette falotte lumière autour de mon front… Allons, allons, je me range, je deviens dans l'Église catholique si hostile un petit personnage. Satan compte dans le coin à gauche, à une place obscure… Dieu, lassé de me combattre, m'a acheté.

L'ÉVOCATEUR, *jetant le pacte hors du cercle*[5].

Ramasse ! voici la cédule.

LE DIABLE, *lisant.*

De l'or, tu veux de l'or…[6]. Oh ! mes beaux trésors amassés dans le silence des cryptes, mes chères pierreries, mon coffre-fort à moi qui suis l'Avare ! Quel sacrifice tu m'imposes, ô mon fils, quel sacrifice de livrer ces trésors pour lesquels je veille ombrageusement, hypnotisé par le seul astre dont la lueur soit assez funeste pour qu'elle me plaise... Enfin, tu me promettras de m'offrir une pièce de chaque sac d'écus que tu éparpilleras[7]. Des femmes... ces maîtresses dont je suis si jaloux, car leurs caresses encore ensommeillées et personnelles ravivent mon égoïsme et satisfont ma salacité... Tu diras : « Satan, c'est pour toi, » en les possédant et je doublerai vos joies... Fasciner, tu veux fasciner... Je te dois le regard de mes reptiles... Aime-les et fixe-les, tu auras le regard immobile des morts... Puissance qui m'est charmante ! car les fascinés sont possédés de moi. (*Secouant la tête.*) La science ? tu veux savoir... Tu as raison, je te le permets, c'est le suprême mensonge et la dernière sottise.

L'ÉVOCATEUR

Tu reviendras aussi quand je voudrai[8].

LE DIABLE

Infatigable persécuteur, quoique tu sois mon meilleur ami. Ah ! entre nous liés, même étreints, il n'est aucune paix... Me crois-tu un Méphistophélès fringant ? t'imagines-tu que je vais endosser un justaucorps d'opéra-comique ? Je ne suis qu'une larve, ta larve, ton fils ; je respire l'haleine de la mort et de la pourriture, le cimetière là-bas m'envoie de délicieuses puanteurs… Je me nourris de l'infamie stercoraire : je bois toutes les ordures des âmes.

L'ÉVOCATEUR

J'ai besoin d'un compagnon, d'un confident. Je suis tellement abominable et désolé que je ne puis me reposer sur le sein d'une femme.

LE DIABLE

Tu te reposeras contre mon cœur comme saint Jean[9] sur l'épaule du Christ… Ah ! ah ! Nous ferons bon ménage. Prêtre d'Onan, tu seras une sorte de moine d'un temple qui n'existe qu'en toi, d'une idole qui est toi-même. Moine matérialiste et athée, (car tu le sais bien, étant abandonné de ton esprit, quelle immortalité peux-tu avoir ?) tu ne raconteras pas mon mystère, tu ne feras pas d'adepte. Tu n'auras pas non plus d'enfant charnel. Tu es hors des hommes, tu appartiens aux démons.

L'ÉVOCATEUR

Tutu ! des phrases, je me libérerai de toi quand je voudrai. Même pas de bâton… un coup d'épingle et je te crèverai, ballon flottant.

LE DIABLE

Ne fais pas ça, tu te crèverais toi-même.

L'ÉVOCATEUR

Tu n'auras pas mon âme... si j'en ai une !

LE DIABLE

Je n'aurai pas ton âme... imbécile, tu n'as donc rien encore compris... Mais ton âme, c'est moi ; mes cornes informes sont les oreilles d'âne de ta bêtise et mon pouvoir le sacrifice de ton angélité à mon enfer.

L'ÉVOCATEUR

Mais tu n'es pas une hallucination, je te vois, je t'entends, je t'ai accouché de mon ventre avec les forceps de mes doigts qui te sculptèrent ; l'appel de mes voyelles t'a donné la vie, et les éléments pervers des quatre coins de la terre se sont coagulés en ta fumeuse carcasse... Tu n'es pas moi, puisque je te parle...

LE DIABLE

Erreur. Après ta mort, tu ressusciteras en moi... Tel est le pacte ! Je suis le corps glorieux de ton infamie, l'âme-sœur de ton abjection, je suis ta gaine de ténèbres... et — ô la chère extase que je promets à mes adeptes, moi très bas comme le Très Haut à ses saints — nous ne nous quitterons plus, mon chéri, et nous ne cuirons pas sur le gril comme racontent les prêtres, nous nous paierons des bombances... il y a tant d'excréments sur la terre... la terre elle-même, notre royaume — car la terre, c'est l'enfer — n'est qu'une énorme déjection !

---

1. ↑ *Che Voi*, première et unique parole que Cazotte fait dire à son diable à tête de chameau. — « Pourquoi troubles-tu mon repos ? » Voir tous les grimoires.
2. ↑ Dans « le Dragon Rouge », le karcist, celui qui Lent la verge foudroyante, a coupé au lever du soleil cette brandie de noisetier faisant fourche vers le haut, et longue de dix-neuf pouces et demi ; cette fourche est ferrée avec la lame qui servit au sacrifice de « la Poule Noire » ou du « Chevreau » ai elle est aimantée afin d'attirer tout à elle.
3. ↑ J'ai adopté cette appellation du Grand Grimoire qui sied à mon évocation selon Satan et non pas selon Lucifer.
4. ↑ Les évocations lunaires. Satan est bien le fils des sombres divinités païennes de l'Hadès.
5. ↑ Voir les Grimoires.
6. ↑ Oui, l'or d'abord ; les clavicules abondent en formules pour dompter les esprits qui veillent sur les trésors. L'opération la plus usitée avait lieu du 10 juillet au 20 août. On suspendait au-dessus de l'ouverture de la mine une lampe redoutable, dont l'huile se mêlait à la graisse d'un mort et dont le lumignon fut pris au drap qui enterra cet homme. Les ouvriers sont munis d'une ceinture de peau de chèvre nouvellement tuée et des caractères s'y étalent écrits avec le sang de celui qui déjà humanise de sa graisse la lampe. Le nécromant avait préalablement tracé un cercle autour du précieux trou et l'avait encensé trois fois de suite avec « l'encens du jour... » Ces pratiques firent fureur au XVIIIe siècle.
7. ↑ Voir les Grimoires.
8. ↑ Condition indispensable du pacte.
9. ↑ Le patron de la Secte.

LIVRE II

L'ÉGLISE DU DIABLE
ET
LES RITES MAGIQUES

CHAPITRE PREMIER

LE SABBAT

L'humanité a besoin de délire ; elle se crispe et s'irrite de rester « humaine » ; elle convoite, elle espère un autre monde en ce monde déjà, un au-delà d'exaltation et de bienheureuse démence, son « là-bas », comme a dit Huysmans. Oui, l'humanité sent nécessaire la folie, pour se distraire autant que pour se grandir. Alors elle se prend à détester la torpeur quotidienne, l'esclavage, le labeur, les affaires, le sommeil, les vulgaires jouissances. L'Ennui féroce, pierre tumulaire qui l'écrase, elle le secoue en se tordant, écumante. L'humanité a sa crise bienfaisante et effroyable d'hystérie. C'est que l'Ennui stimule perpétuellement le monde. Bien plus que les vieilles injustices, bien mieux que l'antique colère, il galvanise en stupéfiant, il crée par la saturation de ses bromures, de ses sulfonals, une réaction d'épouvante épileptique. Les peuples n'ont jamais supporté de vivre normalement. Ils ont somnolé, mornes, puis se sont dressés, gesticulateurs, névralgiques. Au fond, ils n'aimèrent que la splendeur des convulsions ; et lorsque l'énergie leur manque, ils appellent l'influx de Satan, les poisons excitateurs, les drogues fébriles. Ah ! la morphine mentale, le haschich cordial, ce paradis artificiel dont le désir s'enracine d'autant plus profondément que l'autre paradis, le vrai, absent d'ici-bas et que le doigt du prêtre montre trop loin, là-haut, échappe à des fois incertaines, à de grossiers désirs. Las de s'éreinter vers l'impossible ciel, voyez-les s'exerçant aux horreurs faciles de l'enfer.

Le Sabbat c'est l'ivresse collective des instincts, le déchaînement des baves, la torture essoufflée et joyeuse de la chair.

Je tenterai, l'énorme labeur, je dirai l'insanité splendide, tendre, douloureuse, furieuse de cette fête qui ne s'éteindra jamais, tant que l'homme sera.

I

LE DÉPART

Nuit sublime. Impatience des nerfs picotés par la longue attente du dieu qui s'est enfin promis. Les sorciers et les sorcières, récemment initiés, prêtent l'oreille, mordent le drap, sursautent à la moindre rumeur. Il faut s'être couché pour aller au sabbat ; on n'y va qu'après avoir dormi, néanmoins on s'éveille[1]. Quand viendra-t-il le cavalier vêtu de noir, dont la jument sombre piaffe des étincelles ? C'est la nuit[2], une nuit d'hiver précoce, neuf heures à peine, nuit du jeudi ou du lundi ou du mardi, du vendredi ou du samedi, jamais du dimanche, car il a été annoncé : « Tu ne seras pas au Diable et au Seigneur à la fois. » Les ais des portes se plaignent, l'hôte approche, le vent qui l'entraîne hurle, annonciateur. L'onguent dont s'est frotté l'adepte, en s'écriant : *Emen-Hétan, Emen-Hétan* (ici et là), son imagination surtout, l'influx démoniaque aussi le marinent dans une sueur froide et épaisse, prodrome de l'extase solitaire ou du départ mystérieux. Manants et grands seigneurs, d'envie, grillent dans leur peau. Les prisonniers, dont le diable est le consolateur, soupirent d'aise, ils vont être enfin pour quelque heures délivrés. Le bon Frère, ami des forbans, les vient avertir, ouvre la fenêtre, descelle les barreaux. Toujours tant de pris sur le châtiment, une bouffée d'air libre sentant le soufre. Ah, celui qui, perçant ces toits maléfiques des villes vouées à la folie nocturne, regarderait en ces chambres dévastées par l'apprêt du sabbat, qu'il s'ébahirait de la multiple, de l'incohérente, de la miraculeuse fuite ! Il en est qui bondissent et, jambes nues, étreignent, presque voluptueusement, le petit bâton blanc ; l'air, par un phénomène de lévitation satanique, les emporte, tirés dans les plaines bleues et vides par l'outre du diable, cette mongolfière invisible ; d'autres subissent l'emprise brutale du maître ; il les secoue, les empoigne par leurs cheveux dardés, les casse en désordre ou sans vêtements sur la selle ténébreuse ; certains partent seuls, la cheminée-ventouse les aspire, ils raclent la suie, hissés par quelle corde ? ou rompent le carreau, trouent le volet, s'échappent, recroquevillés par des chatières, s'enfilent par des trous de rats, chevauchent l'ustensile proche, animé tout à coup d'une vie surnaturelle, le balai[3] des cuisines, le chien réveillé, le bouc de l'étable ou le taureau, parfois le cheval, parfois seulement la fourche, la quenouille et même une canne, le fragile roseau, que l'enfant arracha sur les bords de l'étang. Tout sert de véhicule à l'élève du diable.

Mais d'aucuns, d'aucunes, plus privilégiés ou plus mystiques, pâlissent brusquement, se crispent en un spasme qui vomit leur âme ; le corps reste immobile durant la fête impure, quasi mort, sans bouger plus. Par la vision Ézéchiel visitait Dieu ; le sorcier et la sorcière peuvent aussi visiter Satan parle seul pèlerinage de leur esprit.

En vain, le mari espoinçonne sa femme ; ou elle, lui. L'absent ne bouge pas plus que bûche ou effigie ; celui des deux qui est resté devine le manège ; un tremblement le gagne et il ne peut sauter du lit ; le voilà lié pour trois heures, n'ayant même la licence de crier jusqu'à ce qu'ait chanté le coq[4].

La foule moins subtile, plus pratique, ne s'associe pas à l'hallucination, ne profite pas de la belle voiture de ces reins formidables où s'entassent les saints de l'affreuse synagogue ; la foule (bohémiens, paysans, cheminots, bateleurs, mauvais clercs), va sur ses pieds, patauge dans l'ombre, roule, longue chenille, dans les chemins peu connus, loin de la police, loin des graves ou des timides hommes, s'enfonce vers la lande, la forêt, l'église en ruines, l'autel du mal. Ils portent des pelles, des vaisseaux de cuivre (ou d'argent pour mieux solenniser la fête), plient sous le faix de tentes, de provisions extraites de sépulcres, s'arment des saints instruments du sacrilège, traînent dans des cages les bêtes complaisantes, la ménagerie du diable.

Les ondes de la nuit s'ébranlent au double courant terrestre et aérien. Là-haut sous la triple Hécate, ce sont rafales d'humanité, étoiles filantes de chair, nuages de toisons noires, rames de bras s'agitant entre des poupes et des proues qui sont des têtes ou des croupes, foudres qui sont des ventres, tonnerres qui sont des cris... En bas grouille la canaille, l'ordure putréfiée des amours, la fiente des haines, la fourmilière vorace des incestueux, des débauchés, des curieux, des misérables, des vagabonds des infirmes, des assassins…

Au loin, sur la tour, qui veille, rigide et chantonnante, pareille à une lampe et à un glas ? La Reine du Sabbat elle-même, la belle vieille, la malicieuse inféconde, aux flancs ignominieux, la vestale infâme, celle que les sept vices stigmatisèrent de sept purulences ; l'oriflamme de sa chevelure bat à son front de rouges ailes ; elle condense au magique miroir la fournaise de ces âmes nomades en mal de sabbat, boit de ses lèvres fardées et crevassées, de ses narines velues, de ses yeux de chouette, le vin immatériel des meurtres et des viols dans le mirage d'une cuve prophétique, faite d'un cristal maculé de sang…

II

LA FOIRE DU SABBAT

C'est assez loin de la ville. La route meurt en l'inculte lande que les pieds des démons ont à jamais froissée de leur stérilité, « l'aquilarre, » la contrée qu'inondèrent les sacrifices sanglants des Druides, le sanctuaire en plein vent de Moloch et de Teutatès. Ce sanctuaire se dresse quelquefois sur la place des paroisses, devant des églises, afin que le diable puisse planter sa chaire vis-à-vis du grand autel qu'ensoleille le saint sacrement. De l'eau clapote aux environs d'un grand noyer qui abrite un sombre calvaire. La forêt borde l'horizon de sa dentelle funèbre[5].

Les femmes des arènes célestes descendent échevelées comme érynnies, nues ou quasi, graissées ou non, la tête si légère qu'elles n'y pourraient supporter de couverture. Un démon familier, quelquefois en queue, écuyer de la même monture, les fouette tandis qu'elles hurlent « Har ! har ! har ! sabat ! sabat[6] ! » éperdues. « Vous êtes déesses, leur dit-il, ne descendez-vous pas, pareilles aux dieux, de la porte du Capricorne, qui est cette figure du Bouc par lequel vous êtes transportées. Vous avez franchi la porte des voies suprêmes ; mais que vous êtes lentes et sottes, indignes encore de moi ! » Exaspérées par l'orgueil, par l'outrage, elles essorent et s'élancent, fusées bruyantes. Et elles foncent bas, plus vite qu'un aigle ou qu'un milan sur sa proie. En somme, l'aspect fantastique s'adoucit et s'accentue en réalisme. Si la forêt de Brocéliande s'illumine de féeries, si le ciel est sillonné par les chars des Valkurs où deux chats ailés s'attellent, si la Corne de Mai, le grand vase à boire, le calice, le gobelet du Diable, rappellent les banquets d'Odin, — la foule déguenillée, éprise de chahut et de lascivités, fait songer déjà, mais avec quelle pompe supérieure, quelle beauté grandiose de décor, quel attirail dramatique, aux infâmes cohues des lieux de plaisirs où s'atrophient les modernes névroses, à nos bals en plein vent, exhibant et vendant de la chair. Au lieu de fanaux électriques, des cierges noirs, égouttant du suit humain, émergent de séants, haussés, de vieilles, ou s'érigent, sur la plante de leurs pieds retournés vers le firmament noir. Certains démonographes romantisant, la fête houleuse l'illuminent de bras d'enfants morts ; mais l'allure générale est moins fétide. Je vois le sabbat en foire de marchands mêlés, en kermesse : là des saltimbanques, des ventriloques, des montreurs de bêtes, des faiseurs de tours, des jongleurs, tout ce qu'il faut pour ravir la sottise populacière. Le délire s'accélère par le nombre des délirants ; les bêtes s'en mêlent, et les idiots et les farceurs ; tous les difformes de la terre, disgraciés, boiteux, bossus, estropiats, vieux décrépits et caducs y dansent au milieu du désordre plus légèrement que les robustes drilles. Voilà leur « Eldorado », leur « foire de Neuilly », leur « Moulin-Rouge », leur mardi-gras, leur mi-carême. Ils y aiment, se distraient, se reposent, retrouvent, loin de l'inégalité cruelle des autres jours, une minute incomparable d'égalité, ils ne craignent plus rien, narguent le Seigneur et le prêtre, lâchent leurs tripes et leur révolte, font la figue et la nique au Dieu despotique et clérical[Z].

III

LES ANIMAUX ET LES ENFANTS AU SABBAT

Les animaux les plus décriés, les plus épouvantables, profitent de cette trêve d'ostracisme, usurpant la place des bêtes de luxe, glorifiant leur propre laideur, leur méchanceté.

Mis au banc de l'univers, « jeteurs de sort », sorciers (car le sorcier appartient à tous les règnes, même au végétal, même au minéral), convoqués au sabbat, habitués des prairies désolées et des mares croupissantes, félins ou reptiles, ou fauves, les voilà, en tumultueuse et joyeuse cohorte, suppôts de la Bonne-Mère-Perversité : chats, coqs, chats-huants, renards, loups, ours, serpents, porcs, basilics, crapauds. Dans cette mêlée foraine du sabbat, idéalisés par le triomphe, tout à coup métamorphosés à l'emprise d'un esprit inusité, ils s'élèvent par l'abêtissement des hommes et des femmes abrutis de cérémonies abjectes. Habitées par des âmes humaines, surhumaines, ces bêtes profèrent des paroles comminatoires, se prélassent graves et féroces, se dandinent, gonflent aux fluides de la luxure et de la cruauté.

Le Chat, de tout temps, fascina. Montaigu raconte lui-même que son chat attirait de sa fenêtre les oiseaux de l'air et des arbres ; le Coq — ce terrible coq dont le cocorico sonne l'alarme et le chant du départ de la synagogue satanique, — le coq, dernière incarnation du Diable, sa sentinelle, quand le matin va le faire s'évanouir, le coq, disent les grimoires, a la puissance de fasciner jusqu'aux lions ! Quant au renard, déprédateur et louvoyant, brigand de bergeries, escroc de poulailler, il darde contre les dindons ensommeillés sur les branches une prunelle perfidement attentive. Le Jaguar saisit par la queue le caïman, dont la gueule cependant dévorerait un homme ;

malgré sa petite taille, il happe l'énorme bête qui sous sa dent demeure immobile et charmée, couvant respectueusement son supplice… Mais les vrais fascinateurs, les meilleurs acolytes du Diable, les préfets du Sabbat sont le Crapaud et le Serpent.

Chaque sorcière porte sur l'épaule un crapaud artistement vêtu et la tête ornée de deux petites cornes ; ses yeux jamais clos ont la fixité qui ne pardonne pas. Les oiseaux, la belette, la couleuvre, les mouches, les papillons, rien ne lui résiste. Certains même mettent à mal les hommes. L'abbé Rousseau, un fascinateur, qui, plusieurs fois, avait fait mourir des crapauds par le regard, manqua en mourir lui-même ; il s'acharnait contre l'un d'entre eux, énorme qui, s'enflant, se dressant sur ses quatre pieds avec un souffle rauque et regardant sans varier de ses yeux aux rougeoyantes flammes, lai infusa à lui l'homme, le prêtre, l'invincible faiblesse d'un évanouissement. Le serpent est encore supérieur au crapaud. Au Sénégal, des chasseurs se retournent tout à coup, pris d'un incoercible tremblement, et ils aperçoivent une tête plate tendue vers eux et sifflante. Le coup de fusil seul rompt le charme ; ou une faite précipitée.

Ces reptiles ont donc en eux l'âme mobile et prédatrice du grand proscrit ; les sorciers se les attribuent, petites idoles, fétiches vivants du Dieu. La Dame de Martibalsarena dansait avec quatre crapauds ; l'un vêtu de velours noir, avec sonnettes aux pieds, sur l'épaule gauche ; l'autre sans sonnette sur l'épaule droite, et aux deux poings les deux derniers, comme oiseaux en leur naturel.

Bien mieux, les sorcières devenaient bêtes elles-mêmes. Au retour des maudites assemblées, elles se recroquevillaient, tellement bondissantes et griffantes contre l'hostile espion que celui-ci les prenait pour des chattes ; ou bien, à quatre pattes, elles aboyaient comme des chiennes, boitaient dans les herbes, pareilles à de gluantes grenouilles. Dans cette immense foire du sabbat, l'humanité redevenait son bestial ancêtre. Lézards, singes, crapauds, limaces, araignées, serpents allaient et venaient selon la fièvre et le rhythme des métamorphoses et tout à coup s'évanouissaient ainsi que des éclairs.

L'enfant est un faible, une petite bête, presque pas un homme, le Diable du sabbat antique défend tous les faibles. Comme le Christ il les appelle, il reconnaît ses élus, les petits sorciers futurs, les autres il les déchire et les fait cuire. Mais, est-ce pudeur, est-ce sentiment d'inaptitude à l'abominable science ? Il se garde en tout cas de les initier à ses redoutables arcanes. Dans un poème latin sur le sabbat, écrit par M. le président d'Espagnet, conseiller du Roy, et traduit par G. Guay, il est dit, non sans grâce :

> Plusieurs enfants y vont comme on voit au printemps
> Sur les plantes nouvelles
> Les oiseaux par amour ensemble voletants.

Le Maître ténébreux a pitié de cette innocence qui cependant marche sûrement à la corruption ; il passe les enfants à travers la fumée et le feu, les hypnotise d'une main velue, rapide sur leurs yeux qu'il aveugle pour toute la durée de la cérémonie ; puis, leur ayant baillé à manger du pain de millet noir, il les envoie garder la théorie sacrée des crapauds au bord de la mare. Ces démons aquatiques, vêtus de vert, tintinnabulent de clochettes, jacassent un kabbalistique idiome, austère, profond, qui semble initier un peu leur rêveur petit gardien, saint Jean-Baptiste des moutons du Diable.

IV

LA DANSE ET LE BANQUET

Ici la danse est violente, passionnée, et non seulement elle enivre, elle est affreusement utile ! elle sauve du mal d'engendrer, elle déchire par la gambade le lien du fœtus, dès le ventre. La sorcière encore assez jeune pour perpétuer l'humanité, lui jette un fruit débile et sans forme, comme un défi rouge. Les hommes s'en excitent plus. Ces gestes muets demandent plus en leur silence que de véhéments discours ; la réponse, c'est toujours d'accepter, de prêter le corps. Alors le sorcier et la sorcière s'accointent ne faisant qu'un, se mesurent, s'exaucent. Don satanique, c'est-à-dire eurythmique à l'univers que de danser. Vieille volte païenne, tu reparais ! Quelquefois à ses meilleures amies, le Dieu Pan accorde la supérieure faveur de transmuer ; tout être humain, serait-il malade de mélancholie, s'il est frôlé par le sceptre de fer, devient un bienheureux titubeur du cosmique branle. Tous tournent le dos au centre du bal, ainsi qu'en les danses I bretonnes, se heurtent en des circuits. Pour que l'illusion même de la pudeur et de la défense n'existe plus, les filles s'accoutument à porter les mains en arrière ; leur croupe se baisse, tandis que les bras tournent... Simples chiennes expectantes en une cassure des reins qui ne se redresseront plus, et dont s'enfle le ventre, projeté sur les cuisses, où il appuie son faix d'ordures et de méchantes viandes. « Faute ici, faute là... joue ici... joue là... » Et l'on ne se contente pas de danser, on saute ! quelquefois du haut d'une montagne jusque dans la mer. Cela se passe dans ce cas en Gascogne. Rêve élastique ! On saute dans les feux comme les enfants à la Saint-Jean afin de railler l'enfer clérical et le bûcher. Sorte d'espoir en un saut vers l'au-delà, après les tortures de la vie ; ah ! l'inquisition évitée, le saut au delà du Dieu vengeur, du Dieu déçu !...

N'est-ce pas le biniou des rondes de farfadets, qui rappellerait le mieux en son aigreur l'orchestre maigre du sabbat ? Néanmoins non seulement folles clochettes, grincement exigus d'harmonica, cascades de perles d'onde énervent intolérablement, mais le mâle tambour, le tambourin allègre, la flûte des fêtes de Dionysos, le violon larmoyant, et « ce long instrument posé sur le col, s'allongeant jusqu'à la ceinture et battu par un petit bâton ajoutent encore à l'acrimonie leurs sonorités ou leurs langueurs. Luxe orchestral des assemblées de douze à quinze mille âmes. Les autres, les moindres, se contentent de la musique des forêts.

Le diable, qui cependant sort d'une cruche, c'est un grand bouc avec deux cornes devant et deux derrière. Celles de devant se rebroussent en perruque de femme. Parfois il n'a que trois cornes formant le schin, la lettre hébraïque de Jésus. Celle du milieu éclaire ; on y allume les cierges et les yeux aussi des sorcières. Au-dessus de ces cornes un bonnet ou un chapeau. Caricature d'Adonis, il est nu avec des mamelles féminines, des poils aussi longs que des crinières ; mais ce qu'il exhibe avec une ignominie sans égale, c'est sa virilité sacrilège, l'organe démesuré, entortillé, sinueux, aux serpentines écailles, aux piquants de hérissons, et qui semble parfois de bois ou de corne ou un fer rouge. Assis sur la grande chaise dorée et fort pompeuse, il ricane et attend le chœur des suppliciées d'amour qui réjouiront sa lasciveté et le remercieront du baptême des baves par les baisers déviés, à cet autre visage qui orne sa fesse, visage morose, masque d'effigie, lavé sans cesse par les lèvres des sorcières.

Le voilà le dieu à rebours, le Dieu de l'Inceste ! Inceste indispensable au sabbat, peut-être parce qu'unissant la mère vieille au jeune fils, la jeune enfant au vieux père, il conspire l'extinction de la race ; à coup sûr pour des raisons plus obscures, le recommencement des orgies païennes, la reconstitution sur le plan humain des théogonies déchues, où se mêlent les parents, — pour l'infernal spasme du baiser consanguin.

Parfois le péché s'accroît encore ; la Bête subjugue la femme. Tous les règnes de la création influent vers elle, tentent de mettre au monde, réel, le sphinx de chair qui résumera l'univers. (Voir le Belthis de l'*Eternelle Poupée*.)

Rarement, il s'absente, le Diable, président de ce cercle effréné, magnétiseur de cette chaîne aux anneaux de bêtes, de démons, de femmes, d'enfants et d'hommes. Cependant de peur, il échappe, lévrier noir subit, à de profanes yeux. La semaine suivante quand il s'excuse, il raconte qu'il est allé plaider devant le Christ, devant « Janicot », la cause de ses fidèles à lui, persécutés.

La posture des adorateurs est variée, innombrable. Ils l'adorent à deux genoux, se renversent sur le dos, jettent les jambes en l'air. Après avoir baissé la tête sur la poitrine, ils la relèvent de façon à ce que le menton chavire vers le ciel. Ils approchent du diable le dos tourné, marchant en crabe ; leurs mains se joignent sur leurs reins, et ils râlent sans revirer vers lui, les yeux contre terre.

Le banquet n'a rien d'officiel ; chacun s'assied à la place qu'il veut, près de l'autre, la préférée, celle que la société ou l'Église lui refuse. Au lieu du bénédicité, on blasphème ; c'est plus drôle ! on confesse Belzebuth pour créateur, dateur et servateur. Mais elle est médiocre la nourriture du Satan populaire ; il ne veut pas qu'on s'amollisse à de succulentes friandises. Il recommande les alcools qui tuent, ces quintescences dont Paracelse garda toute sa vie un égarement, ces épais liquides pareils à de l'encre ou à du sang gâté, ces mets suppedités par lui, viandes fades et nauséeuses, affligeant l'estomac d'un famélique aboi de mâle faim. Et on se lève de ces tables magnanimes avec plus d'appétit que lorsqu'on vint s'y asseoir. C'est du vent qui gonfle l'intestin, un vent de revanche, qui se vengera du mensonge par la tempête.

Communion des vivants, communion aussi des morts ! ceux-ci sont de la fête ; le sorcier récemment enterré était déterré pour le sabbat. En chœur on processionnait vers les sépultures. À coups de pelles et de pioches, les cadavres exhumés, déliés de leur suaire bénit qui les envoûtait pour le ciel, livraient pour la cuisine ou pour le taudis alchimique leurs entrailles éventrées. Le reste du corps était partagé entre les parents, qui, jaloux de la terre, voulaient à cette chair si proche de la leur, un tombeau parental ; quoi de mieux pour chaud sépulchre que le propre estomac des vivants, surtout s'ils ont faim ? les os mêmes n'étaient pas épargnés ; grâce à une plante basque, appelée balaronna, ils devenaient souples et savoureux autant que navets cuits.

Cependant le sabbat était joyeux quoique funèbre. On y allait comme à des noces, pas seulement pour la grossière licence de s'accointer, mais pour la diabolique communion des âmes. « Le Diable, disait Marie de la Ralde, très belle femme de vingt-huit ans, tenait tellement liés les cœurs et les volontés, sans y laisser entrer d'étranger désir, que je me sentais ravie et croyais être dans quelque paradis terrestre[8]. »

Naturellement les femmes devaient accourir en foule ; les démonographes, les inquisiteurs s'exténuent pour en savoir la raison. Quoi de plus simple. Ève est faite pour la sensualisé ou pour l'extase. Le sabbat lui apportait l'une et l'autre et à sa portée, truculentes, sans ascétisme. Elle en profitait pour prêcher sa doctrine en l'assemblée, pour défendre ses intérêts particuliers. Le sabbat fut en somme le premier des clubs féministes. On y proclama la victoire prophétique de l'éternelle opprimée.

V

L'EXCUSE CRIMINELLE ET SCIENTIFIQUE DU SABBAT

Les anciens sorciers furent les anarchistes du passé ; eux aussi détestaient le prêtre, le roi, le riche ; eux aussi préparaient en ces occultes cérémonies les bombes des maléfices ; ils empoisonnaient surtout, détruisaient cependant avec plus d'ampleur, savaient répandre dans les campagnes la poudre qui tue les moissons, ensevelir sous les étables la charge magique dont les troupeaux dépérissent. Et ils s'en prirent surtout à la tendre race des enfants, (celle qui, ne gardant pas les crapauds, a refusé l'initiation), décimèrent plus radicalement, plus religieusement que les anarchistes modernes, frappèrent la race avant tout, partout, sachant que, quoi que fasse l'homme, il sera toujours l'homme, le vil, l'égoïste, le déprédateur du patrimoine d'autrui, la honte du monde 1 Cela devient pour eux un but mystique de débarrasser l'univers de cette lèpre humaine, gagnant la bonne nature, corrompant la terre faite pour être libre et qui s'avilit d'être l'esclave nourrice. Les animaux, sur qui l'homme appesantit son joug, ne sont plus dignes du soleil ; leur abaissement mérite la mort, afin qu'un aussi funeste exemple ne gagne pas les bêtes indépendantes et maudites. Les objets inanimés ne méritent guère plus de pitié ; il faut amonceler les ruines sur les ruines ; la Ruine seule est belle, douloureuse, digne de Satan, habitée par ses fidèles, les parias de la société, les vagabonds et les hibous. Les cimetières sont pardonnés, à condition que la tombe opulente meure elle aussi, que les morts pauvres aient leur coudées franches, que hors de la terre remuée, ils puissent s'évader en vampires, tuer, tuer encore même après avoir été tués, ou servir à l'œuvre meurtrière par leurs os mis en poudre, l'essence de leur nourriture extraite du cadavre inutile, l'ofirande, au Dieu des morts, de la mort exaltée jusqu'à l'assassinat.

L'anarchiste confus et intraitable se doublait aussi d'un savant superstitieux et trouble.

Qui sait si, en un coin du sabbat, loin du ménétrier, loin de la foule funéraire, beuglante, dansante, banquetante, quelque Agrippa, quelque Paracelse, mêlé à des grands seigneurs attentifs, épeurés sous leurs masques, ne profitait pas de ce spectacle inouï pour rénover la science, devancer nos découvertes, même les plus futures ? Les sorcières voyageant dans les airs, c'est la direction des ballons trouvée par le Diable ; en tout cas il est bien l'inventeur du parapluie : « Haut le coude, Quillet, » disait la voyageuse mouillée par l'ondée, et le démon galant allongeait sur cette tête chère l'ombrelle de sa queue, parodie du dais. Qui sait si ce branle cosmique, faisant communier aux mêmes forces des organismes divers, ne trahissait pas, sous le manteau comme dilué des apparences, l'identique et naturelle extraction ? la lente évolution des espèces apparaissait à ces précurseurs de Darwin, leur involution aussi, l'origine de l'homme en l'animal, le retour de l'homme vers cet animal qu'il fut et dont il conserva en les affinant les instincts ? À la fumée des chaudières et des bassins qui débordent de crapauds et de mandragores, Paracelse prophétisa la chimie au delà de la nôtre, celle qui, secourue d'une physique encore inexplorée, fixera le rôle des forces cosmiques et vitales dans l'élaboration des éléments. Qui sait si ces obscurs poisons manigancés par les sorcières ne lui suggérèrent déjà les découvertes de Pasteur ? si Brown-Séquard dans les obscénités sabbatiques ne s'annonçait point ? La thaumaturgie savante des siècles prochains surgissait en lueurs fauves dans les atrocités et les démences. Satan fut peut être le père douloureux et maudit d'un avenir de matériel bonheur.

Là gît le grand mystère, mystère d'où naissent la chirurgie, l'anatomie, la médecine des simples, et la médecine chimique, la science bienfaisante et redoutable des poisons[9]. Mystère de la sorcellerie qui fait se coaliser contre elle tous les pouvoirs constitués : le roi, le pape, l'inquisiteur, le juge, le savant retardataire et officiel, le seigneur, quiconque possède matériellement, moralement. Elle choque à la fois leur ignorance pudibonde, et leur culte du despotisme et de la servitude ; elle est l'éternelle ennemie de l'homme médiocre et gras qui a machiné sa destinée, a consolidé son lourd séant sur le coussin de la misère universelle, rit, boit, mange, crache, vomit, éclate d'obésité huileuse. Mais le coussin se hérisse en venimeuses têtes, les vieux membres des pauvres se révulsent et s'épointent en bois de justice ; la sorcellerie ou l'anarchie fermentent sous le triomphe grossier, et la lâcheté outrecuidante s'écroule tout à coup cul par-dessus tête parce que le coussin a fui, la chaise a sauté comme un cabri, le fluide de colère électrisa l'élément en sommeil. Satan est le grand révolutionnaire, le transformateur obstiné de la création.

1. ↑ Une fois pour toutes j'avertis que chaque détail de ce Sabbat est cueilli chez les démonographes, dans les copieux procès de sorcellerie ou dans les traditions populaires anciennes et modernes. J'ai délaissé le fracas et l'oripeau romantiques qui dénaturèrent l'aventure sordide pittoresque du premier des cafés-concerts et des clubs.
2. ↑ Quelquefois c'est le jour, à midi, l'heure de la sieste, quand la digestion travaille, quand les désirs impurs s'insurgent. Le démon de midi est en somme le démon du solitaire, du savant, du moine. Le roi David en avait connu l'assaut.

3. ↑ M. Léon Daudet m'a raconté qu'il vit un jour de ses propres yeux un balai prendre vie et marcher devant lui quelques instants ; les légendes allemandes de l'apprenti sorcier (GŒTHE *Lieder*) ne seraient donc pas si apocryphes.
4. ↑ Cette catalepsie du fugitif, s'en allant d'âme au sabbat, faisant croire que le diable remplaçait par une poupée dans le lit la vacance de son fidèle.
5. ↑ Pour les sabbats plus restreints, la horde choisit un cimetière, une caverne, l'hôtel des juges — ô ironie ! — ou simplement les toits ; dans le dernier cas les arbres servent de route ; le vieil anthropopithèque renaît en le nécromant.
6. ↑ Peut-être le « Sabaé, évohé », des chants orphiques, des fêtes dionysiaques.
7. ↑ De nos jours le sorcier se plaît encore quand il aborde les villes aux mystifications grossières de nos foires où tel « Pipento » rappelle le fascinateur d'antan.
8. ↑ Malgré cet accord des volontés, cette tension des organismes, jamais de miracles bienfaisants, de cure durable au sabbat. L'excitation, vite tombée, donnait seulement aux nerfs une factice souplesse. En fait l'impureté ne produit aucun doux prodige. Il faut le pur visage de la Vierge pour qu'à Lourdes les infirmes soient guéris. Ce mystère aurait dû faire réfléchir M. Zola, n'attribuant les guérisons de Lourdes qu'à l'autosuggestion et au magnétisme des foules.
9. ↑ Car le Diable ne protège pas que les animaux et les gens décriés, mais aussi les plantes maudites, celles qui rendent fou, tuent et sauvent à la fois, selon les doses. Nos ordonnances déjà !

CHAPITRE II

LA MESSE DU SABBAT

Office désespéré et morne, dépouillé d'alleluia, auquel il faut pardonner un peu pour sa dolence, ses rites fantomatiques, son indécision, son incertitude désolée, l'effort de son ombre ! Si le sabbat est joyeux jusqu'à l'immondice, la messe du sabbat est terne, décolorée, crépusculaire, comme édentée.

Michelet n'a pas saisi cet aspect du Diable d'être tout à coup sans force, reculé, obscur. Le Grand Nègre, le bon Bouc paillard, le phallus en éveil, la révolte des sens et de la liberté, voilà ce qu'il a vu, ce qui caractérise le sabbat, non point toute sa messe. Deux diables en effet, le dieu Pan, l'Incube, le drille solide et à point, dont le gabarit est le gouvernail du monde — puis le mélancolique fugitif, le plaignant qui n'a presque plus de voix, le forcené assis sur une pierre druidique, s'enlisant dans le rêve de son passé, vieillard qui renonce à la lutte, n'esquisse ses gestes sacrilèges qu'avec la lassitude des moribonds, n'existe plus que par le souvenir de lui-même, — plus guère que le monstre d'une image !

La Femme seule galvanise ce rite discret et âpre ; elle y est affreuse, car son attrait s'allie à la luxure et au deuil. L'une de ces reines du sabbat, prêtresse et autel du diable, Nécato la bien nommée, se montra superlative et cruelle par-dessus toutes. La nature l'avait raturée de son sexe pour en faire une sorte d'homme ou plutôt d'hermaphrodite, dont elle exhibait le visage, la parole, le maintien. Rude, bizarre et fumée comme un Sylvain ; les yeux petits, enfoncés, furieux et hagards. Devant les juges, elle s'efforça de pallier et d'égayer cette fierté intolérable ; mais son regard était le regard de Satan.

Nécato, sur son trône, accueille les disciples d' « Hérodiade », les étudiants de l'âpre « Tolède[1] ». Ils durent la croire belle, quoique trop virile ; elle avait en elle la force, levait sa tête opprimée sous la couronne de fer, annonçait l'ère lointain encore où la Femme à son tour régnerait dans le ciel et sur le monde. Et les cérémonies purgatives commençaient.

I

LA CONFESSION ET LE PACTE

On se confessait de tout le mal omis ; le Diable imposait des pénitences, usait de l'amende et du fouet, n'absolvait qu'à mauvais escient. Les initiés apportaient alors leurs recrues, qui, après les épreuves, les examens et les serments, gagnaient leur diplôme de sorcier.

Voici les onze points communs aux pactes du sabbat. Je les cite tels quels ; je doute que de nos jours on soit aussi difficile. Mais le moyen âge n'admettait pas les tièdes. Il fallait adopter une église ; la blanche ou la noire. Celui qui entrait dans la dernière devait s'y dénuder de tous les souvenirs et de tous les rites antérieurs, pour se vêtir de nouveaux sacrements :

On abjurait le baptême et la « foi christine », on se retirait de l'obéissance de Dieu, on répudiait le patronage de la Vierge Marie, appelée la « Rousse », on reniait les sacrements, on foulait la croix, les images de la Vierge et des saints. Fidélité et vasselage éternels au prince de la Ténèbre étaient jurés sur ses écritures maudites et noires. « Jamais, s'écriait-on, je ne retournerai à ma première foi, je ne garderai les ecclésiastiques mandements ; mais j'irai sans retard au lieu des assemblées. J'y ferai ce que les autres sorciers font, je m'efforcerai d'amener autrui à leur créance. Et le Prince répondait : « Je t'assure, en retour, des joies que tu n'as point encore savourées, immenses, en ce monde et pour l'autre, et que ton imagination elle-même ne rêva point. »

Ensuite le néophyte est rebaptisé au nom du Diable ; (par exemple, Cuno de Roure y fut appelé Barbe de chèvre). Le saint-chrême et le signe sacré sont grattés du front par la griffe maudite.

De nouveaux parrains et marraines sont assignés, et les anciens bannis.

Le Diable reçoit un morceau de vêtement en gage de possession. Par la foi et)e baptême il règne sur les biens spirituels, par le sang sur les biens corporels, par les enfants sur les biens naturels, par les vêtements sur les biens terrestres.

L'âme est abandonnée au maître noir dans un cercle, symbole de la divinité qu'on lui octroie, sur la terre qui est l'escabeau de Dieu.

Le néophyte dit : « Raye-moi, ô Satan, du livre de vie, inscris-moi sur le livre de mort. »

Puis : « Je te promets les sacrifices qui te plaisent e j'occirai magiquement chaque mois, voire chaque quinzaine, un petit enfant dont je sucerai le sang. »

Et encore : « Je t'apporterai en tribut une fois l'année, en rachat de mes anciens démérites, l'impôt d'une victime ayant la couleur noire qui t'agrée. »

Alors le Seigneur obscur marque d'un ineffaçable coup d'ongle les hommes à l'épaule, aux paupières, aux lèvres, sous les aisselles, au fondement, les femmes aux mamelles ou en les chairs secrètes ; c'est une patte de lièvre ou de crapaud, d'aragne, de chatton ou de lice. Les inconstants surtout sentent profondément l'incision satanique.

Enfin l'initié s'écriait : « Je m'engage à ne jamais plus adorer l'eucharistie, à briser et à conspuer les saintes reliques ; jamais je ne me confesserai entièrement de mes péchés, et je garderai un sempiternel silence sur mon commerce avec toi. Diable[2]. »

II

L'OFFICE DU DÉSESPOIR

Le vrai Diable ne s'est pas encore montré, un diablotin tout au plus, ironique, aux griffes prestes. Il faut que les noirs rideaux de la nuit soient tirés pour que l'énorme idole remplisse l'horizon de tous les yeux. On dirait d'abord d'un géant noir ou rouge, gehenné, tourmenté et flamboyant, telle une fournaise crépusculaire. Comme sa voix articule à peine, cassée, morfondue, pareille à cette clameur qui traversa le monde païen aux heures des nazaréennes victoires : « Le grand Pan est mort ! » En effet, c'est le spectre de Pan ; car si vous vous rapprochez, il devient simplement un haut tronc d'arbre obscur, sans bras, sans pieds, sans tête ; parfois, çà et là, l'illusion d'un sexe qui n'est qu'une branche morte, le mensonge d'un visage qui n'est qu'un nœud de bois dur. Ah ! la reine maintenant redevient une simple laide femme ; la fausseté des affiquets vulgarise leur pompe ; le sordide de son âme noircit sa robe rutilante et même sa resplendissante chair.

C'est l'Introït.

Necato s'est levée, elle marche vers le Dieu amer, de ce même pas somnambulique des sacrificateurs d'Osiris ou des prêtresses de Moloch, ou des vestales de Muténus, qui asseyaient leur virginité sur les genoux rugueux du mystique mari. Elle s'affale sur le tronc d'arbre, s'y vautre, y périt au lavabo stérilisant d'une rosée de glace. L'office continue, tandis qu'elle agonise, hostie écorchée et douchée. Sur elle les démons pâtissiers et sommeliers fabriquent le pain et pressurent le vin des communions ; ses seins fument comme un fourneau mouillé de sueur ; la nappe est mise sur la croupe. Chacun se repaîtra de la formidable nourriture ; le lait vénéneux des euphorbes coule pour la boisson du sacrifice ; le gâteau est pétri d'une farine rouillée où fermenta la mort. Cependant, d'autres sorcières, pour simuler la rupture de l'hostie chrétienne, déchiquetent un crapaud en hurlant : « Ah ! Philippe[3], si je te tenais, je t'en ferais autant. » Revêtus d'une chape noire étoilée de pommes de pin, des prêtres damnés élèvent un rond de rave, criant : « Bouc en haut ! Bouc en haut !... » Et les sorciers répondent : « Seigneur, aidez-nous ! »

Le peuple, maudissant la Trinité des Églises, chante en chœur dans la cathédrale des arbres et de l'ombre, l'hymne : « Cruel Dragon, serpent venimeux, Cerbère à trois têtes... » Dès que tout le monde est rassasié, le dieu Pan articule son *Ite Missa est*, qui est : « Allez-vous-en à tous les diables. »

Quand on a le temps, Necato se repose quelques minutes à l'offertoire. Alors il lui est permis d'être infidèle au pal brûlant et froid. Le vieil arbre se met à discourir de toutes ses feuilles pâles ébranlées ; la doyenne prend place non loin de lui, tenant en main une paix, figurant l'image du Très Laid. Sur ses genoux un petit plat pour recevoir la quête. Chacun apporte son présent en nature ou en monnaie. Puis silencieux chacun retourne à sa place, et Necato retombe sur les genoux du tronc d'arbre en gémissant.

Encore des variantes moins mornes. Sur l'obéissance de ces reins maudits et résignés, deux simulacres sont déposés par les paysans : l'un représente le dernier mort de la commune, l'autre le dernier né. Du blé aussi était répandu, car la femme, c'est le symbole de Cérès, et par elle on se rend propice la terre ; de petits oiseaux picoraient les grains jolis, puis s'envolaient, simulant le vœu têtu des serfs : manger et être libres !

Le départ ne diffère jamais beaucoup. Dès que le matin tache de blancheur le nocturne dais, dès que les basses-cours résonnent, les sorciers s'évadent en grelottant. Et on laisse là sans pitié le vieux Diable que le soleil achève de dissiper ; et le pauvre, « nul ne sait ce qu'il est devenu ! » La forêt garde son secret, l'antique chêne délabré connaît l'exil et le mépris des clairières…

Ce culte de Satan, malgré ses monstruosités, malgré ses erreurs, garde pour l'homme pitoyable aux désespoirs et aux rancunes, de l'ampleur et même une triste et dérisoire beauté. Le fanatisme des théologiens fortifia Satan de tout ce qu'il enlevait au Christ en douceur et en miséricorde. Ils imposaient trop la haine de la nature, le meurtrissement et la malédiction de cette chair, misérable, mais assistante, seul trésor des humbles, des petits, des ignorants, de ceux qui ne sont pas arrivés jusqu'à la connaissance de l'âme. Une réaction formidable éclata ; et le sabbat eut lieu. Puis la haine grandit, on ne s'en prit plus au seigneur, au prêtre, à ceux qui avaient fait les lois et les exécutaient ; on s'en prit à Dieu. On décréta qu'on le punirait d'avoir permis tant d'injustices et de noires rancœurs. Et l'on parodia ses sacrements, on les souilla, on leur supprima la majesté, la roideur, pour y injecter la licence et même l'ordure. Le culte à lui dû, on le restitua à son ennemi séculaire, à ce Satan compatissant qui, prenant soin des humbles, des infirmes, avait remplacé trivialement, le communiste de Nazareth, l'ennemi des riches et des puissants. Certes, le pur visage du Messie, toujours présent à nos misères, dut se détourner des abominations incestueuses, de ce charabia malfaisant, de ces poisons, de ces parodies, mais son cœur qui en souffrit les méprisa-t-il ? N'étaient-ils pas, ces détracteurs de son culte, des persécutés eux aussi ? ne devinait-Il pas dans leurs âmes, atrophiée et furieuse la foi de ses premiers apôtres, gens aussi simples, indignés et opprimés aussi ?

Il n'a pas dû maudire le Satan des pauvres, celui du moyen âge comme il a maudit le Satan théologique, sacrilège et corrupteur. L'âme du peuple naissait, mal dégagée encore des immondices de la servitude et des bassesses de l'inconscience ; et il l'a couverte de ce sourire qu'il avait même au milieu de ses fidèles qui ne le comprenaient jamais entièrement. L'avenir tonnait dans ces gambades frénétiques ; la rébellion s'éveillait au milieu des sacrifices. Ah ! dans la vie de la terre, pourquoi la boue entache-t-elle les plus nobles revendications ? La légende raconte que Judas embrassa Jésus afin que le monde soit sauvé ; je rêve de l'invisible Christ se penchant au moyen âge sur les cornes souillées de Satan et les purifiant, ces armes de vengeance et de luxure, par une larme lointaine, l'immeuse pitié fraternelle du Crucifié, pour tout ce qui gémit, se révolte, ayant souffert…

---

1. ↑ Tolède fut longtemps la grande université kabbalistique.
2. ↑ Voir dans la première partie les chapitres Le Sorcier et l'*Évocation du Diable* où il est parlé des pactes et des marques sataniques.
3. ↑ Michelet s'est beaucoup débattu pour expliquer ce mot si clair ; « Philippe ». Philippe, c'est l'image du Christ (le mot Christ ne saurait être prononcé au Sabbat sans danger). Saint Philippe tut transporte comme Jésus sur le pinacle du Temple et sur la montagne où le tenta Satan ; il fut crucifié aussi comme son maître.

CHAPITRE III

LES MESSES NOIRES
(TEMPS MODERNES)

Dès que la messe noire quitte le plein-air du sabbat pour entrer dans l'église, — hypocrite et raffinée, elle perd sa grandeur, cet aspect religieux et si humain, quoique à rebours, dont elle sanglotait aux époques de large désespoir. C'est affaire d'ambitieux, jeu de dépravé, haine et amour à la fois, mais basses et viles toutes deux. Non plus le culte naïf des naturelles forces, non plus le priape instinctif, la souffrance des humbles, qui dansent, le ventre creux, afin d'étourdir la colère, mais la lubricité de prêtres sans vergogne, l'exaltation de nonnes viciées, le caprice des grands, la distraction des politiciens, l'empoisonnement des sociétés secrètes.

Satan semble avoir renoncé à cette tragédie mystique où il retrouvait le triomphe et les honneurs des anciens dieux qu'il fut[1]. Il a reconnu la suprématie de son ennemi, le Christ. Il n'ose plus, en face de lui, dresser un autel égal : il renonce à la guerre ouverte, se résigne à des hostilités d'embuscade, de dissimulation. N'ayant plus l'Église du Diable, il prend l'Église de Dieu, s'y insinue aux heures indues, avant que les cloches du premier angelus n'aient sonné, ou bien quand nul profane ne pénètre plus au delà du seuil que la nuit a clos.

Hostie consacrée par Vintras-Élie
HOSTIE CONSACRÉE PAR VINTRAS-ÉLIE
(Devenue d'elle-même sanglante et pantaculaire.)

Le prêtre de Satan est en effet le prêtre de Dieu ; le Maudit combat avec les armes de la religion la religion elle-même. Et sacrilège il l'empuantit pour son ignoble gloire ;

il ne fait pas de frais, n'ayant à payer ni entretien du temple, ni clergé, ni ornements ; il s'installe dans la maison de l'ennemi, capte ses desservants, endosse l'étole et escalade l'autel !

Tout est pour le mieux (c'est-à-dire au pire), l'apparente déroute cèle la profonde victoire, et si devant d'aussi sordides aberrations les documents historiques ne suffisent pas pour qu'elles soient crues des honnêtes et simples âmes, ce raisonnement les leur expliquera peut-être par une logique, que confirme le fait quotidien :

Qui peut, plus aisément que le prêtre, devenir magicien noir ? Sous sa main, tout est prêt pour le sacrilège, il n'a qu'à faire un geste pour salir, déchirer, assassiner son Dieu. Or, tout prêtre médiocre, — et combien y en a-t-il hélas ! — s'il a gardé sa foi, en sentant l'impossibilité pour son cœur de tout héroïsme, sombrera bientôt dans l'irréparable Crime, alléché par la promesse de ces réalisations immédiates et grossières que Dieu clément ne donne pas quand on le prie, mais, qu'impitoyable, il accorde parfois à qui l'outrage et le recrucifie encore !... La puissance d'évoquer Dieu fraternise par en bas avec le pouvoir d'appeler le Diable ; qui sait ouvrir le ciel n'ignore pas l'art d'arracher les portes de l'enfer. Puis, le suprême condiment du blasphème n'est-il pas de cracher en embrassant ou de mordre avec une bouche onctueuse ? La cafardise s'impose au disciple de Satan, à ce point que nous voyons les mages impurs de notre époque s'adjuger un vain sacerdoce, jouer avec l'hostie vide, — car leur consécration est heureusement impuissante, — manier le saint-chrême et d'un doigt érotique tacher des calices qu'ils firent bénir à des prêtres avares.

I

L'OFFICE DE LA VAINE OBSERVANCE

Une seule de ces cérémonies dérisoires garde encore une austère allure, car son rite est vivifié d'un inéluctable souffle religieux. Cette Messe, en désuétude dès le XVIIe siècle, perpétue la doctrine des anciens Albigeois ; un gnosticisme trouble y chuchote, perverti encore par le souvenir de la Chaldéenne magie. Elle est célébrée en l'honneur d'un Sathan bifront, Dieu et Diable, Bien et Mal, Esprit et Matière, roi de l'Avenir.

La grille du chœur cède au tâtonnement d'une main qui se glisse hors d'un vaste manteau. Des plis du noir vêtement jaillissent trois livres. L'homme les dispose avec symétrie, un à chacune des extrémités de l'autel et le troisième au milieu, s'étayant au tabernacle[2].

Minuit tinte.

Le prêtre, à la douzième vibration, s'abîme contre les marches et son rigide corps, bras étendus, s'immobilise croix vivante.

Préparatoire veillée qui conjurera l'occulte Puissance ; le vouloir maudit se condense et s'affermit en celui qui prie Satan.

Quatre heures : les hauts cierges du chœur frétillent d'une flamme ; dans la sacristie, l'ombre téméraire s'enfonce pour revêtir l'aube, l'étole et la chasuble ; le calice, qui entre ses doigts s'affuble d'un voile noir, reçoit anti rituellement, l'eau puis le vin.

Maintenant un reliquaire étincelle entre ses doigts. Trois sceaux l'occlusent, rompus sur la pierre de la consécration. Voilà trois têtes humaines luisantes sous la mourante lune, mais si vieilles en leur décrépitude respectée, que l'on dirait les crânes d'anthropoïdes ou des premiers fils d'Adam.

Non, ce sont les ossements des trois rois Mages[3], de Theobens, de Menser, de Saïr, fils de Job, qui avait habité près du Caucase et disciples du prophète Balaam ; la légende les a nommés Gaspard, Melchior et Balthazar.

« Puissants astrologues, soyez-moi propices, marmonne l'évocateur, il faut que vos poussières soient éloquentes comme si les flammes de votre cœur décomposé y passaient encore en inspiratoires flambeaux.

« Mieux même ! car vos esprits attirés, mais non plus enchaînés par ces crânes qui furent leurs prisons, ont accumulé les pensées de la mort et la sagesse d'au delà le sépulchre ! »

Sans enfant de chœur, solitaire comme un lévite d'Hécate, le dissident, arraché à l'orthodoxie souveraine, dit sa messe nocturne à voix basse, sa messe d'avant l'éveil des cloches, l'office superstitieux qui n'est pas fait pour le vulgaire Dieu conculcateur de ces foules, ivres de soleil[4].

Il commence à rebours par l'Évangile de saint Jean, l'Évangile aux révélations gnostiques, et au lieu de s'écrier : « Et le Verbe s'est fait chair, » il affirme : « Et la Chair s'est fait verbe » ajoutant : « Car il a été dit que Nous serons sauvés par la chair ; il faut marcher nu dans la vie et anéantir le mal par le mal en s'y abandonnant avec frénésie[5]. »

Alors s'approchant des crânes immobiles, prenant un peu de poussière à leur ricanement, l'officiant le répand dans le calice :

« Béni sois-tu, dit-il, pain de la mort, béni mille fois plus que le pain de la vie, car tu n'as point été moissonné par une main humaine, aucun labeur inexorable ne t'a broyé, c'est le Dieu mauvais seul qui t'a porté au moulin du cimetière afin que tu deviennes le pain de la révélation[6]. »

L'hostie chrétienne se mêle à l'essence des mages.

Le prête mange et boit ; puis accomplissant enfin la promesse de sa secte, il extirpe du retable sa croix, met en loques ses vêtements sous ses pieds nus et crie : « Croix, je t'opprime en souvenir des anciens Maîtres du Temple.

« Je t'opprime parce que tu fus l'instrument de torture de l'Eon Jésus.

« Je t'opprime parce que ton pantacle oppose une promesse de supplice et de honte pour qui se hausse hors de l'humanité, répudie la condition d'esclave.

« Je t'opprime encore parce que ton Règne est fini, qu'il n'est plus nécessaire aux hommes de s'enfoncer dans les ténèbres et la douleur, mais qu'ils doivent ressusciter enfin pour saluer l'esprit de Manès qui est le Paraclet. » Puis regardant la pompe ecclésiastique éparse sur les marches et les dalles :

« Toi qui veux rappeler, par les dorures et par l'ampleur, qu'il y a des pouvoirs humains et des maîtres hiérarchiques, toi qui cèles l'auguste nudité seule agréable à Dieu et à la Dame, toi qui prétends faire croire, selon le mensonge de Pierre le faux apôtre, que l'exostérisme vaut mieux que l'ésotérisme, laisse à la chair glorieuse, — ô livrée qui n'est, malgré tes chamarrures, sur elle, que de l'ombre, — sa splendeur et sa lumière ! »

Le long silence semble troublé par le bégaiement de l'aurore aux vitraux ofiensés.

Et le prêtre, de la voix cadencée et monotone des incantations :

« Vie, écoute ; Mort, parle.

« Têtes puissantes vous qui fûtes l'Orient saluant l'Etoile d'Occident, Jésus annonciateur de Manès.

« Toi d'abord, Gaspard, ô très cruel, toi qui apportas, de l'or à nos pauvretés, livre-moi la sagesse de l'Avenir, apporte-moi le métal précieux du Conseil.

« Toi aussi, Melchior, vieillard orgueilleux, longue barbe semblable à la pâle Lune, toi qui offris l'encens à l'humilité, exalte ma sécheresse, fouaille ma lâcheté, enivre ma défaillance.

« Toi enfin, Balthazar, toi plus proche de moi, ô luxurieux ! tu aimas la reine de Sabba jusqu'à en mourir, aux pieds de la pureté tu répandis la myrrhe ; effréné la passion toute-puissante en mes sens rajeunis, marie-moi avec le Vertige afin que je sois inspiré sinon par la Grâce, du moins par l'irrésistible Désir.

« Chacun des trois livres est en face des trois crânes. Que les crânes aussi morts que les livres m'expliquent la vie.

« Ma main guidée par vos fantômes, en feuilletant ces pages éteintes, découvrira en trois versets les trois flambeaux de mon avenir ! »

Et la main du prêtre, conduite par de mystérieux effluves, fend chaque livre après avoir baisé d'une lèvre en fièvre le maxillaire édenté du mage initiateur.

Le parchemin, bordé de lacs de soie alternativement verts et jaunes formant sur la tranche du rouleau une longue touffe latérale et multicolore, s'ouvre, ici ou là, car chaque lac correspond à des passages et à des figures symboliques.

En voici quelques exemples relevés par M. Jolibois, archiviste paléographe de la préfecture d'Albi :

« Après le soleil se lèvent les étoiles, puis de nouveau revient le soleil. De même ton courage qui fléchit te viendra de Dieu avec la lumière. »

« Sur mer le vaisseau bien gouverné arrive au port, tu atteindras aussi ton désir, si tu invoques Dieu. »

« Les vents sont légers, prends garde aux tempêtes, ne te mets pas en mer. »

« Tu veux te jeter dans une forêt sans issue et pleine de serpents. »

« Garde-toi du grand Lyon. »

« Invoque Dieu, tu ne craindras pas la mort. »

« En ce moment le sort t'échappe, il ne te répond pas ; viens un autre jour le consulter et il te dira la vérité. »

« Tu dis que tu crains : tes ennemis tomberont et tu seras meilleur. »

« Tu veux fuir la lumière pour les ténèbres, prends garde de te créer des inquiétudes. »

« Le moment venu, la chienne mettra bas six petits : de même pour ce que tu recherches le courage te viendra et tu obtiendras satisfaction. »

« Tu recherches la richesse, c'est dangereux, mûris ta résolution et attends sagement. »

. . . .

« Voilà les sorts des saints Apôtres qui ne trompent jamais. »

Et telle fut l'antique messe Albigeoise, la messe « vaine », car elle avait ritualisé la sensualité et l'orgueil.

II

LA MESSE SACRILÈGE DE L'ABBÉ GUIBOURG[Z]

La magie vers la moitié du XVIIe siècle est si profondément ancrée dans les mœurs que des paroisses sont vouées — et non pas secrètement — au su de tous, à l'accomplissement ritualisé des maléfices. L'église du Saint-Esprit sur la place de Grève entend des messes pour causer la mort des personnes détestées ; d'autres cérémonies empêchent encore les voleurs de fuir. L'abbaye de Montmartre, au sommet de la montagne, voit, le vendredi, les pèlerins de Sainte-Ursule l'envahir. Là un tableau de « Jésus et Madeleine » est le point de mire des hommages. Madeleine y dit à Jésus : *Rabboni...* etc. Ce mot (Rabboni, maître) devient un talisman, bien plus un personnage, bien mieux un saint. Les femmes, agitées par des inquiétudes de ménage, vont là-haut prier saint Rabboni de « rabonnir » leurs mauvais maris, parfois sans doute leur demandant de les « rabonnir, jusqu'à la mort ».

La foi n'est pas absente, mais rapetissée, mise à la geôle : on ne sait quoi de morne alourdit les âmes, épaissit l'entendement. La messe sert à tout. Dieu qui descend dans l'hostie doit infuser à ce qui avoisine ce miracle une force incomparable. Superstition qui veut une fatalité dans les dons du Christ et, profitant de cette infusion d'un dieu en ce pain et en ce vin, l'oblige dès lors à fortifier les adultères, les honteux négoces, la prostitution, le massacre — et jusqu'à la puissance des démons. Poussés par des grands seigneurs libertins ou ambitieux, des bourgeois curieux, le sorcier et la sorcière, prêtres, femmes de joies, aventuriers et sacristains glissent à d'odieuses et niaises pratiques :

courtiers d'amour, maîtres chanteurs exploitant le cadavre futur auprès de celui qui, lâche, leur confie le soin d'assassiner pour lui ; marchands de poudres abjectes, détrousseurs de cimetières, voleurs de marmots, frôleurs d'hosties. Décidément ce siècle manqua de grandeur et il fut monotone. Le pittoresque manie y affecte un tel air cafard qu'on la vomit.

Cependant la messe noire y évolua d'une abjecte façon et je me dois d'inscrire ici l'office de Guibourg, dont l'érotisme sanglant s'encrasse d'avarice et de servilité.

Guibourg n'est pas le seul prêtre noir de son époque abondante en courtisanerie de laquais sacrilèges. Gille Lefranc, évêque, Davot, Mariette, Lesage qui fait office de clerc[8] et tant d'autres, ne se contentent pas, vêtus du surplis et de Fétole, d'asperger d'eau bénite la riche ambitieuse sur la tête de qui repose l'évangile des rois. C'est préliminaire simagrée que les pigeons brûlés, la passion de N.-S. lue les pieds dans l'eau, le mystère de la quarantaine » enseigné par « l'apostolat des Sybilles », le livre des conjurations et des blasphèmes placé sous le calice afin d'en être fortifié. Le complet blasphème fait resplendir la messe de l'enfant égorgé sur la nudité lubrique de la femme.

…Les acolytes de Guibourg sont allés boire au cabaret : les uns manient sur une table envinée, cartes crasseuses ou dés faussés, d'autres jouent aux boules ; mais l'enjeu, c'est toujours le gain d'un sacrilège.

Cette fois, c'est pour une grande dame, une ardente pécheresse ; le sacerdote opère rue Beauregard, non loin de Notre-Dame de Bonne Nouvelle. Pour qui ? la d'Argenson, la de Saint-Pont, la Bouillon, Luxembourg, Vendôme, ou encore quelque Lord (Buckingham peut-être) jeune et déjà las des laïques voluptés ? En tout cas l'autel vivant, celle qui doit venir, pour qui, sur qui, en qui le Jésus damné va descendre, corps et sang, — sang surtout ! — c'est sous luxueux vêtements une nudité païenne, au sein de plénitude et de vigueur, aux hanches larges et profondes des Danaé où pleuvent les voluptés de Louis XIV — Jupiter… Ne serait-ce pas la Montespan ? Elle n'a point parlé à la vicieuse fillette, enfant de la magicienne qui ouvrit discrètement et salua très bas ce masque impatient et parfumé… Au fond d'un jardin, loin des bruits et des distractions, un pavillon tendu de noire étoffe. C'est là. Une hâte convulsé les lèvres du masque : « Malheur à Lui s'il résiste… mort à Elle… je serai reine. » Elle déchire sa robe, avec l'emphase des anciens prophètes qui — au nom de Dieu, non pas comme elle au nom du Diable — mettaient en pièces leurs vêtements. Ah, la Voisin, l'affreuse sorcière, élève de Brinvilliers, doit l'avoir reconnue. Certes une telle créature, qui la comparerait à ces trop timides ou moins belles sacrilèges, n'osant se livrer toutes, et, hypocrites ou demi-consentantes, s'étriquant seulement à un retrousis jusqu'à la gorge irritée ? Non, celle-là risque tout, voulant tout ; et elle y met cette fougue, cette sincérité dans l'atroce dont ne disposent point les coquettes curieuses, se faisant dire une petite messe niaise sur un bout de peau comme on ne demande, par économie, à la somnambule, que le « petit jeu ». Sa chevelure flambe. D'un seul élan, elle s'est étendue, impudiquement fière, sur le grossier matelas recouvert de ce drap sombre qu'on jette sur les cercueils ; sa tête pend, soutenue d'un oreiller, contre une chaise renversée ; les jambes au dehors glissent et comme un monticule de chair, le ventre saillit, plus haut que la gorge, capital, divin.

Le prêtre la regarde, tranquille, avec cette sorte d'indifférence des horribles sacrificateurs, lorsqu'ils n'ont pas encore pour tenailler leurs nerfs l'ivresse du sacrifice. Lumineux dans le noir du masque, les yeux de l'autel vivant fixent le prêtre : « Tu vois bien, vieux Guibourg, tu faiblis ; n'es-tu pas ivrogne ? Celles qui se confessèrent à toi ont épuisé ton énergie ; ta concubine qui depuis vingt ans t'attend au sortir des églises t'a fait ce visage hébété, où éclate seule d'un rouge de lie populaire ta laide trogne... Sauras-tu ? »

Mais Guibourg sans l'écouter a revêtu l'aube, l'étole et le manipule ; son œil louche lance une basse lueur :

« Sois respectueuse et assurée — ô trop altière femme ! j'ai soixante-dix ans, mais j'ai tellement bu et mangé les mets du Prince des ténèbres que mon âme, victorieuse de l'âge et de la mort, sait par un miracle rajeunissant affermir une chair ridée et fléchissante. Aie foi en l'alliance de Christ et de Lucifer qui s'accomplira sur toi. Fertilise ta fureur, où mugit l'impitoyable Vénus, par les mérites de cette alliance. L'opération du sacrilège te nantira Déesse, toi qui cependant ne convoites que la moitié d'un sceptre ! »

Déjà ce n'est plus Guibourg, le titubeur des alcools de banlieue, c'est l'homme de Satan, le renégat haussé à une majesté farouche à force d'avoir sondé les abîmes de la crapuleuse obscénité. La femme nue s'est rallongée dans le silence ; et le seul bruit dans le pavillon solitaire, c'est le rhythme sourd de son cœur et de son ventre gonflés. La petite Voisin étend une serviette sur cette charnelle colline, une croix s'insinue entre les globes dardés ; le calice s'incruste près des cuisses.

La messe commence ; la lèvre torse du pontife baise l'autel frissonnant… La minute de la consécration approche. Alors la porte s'ouvre ; la Des Œillets entre, tenant entre ses bras un paquet qui bouge et glapit. « La victime ! hurle le prêtre, apporte la victime ! » Les langes tombent et une chair débile et toute blanche, où coule un peu de bave, luit comme une hostie innocente dans la noire salle. Un canif tremble aux doigts du prêtre ; voilà que l'enfant, contre le monstre, s'accroche aux vêtements sacrés gracieusement. Alors Guibourg chuchote

« Notre Seigneur Jésus-Christ laissait venir à lui les petits enfants. Aussi j'ai voulu que tu viennes, car je suis son prêtre et tu vas par ma main, que tu dois bénir, t'incorporer à ton Dieu. »

Ceci dit, il frappe. La tête « languissante » se penche, miniature du Divin Mis en croix ; de la blessure tombe à flots le sang dans le calice et sur l'autel qui houle. La femme détend ses bras, qui s'écartent du corps, symbolisant le supplice surhumain de Jésus, eux qui forment avec le tronc pantelant une croix de luxure, où luisent, par chaque poing, les clous colossaux de deux candélabres allumés !... Puis le frêle cadavre enfantin vidé, tordu comme une éponge de chair, la Des Œillets le reprend, en arrache les entrailles qui doivent servir à d'autres enchantements.

Guibourg remue dans le calice le sang et le vin. L'hostie rompue épaissit le liquide rosâtre embourbé d'une poudre criminelle, os d'enfants broyés, cendres sans baptême. Telle doit être la matière du sacrement !

« Ceci est mon corps, ceci est mon sang, » prononce-t-il.

Il boit ; l'autel boit aussi ; la sanguinolente rosée inonde les lèvres, le ventre, les seins d'un divin flux de meurtre. Le drame palpite maintenant dans les trois mondes, sur terre, au ciel et dans les enfers. La Voisin, sa fille, la Des Œillets se penchent sur le définitif sacrilège qui s'achève par l'orgie d'un sacerdoce enragé secouant d'une étreinte le vivant autel parmi le ruissellement de Jésus-Christ !

Dégoûtantes pratiques, mais non inutiles, car Montespan, en disgrâce, le lendemain d'une messe regagnait, on eût dit par miracle, le cœur de Louis XIV. Seule son ambition dernière fut déçue ; convoitant le diadème, elle ne conquit que le roi.

Quand se inabille l'affreuse courtisane, non contente de cette cérémonie où Satan lui transmit ses pouvoirs — ô blasphémante ironie ! — par l'obéissante humiliation du

Christ, elle emporte une arme qu'elle croit plus sûre que son inexorable désir, le mélange effroyable du calice où, pour grandir la royale concupiscence, s'ajoute du rut masculin et féminin, du sang mensuel et de la farine. — PATE CONJURATOIRE ! tel était le pharmaceutique nom de cette innomable potion.

Il semble que l'athéisme et le scepticisme moderne aient exalté la messe noire au lieu de l'anéantir.

Si la religion dépérit, le mysticisme se relève, et le culte de Satan c'est du mysticisme encore.

Jésus, décloué de sa croix qui est son trône, son auréole dégrafée de son front douloureux, brille d'un éclat plus fauve, on dirait, qu'aux premiers soirs d'après le calvaire et l'ensevelissement. Blasphémé de tous, par les catholiques pourris et par les renégats impudents, il grandit sous l'universel outrage, plus vigoureux et plus vivant d'être massacré sans cesse et par d'innombrables adversaires.

Il semble que les grands jours prédits du combat acharné et décisif entre saint Michel et le Dragon appartiennent à nos temps.

Du choc de ce nouveau Satan contre Jésus, jaillit un suprême éclair où il y a du soleil, du Ciel et du brasier des gouffres.

Aussi ai-je pensé qu'Ézéchiel et Vintras, le prophète antique hanté par les hontes de Jérusalem et le voyant moderne tourmenté par les épouvantements de Rome, me seraient propices en cette tâche de ressusciter, grandiose, la Synagogue de Satan, sa légende, son symbolisme et le miracle de sa réalité.

III

LA MESSE NOIRE SELON ÉZÉCHIEL ET VINTRAS

Tout autour de la maison de l'Enfer pleurent des femmes ; elles pleurent sur la mort de Tammuz[9] et leur tâche éternelle n'est que de pleurer. Elles portent des voiles de veuves et leurs flancs sont serrés de cilices où elles se roulent soupirantes ; car elles sont destinées à l'amour inassouvi, à la complaisance solitaire, à l'unique joie de se lamenter intarissablement : « Tammuz, disent-elles, que d'autres ont nommé Adonis, toi qui es mort sans cesse, et qui renais, ô aussi cruel que notre cœur ! à seule fin de remourir ; toi notre désir inexpiable, notre inextinguible soif, notre mélancolie savoureuse et sans borne ! toi l'émasculé pareil à ce rut enflammé que nos caresses ne peuvent guérir d'une inquiétude toujours nouvelle, ô Dieu de la débauche mystérieuse, de la tristesse plus mystérieuse encore ! toi qui embrasses d'une lèvre froide, et dont les flammes dévorent paresseusement et qui fais toucher le dégoût au moment où l'on croit atteindre le plaisir, ô Tammuz, toi qui, étant divin, n'es même pas un homme, ô statue du Néant, ô signe du Vide, ô Tammuz creux et désolé comme notre envie et notre désespoir ! »

Quand tu auras franchi le cercle des lacrymantes, tu pénétreras dans le parvis du dedans et à l'entrée de la porte tu apercevras l'idole de la Jalousie.

Une couronne de soucis alourdit sa tête, cache les rides du front aussi profondes que des socs de charrue, chatouille les joues lacérées par les griffes de la maigreur. Elle est elle-même Satan, le Satan femelle qui guette et appelle, prostitueuse et prostituée. Car il doit être jaloux celui qui s'agenouille dans la maison de l'Enfer ! Mécontent irrassasiable, il convoite, loin des hommes qui l'ont dédaigné, le coin d'ombre où opérera royale sa colère, le lieu où, selon la promesse, les derniers seront les premiers, les vaincus écraseront les vainqueurs, les excommuniés régneront dans le sanctuaire, et jusqu'au fond du calice de pureté vomiront et excrémenteront les impurs !

L'idole de jalousie au mortuaire visage s'évase vers les hanches en double flot charnu de concupiscence ; Le jaloux se repaît d'ignobles frairies ; enragé de sentir sa tête vide, son cœur calciné, il fomente dans l'abjection sa voracité de haine et sa fringale grossière de vie.

Les murs de l'Église de Satan[10] s'enorgueillissent de fresques diaboliques qui glorifient meurtre, sacrilège et stérile amour.

Les statues, dressées contre ces murs ou sur des autels adjacents, telles dans nos temples les effigies des saints, révèlent l'abomination d'un vice qui amalgame la monstruosité d'un démon à la beauté tentatrice d'une païenne divinité. Une tare subite déforme la mensongère grâce. Tout autour de la nef, une procession silencieuse et immobile d'infirmes ricane, ctéiques et phalliques, archanges goitreux, martyres bossus, évêques aux tripes crevantes, Astartés dont les seins pendent en outres noirâtres, Apollons aux trognes phénoménales d'éléphant, papes lucifériens coiffés d'une mitre de bouc, Christs aux oreilles d'âne cloués, dos contre face, à un noir priape qui devient une lancinante croix.

Les soixante-dix assistants agitent tous des encensoirs de cuivre où les poisons les plus dangereux cuisent et fument : les solanées imposteuses, la jusquiame, l'aconit, la belladone qui insinuent l'ivresse du Sabbat, la rue, la sabine qui soulagent avant terme des enfantements.

Dans l'épaisse nuée des parfums les Démons doivent choisir les éléments vénéfiques d'une matérialisation.

L'office suprême verra Satan lui-même et les princes de sa cour : Belzébuth, Astaroth, Asmodée, Bélial, Moloch, Baal-Phegor. Ce corps latent de démons, cette vaporeuse liqueur, qui roule déjà leurs âmes, enivrent les fidèles abominables et propagent au fond de leurs sens l'illusion de ces prochaines présences.

Le prêtre à l'autel monte nu[11].

Déjà sur le rétable un bouc à face humaine est apparu, excité par quelques hommages préliminaires, créé par les parfums et par l'adoration.

Le prêtre a ouvert une boîte fermée avec un cadenas[12] ; il en a tiré les hosties servant d'ordinaire aux fidèles.

Le bouc dit au prêtre qui l'encense doublement, pour son caractère sacré et pour son obéissante abjection :

« Allons, Chien, mon sacrifice ; vêts-toi de la mascarade. »

Hélas ! les ornements du sacerdoce sont conformes au blasphème, défigurés par des hiéroglyphes de grimoires et d'obscènes rébus, souillés enfin tout fraîchement et dérisoires sur cette nudité !

Tandis que dans le Livre le sacerdote essoufflé lit d'une voix sourde et rauque, le monstre toujours debout sur le rétable se tord en une affreuse colique de joie, évacue une odeur infamante que hument religieusement les hommes et les femmes rapprochés.

Deux actes seuls sont essentiels dans le sacrifice pour sa validité de messe noire :

1º L'offrande du pain et du vin ;

2º La consécration du pain et du vin.

Un troisième acte est seulement partie intégrante, quoique indispensable : la Communion.

À l'offrande le Bouc pousse deux ou trois beuglements, saute de l'autel à terre, et de terre à l'autel ; puis à la consécration il disparaît dans une fumée noire.

« La puissance irradiée du Verbe au moment où il se fait chair est si irrésistible que Satan et sa horde seraient foudroyés s'ils persistaient en fluidique présence au milieu de leur Église tout à coup transfigurée par l'arrivée du Fils de Dieu. »

Mais dès que Jésus-Christ est emprisonné dans le pain et le vin, le prêtre suant et grommelant ayant chuchoté : « *Hoc est enim corpus meum...* » alors le Bouc reparait, maître de nouveau de la terre et de ce temple.

Indescriptible et honteux délice ! Le Bouc sort de sa gueule convulsée en un ignoble rire une langue qui, aussi laide qu'un pal rouge, pourléche et brûle ses babines ; serait-ce une lave de l'enfer coulant, en sang gluant, le long de son cratère ?

Cette face hideuse se penche vers le prêtre d'iniquité ; et, lui soufflant son infection, elle ordonne encore :

« Allons, Chien, l'hostie ! »

Effaré, l'homme donne l'hostie.

Le Bouc l'a recueillie dans sa griffe tendue ; alors la subodorant avec lenteur, s'en frottant le dos et le ventre, puis y crachant, puis y bousant, il vaticine, en une danse coupée de borborygmes :

« Je te tiens, mon vieil ennemi, je te tiens et ne te lâcherai plus maintenant que ta sotte pitié pour les hommes t'a lié à cette farine ; tu es emprisonné par ton vouloir et ta bonté, pendant qu'à loisir je t'insulte et te piétine, toi qui, remplissant le ciel et la terre, n'a pas craint de te faire aussi petit que cette hostie. Ton prêtre te vend ; ton sacrifice, au lieu de te glorifier, te dégrade ; ton miracle te fait mon esclave ; le pain et le vin de la vie éternelle se changent en ta moquerie ; voulant rédempter tous les peuples, tu n'as réussi qu'à les accabler sous plus de damnations. »

L'église infernale est prête pour le grand prodige, pour l'immense communion du mensonge, du libertinage et de l'horreur.

Renouvelant le mystère de la multiplication des pains, se souvenant aussi de cette apparition de Krishna unique, tout entier à chaque bayadère en même temps, le bouc simiesque, qui ne sait que contrefaire, levant I hostie dégoûtante, glapit :

« Qu'elle soit pour vous tous et que vous tous abominiez dans sa maison le Dieu vivant ! »

Alors les encensoirs tombent des mains convulsées, râlent vers l'autel les hoquets des dernières vapeurs empoisonneuses ; l'assemblée se mêle en folie d'amour etde carnage ; chaque baiser, chaque morsure, chaque coup d'ongle troue pour s'assouvir le bouclier sans cesse déchiré d'une grande hostie palpitante, d'où ruisselle un pus divin et à travers laquelle on se déchire, on se caresse.

Donc selon Vintras la messe noire serait surtout le grand sacrifice qu'accomplit le Bouc du Mal sur l'Agneau du Bien, afin que, de par le sacrifice, la puissance soit au méchant.

Conception peut-être pas très nouvelle de la messe noire ; mais, poussée à l'idée fixe, elle devient magique et solennelle, arc-boutée aux anciennes immolations des cultes passés. Hydre qui renaît. Bête de l'Apocalypse dont la gueule s'ouvre pour dévorer les anciens justes, glaive de Dieu volé par Satan, pour frapper Dieu.

Mais Vintras s'était arrogé un peu arbitrairement la puissance de briser la toute-puissance du rite infâme ; les fluides de sa pensée et de sa prière passaient en bourrasque sur l'Église du Bouc ; il s'imaginait à distance rompre le faisceau des méchants, sauver Dieu, des ultimes profanateurs de par sa volonté de prophète. Cette magnifique illusion fut partagée par le Dr Johannes (l'abbé Boullan), son successeur.

Voilà l'exemple d'une victoire de Pierre-Michel-Vintras-Elle ; elle a la beauté des cauchemars mystiques ; mais je ne lui accorde qu'une médiocre importance de documents.

IV

UNE MESSE NOIRE TERRASSÉE[13]

Le 28 février 1855, dans une petite ville, près de Paris, au fond d'une maison adossée à un cimetière, un occulte conciliabule s'agitait.

Trois personnes endormies du sommeil cataleptique : une jeune fille de vingt ans, un prêtre âgé, un homme viril.

Des fils de fer de diverses grosseurs s'enroulent à ces corps, dominés par l'action des fluides et la possession de certains esprits.

Ces *fils* passent à travers la cloison, en une chambre voisine où trois tables-guéridons entourent une autre table en autel, élevée sur deux degrés. Là, une croix sans christ et la statue d'une déesse nue. Au pied de la croix, un pain pour la célébration des Mystères. À droite, une petite coupe où du sang se fige ; à gauche, un serpent qui siffle sorti d'un bocal. La nuit s'éclaire sinistrement par deux autres vases où grésille une mèche enfoncée dans de la graisse humaine.

Les trois guéridons commencent à tourner avec lenteur d'abord, puis, sous l'influence des quatorze opérateurs, hommes politiques, dominicains, ecclésiastiques avec une furie qui communique le vertige.

Une lettre de Vintras ductilise les fluides du prophète jusqu'aux tables et de là aux sujets où, évoqué, il sera dominé.

Des deux chefs enveloppés de soyeuses douillettes, le premier enduit le fil de fer avec une huile empoisonnée.

Puis il crie :

« Omnipotente Intelligence qui vas t'habiller de nos fluides, révèle-toi. »

L'Esprit apparaît flottant dans l'air embué de maléfices, visage de terreur, serré de bandelettes, corps de brume.

« Je suis Ammon-Ra, répond-il, l'Ammon-Ra de l'Aminti ; je conduis les âmes des morts dans la barque impitoyable.

« Il me faut le sacrifice du grand Dieu des Chrétiens si vous voulez que j'écrase son dernier prophète.

« Que tous ici livrent à un brasier les noms maudits de leurs baptêmes — et je commence le combat. »

Tous, se découvrant, épelèrent leurs noms sur des papyrus que dévorèrent les flammes.

Alors l'Esprit :

« Vous me devez en récompense la chair virginale de la jeune fille endormie.

— Tu l'auras, répondit le chef des opérations ; mais fais que nous recevions ton active puissance comme nous t'abandonnons la nature immaculée de cette enfant. Ne nous cèle aucun de tes dons comme nous te faisons présent de cette vierge souple.

« Possède-la. Nous célébrerons tes voluptés par l'immolation du sacrifice. Soulève et excite le prêtre que nous t'avons consacré. »

La jeune fille entre nue, liée toujours aux fils dominateurs. Elle chante, quoique endormie. Sa grâce est telle qu'une lascivité matérielle émane de sa peau

Alors le chef enduit encore d'huile empoisonnée le fil de fer qui enveloppe le prêtre.

Celui-ci à ce commandement, sans interrompre son extase, vient de lui-même dans la chambre aux guéridons ; autour de lui, en cercle ouvert, les assistants se groupent.

Les crins presque droits, de petites gouttes de sueur brillant à leurs pointes, — la lumière du suif humain donnait à ce hérissement mouillé une étrange phosphorescence, — il laisse tomber ses vêtements, et nu, monte sur la table-autel.

Une joie belliqueuse enivre les opérateurs, sûrs désormais du triomphe.

Mais le vieillard fixe au-dessus de sa tête un point invisible et formidable... Il demeure inerte et muet.

« Consacre ! Consacre ! » hurlaient les hommes.

Le prêtre semble pétrifié, tandis que la jeune fille se tord comme un blanc serpent ; et les cercles de fer sonnaient sur le parquet.

« Qu'as-tu, lâche ? » interroge le chef, en tendant le bras vers le prêtre.

Une sueur glacée ruisselle maintenant de cette victime sacerdotale : « Il y a ici, invisible, un étranger », dit-il,

(C'était Vintras, qui de Londres entravait tout.)

— Réponds, est-ce Lui ?

— Je ne sais, mais j'ai cherché son rayon visuel que les fluides dégagés de cette lettre conduisent jusqu'à moi. J'ai pris la réflexion du feu ardent qu'il porte. Il est mille fois plus puissant que vous ne le croyez. On ne résiste pas en vain à son Verbe d'Autorité. Son commandement — plus fort que le vôtre — m'a couvert d'une onction impérative.

« Maintenant je suis lié par sa volonté.

— Consacre quand même !

— Vous voyez bien que mon corps chancelle, que ma langue s'embourbe, — je n'entends plus que l'onction magistrale de sa parole.

— Consacre, consacre ! »

De nouveau, les fils de fer reluisent sous l'huile infâme. La jeune fille agonisait ; les trois tables recommençaient à virer, vertigineuses. Trois spectateurs roulèrent sur le parquet frappés d'une foudre sans éclair et leurs têtes comme mues par des mains furieuses ébranlaient de chocs infatigables les murs. Le prêtre, en vésanie, bondit sur la table et sa vieillesse tout à coup rajeunie foula la croix maudite, la statuette de luxure, le pain profané... tout fut haché sous ses inflexibles pieds.

Le deuxième chef dit au premier :

« Continuez-vous la lutte et serez-vous de force pour enchaîner cet esprit adversaire que nous a lancé Vintras ?

— Tentons ! » dit l'autre.

Trois assistants s'affaissèrent encore sous le prodige, la bave coulait des coins de leurs babines et ils se mordaient.

« Arrêtons-nous, » dit quelqu'un.

— Non !

Le grand operateur d'un geste muet appela le jeune homme resté seul dans la chambre voisine. Il vint vêtu lui aussi des fils de métal.

La lettre de Vintras toucha le fer conducteur ; un cercle avec le sang humain séché fut tracé, prison magnétique du jeune homme.

Dans la chambre, ceux qui avaient pu se maintenir debout suffoquaient à s'en trouver mal, les cataleptiques se blottissaient le long des murailles. Les tables retentirent d'énormes coups intérieurs.

Le jeune homme resta droit :

« Prêtre, dit-il, viens te mettre sous mes pieds, je suis possédé par sept esprits qui veulent être entendus. »

Or, il était en communication avec le guéridon de la lettre.

« Lutte ! » crièrent les assistants.

Alors, ses efforts furent si impétueux, que le sang lui sortait par les yeux, par le front, par les oreilles. Tel un damné qu'agite et qui combat son tourment, il brandissait le poing.

« Lutte ! » reprit le maître.

Mais le jeune homme était tout à coup devenu doux comme un agneau victimal. Tombant à genoux, les mains en prière, tendues vers l'invisible volonté du prophète Vintras, il s'écria harmonieusement :

« Tu es bien celui qui précède la Grande Justice. »

Puis redressé comme un taureau furieux contre la Horde magicienne :

« Lâches assassins, féroces bêtes, monstres impies, vous entendrez la vérité malgré votre stupeur. Je suis le nouveau Balaam qui prophétise pour celui qu'on l'a envoyé maudire.

« Vos opérations ont échoué, violateurs de la vie, de la pureté des corps, de la vertu des âmes, de l'honneur des esprits.

« Écoutez, princes et dépositaires de l'Église Romaine, et vous, brutes maléfiques, liguées avec eux.

« Hypocrites qui, de votre lever à votre coucher, prêchez la pitié, l'oraison et la foi, cachant sous vos honorifiques vêtures, les huiles essentielles de la prostitution et des cadavres flétris, — Honte sur Vous, et Gloire à votre ennemi le Grand Prophète ! »

Le silence éteignit la chandelle humaine et la jeune femme qu'Ammon Ra avait possédée mourut.

V

CÉRÉMONIES POLITIQUES[14]

Voici d'autres documents transmis par Johannès ; je les restitue à peu près dans les mêmes termes emphatiques et crédules, voulant leur laisser leur bizarrerie plus poétique certes qu'historique.

« Les historiens les plus perspicaces sont impuissants à pressentir pourquoi la France osa attaquer la Prusse en 1870.

« Aux évocations, il faut en demander la vraie et décisive raison. Tous les esprits évoqués, — et l'on évoquait beaucoup aux Tuileries, surtout l'Impératrice, je l'ai appris du Père Ventura, — annonçaient la chute de l'Empire, pour le mois de septembre.

« Comment conjurer le danger ? La guerre parut être le moyen de salut ; en vérité, elle était la cause de la chute.

« La Prusse disposait d'une puissance évocatoire bien supérieure. Dans toutes les cours, sachez-le, on évoque. La cour romaine, à cause de son sacerdoce, depuis des siècles, dominait toutes les autres. À l'heure actuelle, il n'en est plus ainsi ; cela est dû à mon prédécesseur (Vintras), le gérant des pouvoirs d'En Haut.

« Maintenant, la plus grande force en politique est à la cour de Russie.

« Voici le résumé des dernières opérations de Napoléon III.

1. La première nuit après avoir laissé derrière soi les tours de Notre-Dame, Napoléon se demanda dix fois s'il avait bien pris la bonne voie. Alors, il fit son cercle kabbalistique, il s'oignit de ses huiles préparées, il revêtit sa triple chaîne magnétisée par Home.

« Il tira d'un étui d'or les trois aiguilles du cadran des mois, des jours et des heures kabbalistiques, puis, humectant son front de chrême théurgiste, il évoqua :

« L'Esprit des causes.

« L'Inscripteur des effets.

« L'Affirmateur des lois dominantes.

« Adoina parut, — c'est le génie des criminelles souillures — il confessa la présente opportunité, les avantages de l'idée, l'adresse de l'exécution.

Pinfenor, — le menteur quand même, — chanta son empire sur les oppositions dominantes, sa force sur les influences hostiles.

« Benhaenhac, — l'excitateur des passions, — avoua qu'il était grand temps de prendre ce parti de haute prudence ; qu'un nouveau baptême de l'Empire se préparait[15].

« L'Empereur se coucha ; dans la nuit, il eut des songes contradictoires aux affirmations des trois Démons.

2. La nuit qui suivit, il ne put se livrer au sommeil sans consulter les génies de sa famille et de son nom.

« Luhampani, — protecteur de la Vendette, — fat appelé le premier.

« C'est sous la carapace d'une tortue, qu'il se manifesta.

« Une goutte d'huile oint la carapace et une odeur dénonce la présence de l'Invisible. Une feuille de vélin, préparée par les frères Davenport, fut remplie en un clin d'œil[16].

Le chef des armées lut les signes et dit, joyeux : « Je les tiens, maintenant. »

« On recommença. La carapace traça neuf lignes, ayant été frottée d'un onguent rose, tiré d'un étui d'or.

3. L'Empereur prit dans son portefeuille deux petites cartes. Sur l'une étaient photographiées trois têtes de femmes, sur l'autre trois têtes d'hommes. Il ouvrit son étui d'or, en tira six petites dents qu'il roula dans ses mains. Il en plaça trois sur les têtes de femmes, trois sur les têtes d'hommes ; la carapace les recouvrit. Il enleva encore de son cou sa chaîne et un médaillon et les jeta sur la tortue ; malgré des passes réitérées, il n'obtint que le silence.

« Il persista. — Les signes les plus sinistres furent annoncés.

« Il s'acharna. — Tout fut balayé et jeté contre terre, carapace, dents, cartes, médaillon, chaîne.

« Alors il dit :

« Depuis le 1er janvier de cette année, cet esprit ne me fait que de l'opposition. »

« Il se coucha. Dans son sommeil un Ange écrivit en signes hiéroglyphiques cette première condamnation :

TA COURONNE SERA MAINTENANT L'ÉPOUVANTE.

« Au Vatican, la même nuit, le front des Pontifes et le front de la Cour Romaine furent marqués d'un Thau, celui de l'Épouvante.

« Il m'a été permis de connaître, continue l'abbé Boullan, la grand sacrifice offert récemment en Prusse, par les chefs revêtus du pouvoir suprême.

« Il s'agissait de savoir jusqu'où irait leur prochaine victoire.

« Un homme fut tué, le sang recueilli fut versé sur une carte qui avait été préparée sur une table magique. Le sang couvrit la partie de la France qui sera envahie dans la prochaine guerre.

« Tout à coup, le sang s'arrêta, à la stupéfaction des nombreux assistants. On fit des commandements, on multiplia les conjurations. Rien n'y fit.

« Le lieu où la victoire des Prussiens prendra fin n'est pas connu. Je le sais par des voies, de Dieu d'abord, puis d'une révélation qui me fut faite sur ce sacrifice.

« Je pourrai montrer ce lieu, en temps favorable, à ceux qui aiment assez la France pour croire à sa haute destinée. Alors, j'ajouterai tous les détails qui complètent ce grand fait d'ordre politique »

Hostie consacrée par Vintras (Stratanael-Élie) (Et servant au Dr Johannes pour combattre les messes noires.)

HOSTIE CONSACRÉE PAR VINTRAS (STRATANAEL-ÉLIE)
(Et servant au Dr Johannes pour combattre les messes noires.)

La mort a scellé la bouche de l'étrange Johannès, mais qui pourrait nier l'éclat livide de ces flammes qui surgissent çà et là dans cet extraordinaire rêve, qui déroule et heurte les hypothétiques magies du mélancolique Empereur. Nul, certes, en plus trouble lyrisme, ne symbolisa cet esprit de vertige et d'erreur qui, selon le poète Racine, accélère la chute des Monarques.

1. ↑
   > Sathan, dépouille enfin ton épais moyen âge
   > Sois svelte et mélancolique, rappelle-toi
   > Ta jeunesse à l'Inde et la Grèce et le visage.
   > Du suave Iacchos que tu fus autrefois.
   >
   > *Les Noces de Sathan.*
2. ↑ L'*Aventure d'une Âme en peine* de M. Gilbert Augustin-Thierry m'a mis sur la bonne piste de ce rite mémorable ; je dois dire aussi que dans *Être*, de M. Paul Adam, farandole un impétueux Sabbat.
3. ↑ Voir les visions de Catherine Emmerich.
4. ↑ Les calliarres célébraient leurs cérémonies sans lumière.
5. ↑ Doctrine albigeoise issue de certaines gnoses.
6. ↑ Il y a, dans Épiphane (Hæres. 66), des lignes qui prouvent le grand respect des manichéens pour la nature entière, leur quiétisme monacal et leur crainte en touchant à la terre de meurtrir un Dieu.
7. ↑ Je délaisserai les vieilles histoires rebattues de Gaufridy, d'Urbain Grandier, du jésuite Girard. Je me contenterai de citer selon *Là-Bas* l'abbé Beccarelli qui, suivi de douze Apôtres et de douze apostolines, distribuait en guise d'hosties des pastilles qui donnaient aux sexes l'illusion d'être transposés, le prêtre Bénédictus (XVIe siècle) qui cohabitait avec la démone Armellina et consacrait, la tête en bas ; et le carme déchaussé Jean de Longas (1743)…
8. ↑ Tous les soirs, chez la Voisin, cet aigrefin empoisonneur donnait à sa maîtresse une comédie dérisoire et même inoffensive. Pendant quarante jours il se travestissait d'une jupe noire sur laquelle tombait une chemise blanche ; mouillant à des verres de cristal des branches de laurier, il faisait allumer deux cierges sur un autel improvisé adorné d'une croix ; il célébrait la messe se servant d'un des verres comme calice et disait en faisant le simulacre de la consécration sur l'hostie : « Seigneur, je vous offre cet holocauste, en attendant, comme je vous le promets, qu'il vous soit offert par les mains des prêtres. » Préparation carnavalesque au mystère infâme.
9. ↑ S'en rapporter à Ézéchiel.
10. ↑ Ézéchiel, ch. VIII, v. 8, 9, 10, 11.
11. ↑ Voir J.-K. Huysmans, *Là-Bas*, l'extraordinaire et inoubliable messe noire à laquelle assistent Durtal et Mme Chantelouve (de la page 365 à 383). Je juge inutile de revenir sur les détails définitifs selon l'art et la science apportés par le romancier inspiré ; je ne ressuscite que la plus excessive thaumaturgie satanique qu'il semble avoir délaissée. À lui

d'ailleurs je dois la documentation de l'office ténébreux et de l'office qui le combat, sans compter son exemple qui guida mon style.
12. ↑ Document de la 1re classe, extrait des archives de Vintras.
13. ↑ J'ai interprète ici un extrait des archives de Vintras communiquées à M. J.-K. Huysmans.
14. ↑ *Documents de l'ordre politique pour M. Huysmans.*
15. ↑ Ceci fait allusion à la chute de l'Empire annoncée par les esprits. (Note des documents.)
16. ↑ Napoléon III avait reçu des leçons des deux Américains et Home était reste un mois aux Tuileries. (Note des documents.)

———————

CHAPITRE IV

LA RIDICULE ÉPOUVANTE DES LARVES

I

Il ne faut point confondre les Larves abjectes avec les scintillants esprits des éléments[1]. Les Larves, — non point des êtres, mais des embryons d'êtres — ne sont que vouloirs ou rêves humains précipités hors de leurs gaines astrales, miettes de pensées, détritus de colère et de haine, déchets d'âme imparfaits et maudits, damnés dans le sens vrai de ce mot qui signifie la dissolution éternelle. Ces Larves s'élèvent du sang répandu par le criminel, Remords qui, vivant de l'ancienne vie de l'assassiné, le persécuteront en fantômes ; elles s'échappent en une buée néfaste de la blessure mensuelle des Vierges et des Epouses, elles grimpent autour du Chaste, personnifiant son désir effréné ; elles maculent le solitaire par de libidineuses extases qui les multiplient encore. Elles habitent et s'entassent partout où les appellent une paresse, une inertie, une langueur, une maladie. Autour du méchant elles grimacent et bondissent, animées de sa fureur, messagères de ses malédictions. Autour du débile, du maniaque, de l'insensé, attirées comme par un aimant de vide et de défaillance, elles pullulent, aggressives, réalisant leur plan de destruction et leur frénésie de voracité.

Ce sont les Démons Sataniques de l'Église.

Démons qui tourmentent sans cesse tout homme n'ayant pas la vaillance de s'asseoir au delà de la sainteté victorieuse ou pour qui la chair n'est plus un suffisant bouclier. Ils éprouvent la volonté et même la santé de celui qui cherche à s'émanciper des hideurs d'ici-bas. Démons, esclaves momentanés de celui qui pratique le mal avec intelligence et conscience, mais qui au soir suprême de sa vie se partageront son âme comme des voleurs un banquet laissé par un fugitif. Mieux encore : lorsqu'au dernier souffle du Pervers, son corps se détend comme une prison dont les portes s'ouvrent, lorsque le geôlier divin l'Esprit[2] a regagné, mélancolique, les demeures célestes, — ange gardien dont la mission est finie, — le grouillement lâche et cruel du « moi » infâme apparaît dans sa sidérale noirceur, nœud de vipères, confusion de larves, nuée de démons prêts à rejoindre dans l'invisible leurs frères et leurs sœurs afin d'augmenter la pestilence psychique d'ici-bas.

« La lumière astrale, » l'âme du monde, le grand courant de vie qui porte les forces pures de l'homme et de l'univers — Eliphas Levi a appelé cela, le Diable[3]. Il a mal vu, ne se haussant pas au-dessus de la sorcellerie confuse, ne pénétrant dans la magie que par cette seule porte basse que lui laisse l'Église, — la porte de Satan. Le diable n'est point le Dieu Pan, l'immense Androgyne au double mouvement, au double sexe qui palpite dans le monde. C'est le Verbe seul qui est le Dieu Pan, — le Λογος des gnostiques, l'Adam Kadmon des Kabbalistes. L'Esprit de lumière, l'Esprit de vie ne peuvent se nommer sans profanation et blasphème, le Diable. Le Diable, c'est l'esprit de ténèbres et de mort, l'esprit, que dis-je ? l'ombre de l'esprit. Le Diable, définissons-le la collectivité des larves, l'énorme et incohérent vouloir qui fermente dans le péché du monde. En lui &e mordent et se déchirent antiques et neufs sophismes, perfides cogitations, sinistres efforts, rêveries malfaisantes, gestes dépravés, gâtant la Lumière depuis qu'il existe un homme. Il est cela, le Diable, et rien d'autre. Il est cette nuit, cette guerre, cette vulgarité, cette puanteur. Autour de la terre, serpent aux écailles de phosphore, il enroule tristement sa bestialité qui, aux yeux des voyants, des médiums et des poètes, se coagule et se dissent en grotesques chimères, en fauves qui grondent et bavent, en monstres obscènes et infirmes, en insectes, falots et stercoraires, en tortillements de fuligineuse menace.

Certains Kabbalistes prétendent même que le mal vil, les passions inférieures trouvent leurs symboles et leurs sanctuaires dans les corps des animaux malfaisants. Selon leur hypothèse, de même que l'homme idéal fut créé à l'image de Dieu, de même les bêtes répugnantes furent créées à l'image du Diable.

Il n'y aura plus de serpents et de panthères quand s'établira dans la planète le Règne de l'Esprit et de l'Amour

II

De même qu'on doit distinguer les élémentals des dix cohortes des Esprits du Ciel, il faut séparer Satan[4], le péché des hommes, de la chair et de la terre, il faut séparer le Diable, de Lucifer et de ses dix cohortes sidérales révoltées. — Ces esprits tombés ne sont plus la légion de Satan mais l'armée de l'Antéchrist.

Lucifer c'est un fatal Archange, l'Antéchrist c'est un horrible Messie[5] ; mais Satan n'existe point par lui-même, il est le Chaos, la détresse du Fœtus énorme qui ne devient jamais l'Enfant.

L'existence des saints et des saintes se hérisse de l'assaut dérisoire et criminel des larves. Frappées, liées, traînées par les cheveux, fracassées avec une frénésie telle contre le sol et les murs qu'on les dirait choisies par quelque sournois géant comme massues, les Saintes, à la cuisine, à l'église, au lit, sentent le piétinement de ces furibondes qui tantôt mordent, tantôt, plus atroces, lèchent. Troupeau qui fait trébucher le corps ne pouvant culbuter l'âme, hurle des vomissements de syllabes, brise les meubles, empeste d'une odeur anticipée de cadavre la victime résistante[6]... puis c'est encore — car la grâce peut céler l'ignominie — un bel enfant serrant contre sa blancheur nue une croix de roses, promesse de blandices et de voluptés morbides qui, souriant, s'accroupit au pli du drap râpant l'ascétique cuisse[7].

La hantise de ces fantômes déséquilibra bien des cerveaux indomptables. Paracelse, adepte illustre, couchait toujours avec un sabre de bourreau dans son lit. Parfois, au milieu de la nuit, il s'éveillait, redoutant au détour d'un cauchemar l'embuscade hostile. Alors il se dressait, épimane. L'arme au poing, il fourrageait l'atmosphère, peuplée de menaces ; bientôt, épuisé de fatigue, il s'arrêtait le front en sueur, ne découvrant plus autour de lui que têtes, bras ou jambes fluidiques, délabrés et pourfendus, un sang magique et douloureux.

Parfois les larves l'emportent, jusque dans la maison de Dieu. La légende nous a conservé les mésaventures d'un prêtre qui en était venu à ne pouvoir prononcer le saint sacrifice, traqué par elles, dérouté par leurs facéties, jouet, malgré les Apparences sacrées, de leur sotte nargue. Elles tuent aussi, ces vénéneuses filles de Satan. Madeleine

Bavent, du monastère de Louviers, mourut d'elles beaucoup plus que de l'inquisition cléricale, quoi qu'en dise Michelet. Ses aveux nous terrifient, révélant la malice bouffonne du Vertige. Bêtes immondes et carnassières, coalisées avec de salaces confesseurs, elles ne lâchèrent pas la pénitente même en les prisons de Rouen, au milieu des agonies. Souvent un chat lui mettait deux pattes sur les épaules, deux pattes sur les genoux et approchant sa gueule de la lèvre émaciée, ricanait avec le regard des vampires, fouillant jusqu'en le gosier pour voler l'Eucharistique Pain. Hyptonisée, elle ne peut se débattre, victime du félin qui grandit en incube, la conquiert après lui avoir pris son Dieu. Les suggestions du vieux prêtre David, celui qui prétendait qu'il fallait faire mourir le péché par le péché et sous ce prétexte obligeait les plus vertueuses à danser toutes nues au chœur et au jardin, exaltaient l'érotisme latent de cette mystique. Cet « adamite », usant de son prestige sacerdotal, écrasait cette âme afin qu'elle ne fût plus que pâte à lubricité, boue de sacrilège. En ce marécage, les microbes de la dépravation naquirent spontanés, et un noir vol de bestioles faméliques venues de tous les abîmes, les féconda. Le curé Picart, après la mort de David, activa la pourriture du couvent. Madeleine n'était pas plutôt au confessionnal qu'on l'y harcelait. Elle voyait un petit cerf avec des ailes arrêté sur la grille, et qui se jetait sur elle dès qu'elle voulait parler. Il lui pesait autant qu'une maison ; il lui cognait la tête aux parois ; au parloir il la renversait par terre. Changeait-elle de place, elle était maltraitée plus encore et jusqu'à faire compassion (*sic*). Les coups qu'On lui donnait sonnaient dans le silence du couvent ; celles qui accouraient la voyaient livide et meurtrie, plombée, ignorant le poing de ces fantasques gourmades. « Une telle vie ne méritait pas d'être conservée, étant ennemie de Dieu, » écrivait l'infortunée Madeleine Bavent, encore plus humble s'il se peut qu'humiliée.

III

Tous, nous subissons ou avons subi l'assaut de l'invisible meute, la morsure des chiennes de l'Hadès. Peu, sauf les Philosophes, ont senti la virginale présence des Fils des Éléments. Il n'y a guère que les plus hauts messies qui aient communié avec les esprits célestes[8].

Combien de fois un inexprimable malaise s'installe, imprévu, dans nos nerfs, grignote notre cerveau, soulève irrésolument notre cœur, pousse notre volonté à d'insipides caprices. Tout nous-même se révolte d'être violé dans son intimité secrète, perforé, anéanti par d'horribles et stupides inconnus… On a peut-être ce jour-là trop rêvé, pas assez réalisé d'efforts, trop ouvert sa personnalité aux quatre vents de l'universelle bêtise. Et voilà qu'on divague doucement, niaisement. Les mains cherchent en vain l'objet devant soi ; la mémoire fêlée perd toute raison d'agir, le vertige gagne l'intelligence, non pas le vertige des choses hautes dans l'élévation ou la profondeur du Ciel ou de l'Abîme, mais le vertige amollissant de l'hébétude et du gâtisme, le trouble hagard, la hantise du rien.

Les hommes de santé et de force, surpris d'abord par cette vile influence, repoussent d'un roidissement de l'âme le torrent du Diable, comme un roc résiste à une vague qui l'avait d'abord enseveli. Mais les natures déjà oscillantes s'ébrèchent à la tentation occulte qui grandit. La Bête impalpable, insinuée, mange et boit le fluide vital. Si la passivité et la peur continuent, la manie taraude le cerveau de ses aiguilles obstinées jusqu'au moment où, la conscience ébranlée, s'élargit encore la fissure par laquelle avec fracas la folie entre, s'installe, — la folie, troupe de larves[9].

Aujourd'hui, la suggestion a prouvé scientifiquement l'évidence de ce phénomène. Une parole, un geste, quelquefois seulement une volition intérieure insinuent en un cerveau moins puissant une idée dominatrice qui, comme un être, y vit, y règne, s'empare, despotique, de tout le dynamisme cérébral, de sorte qu'aucune autre idée ne peut germer sauf elle, — il y a « monoidéisme », folie artificielle et momentanée[10].

Le fou, c'est l'expulsé total de lui-même, c'est le possédé, le lit aride et nu en lequel roule conculcatrice la houle des spectres.

Combien d'insanes disent : « Je suis mort depuis tel jour », le jour même où ils perdirent leur raison et leur liberté.

Combien d'hommes aussi qui, sans être enfermés dans des hôpitaux, traînent cependant un corps dégarni d'âme personnelle, auberge pour falotes ambiances, lesquelles s'attablent, ricanent, pleurent, puis s'en vont, cédant la place à d'autres voyageuses, égarées.

Ces hommes, pareils aux fous, sont des morts vivants.

Mort véritable ! Car peut-on appeler mort ce qui n'est que libération normale de l'esprit, abandonnant sa livrée de forçat, — l'envolée de Psyché loin du cadavre ! La réelle mort, n'est-ce pas plutôt l'âme disparue, enfuie, chassée, tandis que le corps continue à vivre d'une vie de plante, de baroques suggestions, scène abandonnée sur laquelle paradent des larves en déclin, vaniteuses et cabotines, sous des colifichets et des bardes de rois, de génies, de héros et de dieux !

IV

Les larves sont imbéciles ; elles jaillissent de cette double corne d'abondance fleurie au front de taureau de la sottise. Une puce se met à siffler comme une chauvesouris, un pou mord en ululant comme un loup. Mais les larves, se métamorphoseraient-elles en éléphants, elles conservent la légèreté fugitive du zéphir. Il faut pour en parler en détail, pour les analyser dans leur absurde néant, se complaire à cette recherche de la stérilité et de l'idiotie, être soi-même quelqu'un de lamentablement et de comiquement embryonnaire, une sorte de larve forcenée.

Or, en ce siècle, les providences choisirent pour cette mission le plus niais, le plus majestueux et le plus poignant des jobards, Alexandre, Vincent, Charles Berbiguier de Terre-Neuve du Thyn, qui écrivit :

LES FARFADETS

ou

TOUS LES DÉMONS NE SONT PAS DE L'AUTRE MONDE

et lança cet ouvrage en trois volumes « chez tous les marchands de nouveautés des quatre parties du monde ».

Suivons ce Don Quichotte bourgeois dans sa guerre hyperbolique contre les Malandrins de l'Invisible, afin de comprendre le péril contagieux et mesquin qui attend toute débilité cérébrale penchée sur l'au delà. Berbiguier, honnête homme dans le sens inférieur de ce mot, infecté de la vertu médiocre dont s'honorent les classes moyennes, se crut marqué par le Très-Haut pour révéler au monde les pernicieux prodiges des Larves, nommées par lui « Farfadets ». Tout n'est pas mensonge dans ce tissu d'extraordinaires inepties. Au même titre que saint Antoine et le curé d'Ars, Berbiguier fut molesté réellement. Telle vérité ésotérique, comme le nombre innombrable des mirages sataniques et la présence des démons dans le cœur des hommes vivants, sort d'un amas de sinistres gaudrioles ; je vais le remuer devant vous avec le regret que Rabelais ou Flaubert ne soient plus de ce monde pour s'esclaffer largement de cette incomparable et sincère extravagance[11].

Ce niquedouille se fait tirer les cartes ; c'est l'origine de tout le mal. Désormais les farfadets ne le quittent plus. Des jeux crasseux de la sorcière, le microbe de la fantomanie cabriole et, dans sa gambade, va tomber au fond de ce crâne indigent. Médecins, amis, voisins ou voisines, qui s'approchent de lui, sont tous des farfadets. À travers son récit, ils nous apparaissent, malfaisants et mystificateurs, se jouant de la crédulité de Berbiguier, parfois la vantant, parfois l'insultant ; ce qui revient au même. Ce rabâcheur ne trouve-t-il pas son poète qui rédige une complainte en son honneur sur l'air de : « Plaignez, plaignez le pauvre enfant. » (Alexis ou l'Erreur du Bon Père) ? Il y est proclamé « le fléau des farfadets ».

La victime en effet sait aussi s'acharner sur ses bourreaux, devient le plus féroce Torquemada des démons ; nous étudierons plus loin ses vengeances. Tout d'abord suivons cet historiographe de la larve dans sa minutieuse enquête ; elle nous éclaire sur certains mystères de la basse magie, et cet expérimentateur nous sera utile par sa fatale innocence.

« Les farfadets ont les dehors trompeurs, nous dit-il, ils affectent la politesse la plus raffinée, ils font mille protestations d'amitié, se servent des expressions les plus flatteuses pour ceux à qui ils s'adressent.

« Ils empoisonnent le lait d'une mère, attisent la férocité du soldat, font naître les tempêtes.

« Ils font augmenter le prix du comestible pour rendre le peuple malheureux et l'exciter à la révolte.

« Ils persécutent les animaux domestiques : les chevaux, les bœufs, les ânes, les chiens, les chats, les écureuils, les coqs, les poules, les canards sont en butte à leurs cruautés[12].

. . . .

« L'hiver approchait, j'installai un poêle dans ma chambre, et, pour me mettre à l'abri de la fumée, je fis passer le tuyau de ce poêle dans la cheminée, laquelle fut hermétiquement fermée. Cette opération terminée, j'entendis, à minuit, du bruit au bas de la cheminée ; j'écoutai avec attention et je reconnus la voix du docteur Pinel qui, conjointement avec quelqu'un de sa troupe, cherchait à s'introduire dans mon appartement. Mais j'avais tout prévu. J'avais fermé jusqu'à la clef du tuyau. Je me mis à rire aux éclats, et je leur dis : Eh bien ! entrez, aimable Pinel, avec votre compagnie ; que faites-vous donc dans ce petit réduit ! Ne restez pas ainsi à la porte… Je les entendis chuchoter et proférer des injures, me menacer et dire que les moyens que j'avais employés ne les empêcheraient pas de s'introduire dans ma chambre, toutes les fois qu'ils le voudraient. En effet, ils répandirent dans mon appartement beaucoup de fumée pour m'empêcher de me chauffer et de faire ma petite cuisine.

. . . .

« En passant le soir sur le Pont-Neuf, je vis beaucoup de personnes assemblées qui regardaient en l'air, du côté de l'est-sud-est ; on y voyait une nuée très noire, et chacun en tirait des conjectures qui ne me satisfaisaient pas. Je me permis de dire à tous les discoureurs qui ne comprenaient rien à ce phénomène : « Ne voyez-vous pas que c'est l'ouvrage des magiciens ? » Ceux qui m'entouraient me regardèrent avec surprise.

« Je restai quelques instants encore et remarquai des clartés dans les nuages. Ces éclairs ressemblaient à ceux qui se fabriquent au théâtre. (!)

« En fait, les signes célestes, sont des signes certains de quelque victoire remportée par les magiciens sur leurs ennemis.

. . . .

« Pourquoi ce nombre infini d'animaux de toute espèce, amenés sous mes croisées, que l'on fait agiter de diverses manières, — chantant, criant, sifflant, miaulant, dansant, hurlant, etc. ? Pourquoi sont-ils venus dans ma chambre faire un ravage affreux, sauter sur moi, s'élever sur leurs pattes, battre des ailes ? On eût dit que ces démons prenaient mon corps pour une salle de danse.

« Rentré chez moi, je me couchai de suite ; mais M. Prieur, quoique fatigué, ne tarda pas, comme les nuits précédentes, à s'introduire invisiblement chez moi. Je le sentis s'allonger dans mon lit, s'étendre à ma droite. La précaution que j'avais de placer mon lit tout près du mur, me fit reculer pour lui faire place. Je me disais, d'ailleurs, qu'il fallait être honnête avec son prétendu maître. Pendant ce temps, sa troupe passait et repassait sur mon corps, s'y posait à son aise, et faisait mille attouchements plus sales les uns que les autres.

« Il est bon que l'on sache que les sorciers, qui venaient me visiter, n'étaient jamais seuls, ils avaient le pouvoir de s'introduire par les trous des serrures, par les fentes des croisées, par les cheminées et les tuyaux de poêles : il y avait de quoi rire de voir leurs contorsions. Je disais à M. Étienne : Ne vous gênez pas, monsieur mon maître, il est juste que je vous fasse place. Je voulus lui prendre la main ; mais à l'instant il sauta en bas du lit avec sa troupe ; et faisant encore quelques gambades, ils s'en furent comme ils étaient venus. Je fus enfin libre. Je m'assoupis ; mais de pareils sommeils ne peuvent tranquilliser ni le corps ni l'esprit……

« Un matin, vers les neuf à dix heures, en revenant de la messe, je me souvins que ma blanchisseuse devait ce jour-là m'apporter mon linge. Je mis la main dans mes poches pour me convaincre si j'avais assez de monnaie pour la payer. J'y trouvai deux pièces de trente sous, une de vingt, quelques petites monnaies et un écu de cent sous. Après cet examen je portai la main à ma poche pour y remettre mon argent ; mais avant de l'y renfermer tout à fait, je jetai de nouveau les yeux dessus. Quelle fut ma surprise, lorsque, sur de n'avoir pas ouvert la main dans laquelle je tenais ma monnaie, je vis qu'il me manquait une pièce de trente sous ! Quoi donc ! qu'est-ce que cela veut dire ? je ne suis ni fou, ni ivre, personne n'est à mes côtés et je suis sur un terrain solide ; d'où vient cette subite disparition ? Qui puis-je accuser de ce vol manifeste ? Qui ? eh parbleu les coquins de farfadets qui me poursuivent sans cesse……

« Je fus, un soir, sous les galeries de bois du Palais-Royal. J'avais ma tabatière dans la petite poche de mon gilet ; mon habit était boutonné comme de coutume, et, par-dessus, ma redingote me couvrait entièrement. Personne ne se trouvait autour de moi au moment où je m'aperçus que ma tabatière m'était enlevée ; je ne doutais pas qu'elle ne m'eût été soustraite par sortilège. Je fus tellement inquiété de ce tour de magie, que je fus obligé de renfermer chez moi tout ce que j'avais de plus précieux......

« Ils m'enlevèrent adroitement une de mes boucles de jarretière. Je fus tellement outré de ce trait, qui m'obligeait à acheter d'autres boucles, que je me mis fort en colère contre les monstres farfadéens.

« Mes lecteurs sont peut-être surpris que ces monstres (car on ne peut les nommer autrement), que ces monstres, dis-je, s'introduisent, comme bon leur semble, dans toutes les maisons, se glissent dans les meubles les plus soigneusement fermés ; ils ont même l'adresse de se placer entre la jarretière et la culotte, ils se procurent l'agrément d'être à toute heure du jour et de la nuit dans les appartements, d'assister au lever et au coucher des dames, d'être témoins de tout ce qu'elles font ou disent dans le secret ; de contribuer souvent, par des attouchements qui n'appartiennent qu'à l'époux légitime, à porter les femmes à des actions qui les rendent coupables envers leurs maris, sans que pourtant elles aient de véritables reproches à se faire...

« Je dois observer que je me suis aperçu que les membres de cette odieuse association me travaillaient parfois la tête au point que je suis obligé de convenir en moi-même qu'il ne me reste pas l'ombre d'une idée saine ; j'oublie tout à coup ce que je suis, ce que je fais, et ce qui m'est arrivé à l'instant qui vient de s'écouler.

« Dès lors, je n'étais plus étonné d'apprendre que grand nombre de personnes deviennent folles. La cause de leur aliénation, me disais-je, c'est les persécutions de ces abominables farfadets.

« Ils sont furieux de ce que je dévoile leurs infâmes manœuvres. Ils me troublent l'imagination de manière que les meilleures idées m'échappent au moment où je veux les écrire. Ils cherchent à les dénaturer au point que je ne reconnais parfois pas mon ouvrage. Ils peuvent me priver de cet esprit d'ordre que je garde dans mes écrits alors que mon imagination est tranquille ; mais cela ne m'empêche pas de me rappeler toutes leurs atrocités.

. . . .

« Je prétends donner la preuve contraire de ce que vulgairement on pense sur les causes de mort ou de maladies dont nous sommes atteints. Je dis que quand les coquins persécutent quelqu'un, au point de lui vouloir ôter la vie, ils le prennent à deux mains par le bas du cou, pressent les omoplates sur l'os sacrum, le secouent au point de le faire reculer ou avancer avec force, afin de l'étourdir ; au moyen de cette pression et de ces secousses, le malheureux est étouffé et tombe trois ou quatre minutes après ; voilà la seule et véritable cause de sa mort subite…

« Ce n'est pas le bois qui travaille, ce sont les magiciens qui frappent par méchanceté pour faire fendre vos meubles et vos cloisons.

« Souvent des personnes crédules sont surprises d'éternuer sans être enrhumées du cerveau, et ne peuvent trouver la cause de ces effets. Qu'on y réfléchisse, et on se convaincra de suite que ce sont des sorciers qui font voler de la poudre dans l'air pour nous procurer les éternuements.

. . . .

« Une jeune fille me conseilla pour me guérir de me rapprocher du beau sexe. « Vous souffrirez longtemps si vous vous en tenez éloigné. »

« Elle joignit à cette prédiction la malice d'avancer la main sur ma cuisse ; je ne sentis pas alors l'effet de son attouchement. La conversation continua sur d'autres sujets. Quelques instants après, je m'en fus avec deux de mes amis. À peine dehors, je commençai à ressentir une petite douleur à la place même où cette demoiselle avait posé son doigt. Je ne guéris que lors que la jeune fille le voulut bien…

« Les insectes connus sous la dénomination de puces sont très souvent des farfadets ; mais ils sont punis d'avoir usé d'un tel subterfuge, car leur méchanceté est rétrécie par la petite dimension de l'animal, et leur bonheur à faire le mal est presque imperceptible. En revanche, ce furent des farfadets autrement habiles, ceux qui persécutèrent Jeanne d'Arc, et ils surent se déguiser en juges, prêtres et bourreaux. Mais les plus attrapés, c'est encore eux, car ils ont travaillé à la gloire et au bonheur éternel de Jeanne d'Arc, comme ils travaillent à ma gloire et à mon bonheur éternel.

. . . .

« Les grands personnages de la troupe reçoivent cent sous, les subalternes quarante sous et les novices trente. Cette pièce fait la fortune de chacun d'eux parce qu'elle retourne toujours dans la poche du farfadet qui l'a employée.

« Voilà comment dans les grandes villes on voit tant de gens oisifs, très bien mis, et dont l'existence facile semble un problème. Ils sont généralement d'une gourmandise sans égale. À onze heures, le café, le chocolat ou l'apéritif. Le limonadier cupide accorde tout ce qu'on lui demande, sans s'informer s'il a affaire à quelque ennemi des hommes et de son commerce. Il vend ; sa dépense lui est payée, mais avec de la monnaie farfadéenne, qui revient à l'instant dans le gousset du consommateur. Dieu se sert de telles gens pour punir l'avarice des marchands.

« Semblable conduite est menée par les farfadettes. Modes nouvelles, étoffes jolies, bijoux ; il n'est rien qu'elles ne se procurent grâce à la pièce enchantée. Bien parées, elles passent pour d'honnêtes femmes ; car rien ne ressemble davantage à une honnête femme qu'une friponne.

« Je ris de bon cœur, quand je me rappelle une aventure arrivée à deux farfadets, qui cherchaient à se tromper l'un l'autre.

« Un farfadet, fatigué du plaisir qu'il se procure à l'aide de son invisibilité, veut varier ses jouissances ; il va à cet effet dans une maison de débauche. Il fait le galant, on répond à ses galanteries. Il propose paiement, on ne veut pas l'accepter ; on offre au contraire de lui donner une pièce de cent sous qui le fera gagner au jeu. Il accepte à condition qu'échange sera fait. Ce qui s'exécute. Dans le moment qu'ils se donnaient mutuellement leurs cent sous, ils entendaient l'un et l'autre un bruit dans leurs poches, leurs pièces se croisaient et revenaient à leurs places. Les deux farfadets se reconnurent et se félicitèrent mutuellement de leur adresse et de leurs projets. »

Nul ne pourrait, je crois, — en ce style prophétique et bourgeois, qui signale une des consciences les plus limpidement obtuses de ce siècle, — mieux narrer la malice des invisibles magiciens. Incontestablement, et tout en faisant la part de la tendance à l'hallucination, Berbiguier souffrit d'un trouble, anormal même pour un malade ouvert à la folie des persécutions. Ces pertes d'argent, vols de farfadets, ces batailles nocturnes et ces chatouillements (qui ne viennent pas toujours des puces seules) la vision et l'audition constante de ses ennemis et jusqu'à cette mort touchante et imprévue de l'écureuil, tout décèle la présence mystérieuse d'une malignité, d'une perfidie rôdeuses. Le farfadet, il ne le flaire pas seulement dans le plan astral, mais aussi dans des corps visibles, il reconnaît que « tous les démons ne sont pas dans l'autre monde ». Ici il a amplement et profondément raison ; il sait — et expérimentalement — que la volonté corrompue des vivants est « farfadet » elle aussi et sur des nerfs prévenus agit à distance, avec insistance et cruauté. Un autre secret, celui de notre solidarité avec les pauvres animaux qui nous accompagnent, il l'a divulgué avec toutes ses larmes sur le sort malencontreux de son pauvre Coco ». Depuis longtemps déjà, l'écureuil subissait le contre-coup des attaques dirigées contre son maître. Il devait finir bien tristement.

> Coco, mon écureuil, raconte Berbiguier, était ma seule consolation. Le dernier jour de sa vie, il fut plus particulièrement caressant. Quand je me mis à table, je l'invitai à me tenir compagnie. Il vint à côté de moi, mais ne mangea pas comme à son ordinaire… Pressentait-il que c'était pour la dernière fois ? Les enragés farfadets le firent se placer entre le drap du lit et le matelas. Lorsque je voulus me coucher, au moment où je posai un genou sur mon lit, un farfadet me prit par les épaules et me bouscula avec violence. Hélas ! je sentis que j'avais écrasé mon pauvre petit écureuil. Qu'on juge de mon désespoir ! Coco n'était plus. En vain je lui prodiguai mes soins, le mal était sans remède. Les farfadets ont voulu me priver de l'objet le plus cher et pour comble de malice ils exigèrent que moi-même j'immolasse un être faible et sans défense.

Berbiguier a sans cesse la notion du « Diable » tel que nous l'avons défini, collectivité monstrueuse, courant formidable et grotesque, éparpillant ses haines et ses terreurs. Dans ce fleuve diabolique, Berbiguier baigne sans cesse, et par ses tribulations, il reçoit des intuitions étranges que la science future jugera. À son sentiment, les tempêtes et les troubles de la nature pourraient bien être dues à des hommes criminels. Les maladies, les moindres comme les plus grandes, il les attribue au « farfadet » Tourmenteur de l'homme et du Ciel ! Où peut s'arrêter une pensée débile, sur une telle pente ? Il s'égare, se trompe de plan, imagine au matériel ce qui n'est que dans le monde des reflets. De cette idée si juste de la communion entre eux, des êtres de même nature (communion inconsciente et sans pacte officiel), il tombe à imaginer une sorte de franc-maçonnerie effective des farfadets ; et, comme il ne résiste pas longtemps à la tentation d'être stupide, il donne dans la plaisanterie de la pièce enchantée que lui conte un farfadet terrestre de cette espèce dénommée vulgairement « fumiste ».

Or, Berbiguier ne se tient pas pour vaincu. La mort de l'écureuil lui donne du cœur au ventre. Le voilà qui « s'en va-t-en guerre » et non pas toujours sans succès. Il nous a légué les recettes de sa cuisine antifarfadéenne, les trames de ses conspirations :

> Procurez-vous un cœur de bœuf, mettez-le sur un feu ardent, pour le faire bouillir dans une marmite contenant deux pintes d'eau.
>
> Auparavant, vous aurez eu soin de piquer ce cœur avec des épingles et des aiguilles, en sorte qu'il ne soit plus qu'un hérisson ; puis vous vous exclamez : « Que tout ce que je fais te serve de paiement ; je désole l'ouvrier de Belzébuth. » Une fois le cœur dans l'eau, frappez-le de trois coups de couteau et répétez les mêmes paroles.
>
> Pour accélérer la guérison du farfadéisme, ajoutez dans le feu beaucoup de sel et de soufre. Cette combinaison fera éprouver aux mauvais esprits des tourments semblables à ceux de l'enfer.
>
> Ne craignez pas la dépense[13] !...
>
> Lorsque j'apprendrai qu'une vierge est menacée, je me précipiterai sur mes fourneaux et je sauverai l'honneur de la vertueuse fille. J'en agirai de même quand il s'agira de procurer un beau jour aux fêtes du roi.
>
> Les cloches mises en mouvement à diverses heures ont encore l'avantage d'éloigner le démon des lieux saints où elles sont placées. Elles éloignent aussi

par leur agitation les orages qui pourraient fondre sur le temple de Dieu.

« Ayant reçu une lettre émanant de l'autorité royale des farfadets, je m'armai de deux cents épingles noires et d'un poinçon. Je les attendis jusqu'à minuit, et je me mis au lit, sans avoir l'intention de dormir. Un quart d'heure après, j'entendis le jargon de leur commandant ; et, sur le signal convenu par cette clique infernale, je me vis assailli de toutes parts. Aussitôt que je sentis leurs mouvements, je piquai de mon poinçon ceux qui s'étaient approchés.

« Quand ils furent pris, ils voulurent remuer, je m'assurai alors de leur captivité par des épingles noires, dont je les lardai bien vivement, ce qui me divertit beaucoup...

« Mon baquet révélateur est un vase en bois que je remplis d'eau et que je place ensuite sur ma fenêtre ; il me sert à dévoiler les farfadets quand ils sont dans les nuages.

Il répète toutes les opérations de mes ennemis, qui s'annoncent tantôt sous la forme d'un serpent ou d'une anguille, tantôt sous celle d'un sansonnet ou d'un oiseau-mouche...

« Je passe maintenant à mes bouteilles-prisons. Autrefois je ne tenais captifs mes ennemis que pendant huit ou quinze jours, à présent je les prive de la liberté pour toujours, si on ne parvient pas à casser les bouteilles qui les renferment, et je les y empoisonne par un moyen bien simple : lorsque je les sens pendant la nuit marcher et sauter sur mes couvertures, je les désoriente en leur jetant du tabac dans les yeux : ils ne savent plus alors où ils sont. Ils tombent comme des mouches sur ma couverture ; le lendemain matin, je ramasse bien soigneusement ce tabac avec une carte, et je les vide dans mes bouteilles, où je mets du vinaigre et du poivre.

Lorsque tout cela est terminé, je cachette la bouteille avec de la cire d'Espagne, et j'enlève par ce moyen à mes ennemis toute possibilité de se soustraire à l'emprisonnement auquel je les ai condamnés.

« Le tabac leur sert de nourriture et le vinaigre les désaltère quand ils ont soif ! Ainsi ils vivent dans un état de gêne et ils sont témoins de mes triomphes journaliers.

« Je veux faire présent d'une de mes bouteilles au conservateur du cabinet d'Histoire naturelle, il pourra placer dans la ménagerie ces animaux d'une nouvelle espèce.

« Si parmi les curieux qui vont visiter le Jardin des Plantes et le cabinet d'Histoire naturelle, il se trouvait par hasard quelques incrédules ou quelques farfadets, le conservateur n'aurait, pour les convaincre de l'existence des malins esprits, qu'à remuer cette bouteille, et on entendrait, comme je l'entends journellement, les cris de mes prisonniers qui semblent me demander grâce...

> Je vous tiens, je vous tiens
> Dans la bouteille
> À merveille
> Farfadets, magiciens ;
> Enfin, je vous tiens.
> Je vous donne vinaigre à boire,
> Tabac et poivre pour manger ;
> Un tel régal, je dois le croire,
> Ne doit pas trop vous arranger.
> Vous aimez fort la danse,
> Et pour votre plaisir
> Vous venez en cadence
> Sur moi vous divertir,
> Je vous tiens, etc.
> Farfadets,
> À jamais
> Ici je démasque
> Vos mauvais
> Projets,
> Et vos excès,
> Et leur succès ;
> Sans pudeur
> De l'honneur
> Vous prenez le masque.
> Je veux toujours
> Faire cesser vos malins tours.

Au milieu de ses excentricités Berbiguier attise d'étranges lueurs : les pointes, les fumigations, les sons pieux, le miroir magique, — il reconstruit l'antique magie, ce sot incomparable. Un instinct défensif lui fait découvrir les vieilles recettes des combats astraux. Il envoûte les farfadets, il les emprisonne, les torture, leur impose même le supplice de ses couplets de vaudeville. On pourrait avant lui croire l'œuvre active de l'occulte, jeu de mystificateur ou détraquement de raffiné. Mais ce « pauvre d'esprit » apporte à ces prodiges le témoignage de son bon sens trivial et de sa moralité scrupuleusement ridicule. Il est, ainsi que le montre son portrait, sa main sur son cœur, et ouvrant des yeux stupidement honnêtes, l'incarnation de l'ennemi même de l'occulte, tombé cette fois dans les trous de l'occulte, le type de cette classe de demi-savants, de libres penseurs, de gens étroitement sensés, peu à peu entraînés par la horde simiesque des larves dans les brouillards et les chausse-trapes de la magie. Il vulgarise l'inquiétude cérébrale des plus hauts ; caricaturiste à la fois et caricature, il risque de faire accepter sa foi par des adversaires, presque aussi bornés que lui.

De nos jours, jamais les larves ne furent plus acharnées, plus triomphantes ; la tempête de la folie, qui n'est qu'une trombe de larves, s'est abattue sur les plus intelligents et les plus sensitifs. L'art aussi de dompter et d'utiliser si possible, dans les vengeances, ce troupeau inconscient a été l'objet d'études patientes. Les monastères eux-mêmes tremblent aux assauts du démon dont l'escarmouche imprévue oblige certains néophytes à résilier en toute hâte leur bail avec le Christ ; les centres spirites voient combien de leurs médiums disparaître sous le flot fantomal. Les anciens sorciers étaient étranglés par le Diable ;

aujourd'hui, moins expéditif et plus pervers, il encombre les maisons de santé d'infirmes cervelles, proies d'invisibles ennemis. M. Huysmans nous a raconté dans *Là-Bas* « les rapports merveilleux de Mme Cantianille B... avec le monde surnaturel ». Cantianille, qui à cette heure vit encore, dès l'âge de deux ans, fut pourrie de larves. L'une d'elles affectait le visage et le maintien de la Vierge Marie. La maladie monstrueuse se paroxysa par l'accointance d'un jeune prêtre qui, à quinze ans, la posséda pour la livrer ensuite à un démon, qui s'appelait Albert. Mais la larve la plus obstinée fut « Ossian ». Ce pseudo-barde se montrait tantôt en prophète hérésiarque, tantôt en incube. Selon un témoin des crises de Cantianille, celle-ci se réjouissait surtout de l'approche des plus laids et des plus sales démons ; ses spasmes s'augmentaient de leur ignominie. L'Ossian savait encore écrire et déposer les plus audacieux billets doux. Je ne préciserai point sa boîte à lettres préférée ; c'était au centre même de l'hystérie, en ce ventre, doux nid de tendresses, repaire de la race, métamorphosé par le sacrilège en une caverne de l'enfer au delà d'un buisson de sordides péchés. Cet antre, brûlé par la visite des incubes, exhalait de pythoniques et abondants mensonges. Le malheureux prêtre Thorey, qui écrivit deux volumes fébriles sur sa pénitente, respira ces vapeurs impures dont parle Virgile au seuil « du gosier noir de l'Aornon ». Elles montent, dit-il, jusqu'au sommet du ciel. En effet, malheur au prêtre qui s'est penché vers le sein d'une voyante ténébreuse. Ses yeux ne sont plus destinés à lire dans la limpide sagesse, ils ne s'abreuvent qu'à l'écume des plus illusoires hérésies. Cantianille possède encore, m'a-t-on conté, un funèbre don, celui de propager sa maladie psychique : quoique très vieille, elle peut allumer à son sacrilège incendie des nerfs passifs. Elle fréquentait une tranquille maison, où une fillette de seize ans, paralytique et idiote, pas encore femme, ne témoignait que d'une enfance naïve et prolongée. Par malheur, cet organisme n'était pas défendu contre l'aggression des larves générées ou attirées par la Sibylle. Un matin, la petite malade s'éveilla avec une intelligence atroce, un sexe démangé de luxure, des cris, des gestes expérimentés et séniles. Inconsciente ou non Cantianille avait semé en cette chair vierge sa propre fétidité.

Combien d'occultistes modernes, que j'avais connus ardents et de pensée droite, pour avoir appelé à eux le démoniaque essaim, en sont devenus les incurables serfs. Un d'eux recommençait l'expérience d'Apollonius de Thyane ; enveloppée d'un manteau de laine, son extase escaladait les cycles de l'Au-dessus. Un jour, son âme ne redescendit pas et d'obscures larronnes dépossédèrent son moi

1. ↑ Ceux-ci, trouvent leur histoire dans le *Commerce amoureux des sages avec les Dames et les Demoiselles des Éléments* (Léon Chailley, éditeur).
2. ↑ Pour les bouddistes *L'Atma*.
3. ↑ *Dogme et rituel de la Haute Magie*.
4. ↑ Dans les *Noces de Sathan,* j'ai représenté le mal antique intellectualisé par les inquiétudes modernes, le Damné sur la voie de la rédemption. Le baiser de Psyché qui le rachète, c'est l'âme aux radieux élans attirant avec elle l'ignominie qu'elle a purifiée par l'amour. — Symbole

alchimiste de la terre noire devenant de l'or pur par la volonté lumineuse du mage. Les larmes du Christ éternel tombant dans l'abîme sont de minces piliers où s'agrippent, pour remonter au ciel, les morts et les démons repentants…

5. ↑ Voir *L'Antéchrist et le Dernier Juste*. J'ai là exposé amplement cette doctrine alliciante et néfaste, — de plus en plus moderne — dont l'ennemi du Christ est le prophète. Elle s'ébauchait déjà aux lèvres de l'Enrôla des *Noces de Sathan*, se révélait par l'Apollonius de la *Porte héroïque du Ciel*.
6. ↑ Sainte Françoise Romaine.
7. ↑ Marie de Moë, 1830-1833. (Voir aussi le chapitre sur l'*Incubat*.)
8. ↑ Les différents plans de l'astral se sont répercutés en les plaques photographiques du Dr Baraduc ; son livre prochain, *l'Ame vitale et l'Iconographie de l'Invisible* séparera même graphiquement le ternaire des fluides.
9. ↑ Les Latins appelaient le fou : « plenus larvarum » et il est resté dans le langage populaire les traces de cette vérité dans quelques locutions comme ; « il a une araignée dans le plafond, » etc., etc.
10. ↑ Le chapitre de l'*Envoûtement* éclaircira davantage ce point ; le fou peut être très souvent un envoûté.
11. ↑ Un livre pittoresque, mais d'une médiocre ironie, parut en 1710, à Amsterdam, avec le titre : « *L'Histoire des imaginations extravagantes de M. Oufle* » ; il nous étale les ridicules d'un pauvre cerveau faible, que bouleversa la lecture des almanachs, des grimoires et des démonograplies. M. Oufle est un peu fantomane, mais surtout un illusionné, une dupe de gais compères. Il n'a pas l'ample fêlure de Berbiguier, fêlure par laquelle il émigré dans les égouts de l'invisible.
12. ↑ Je redresse parfois les phrases chaotiques de Berbiguier, mais je ne modifie pas le sens.
13. ↑ Recommandation que les grimoires répètent souvent, d'accord sans doute avec l'herboriste.

CHAPITRE V

LES INCUBES ET LES SUCCUBES

―――――

Le Père Serclier, Henry, instituteur, et Jacques Sprenger rapportent que souvent ils virent à terre, « le ventre en sus, le corps remué de leur sale action, des sorcières qui copulaient avec le Diable ». Une puante vapeur se levait de leur peau ; vapeur qui prenait l'apparence d'un mâle. En vain des jaloux se ruèrent sur le fantôme : leur couteau ne traversa qu'un nuage.

Le chapitre des larves peut expliquer l'attrait du Démon à voltiger sur les abîmes et les rocs du sexe ; le Démon n'existe pas encore ou n'existe plus, en tant que corporéité ; aussi est-il avide de l'antre où il se repliera, alors il est incube ; de la pyramide où il se glorifiera jusqu'à être, — alors il est succube.

Ces forces de l'astral sont si confuses, si infestées de génitaux instincts qu'elles s'en prennent même aux juments. Tout leur est bon, pourvu qu'elles vivent davantage. Guaccius, démonographe et historien, écrit : « Quand les juments sont dociles au démoniaque influx, celui-ci les comble de caresses, tresse leur crinière en une infinité de nœuds gracieux ; résistent-elles, il les maltraite, les roue de coups, leur donne la morve et finalement les tue. L'expérience journalière en fait foi. »

Ces absurdes mariages entre la terre et l'obscène furent parfois féconds. Au delà l'antiquité leur attribue les monstres, que certains peuples massacraient, que d'autres vénéraient au contraire tels de vivants miracles. La fausse couche passa longtemps pour essentiellement satanique. Les comptes rendus du sabbat citent ces masses informes et visqueuses, pareilles à des vers et d'une odeur repoussante à base de soufre, qu'évacuaient les sorcières parmi les danses. — Enfants lourds à porter comme des remords, enfants tarissant les seins les mieux gonflés de vie, fils d'une semence froide arrachée au supplice d'un inconnu !

Le Père Valladier, confesseur de Marie de Médicis, explique assez subtilement la fécondation diabolique : « Satan, dit-il, peut emprunter aux hommes sommeillant l'étoffe requise à la conception, puis l'influer à une femme par façon d'illusions nocturnes. Il pourra par son agilité « émerveillable » et sans rien rompre porter la même matière en la vierge, qui par la vertu formative la retiendra et la fomentera sans même s'en apercevoir. »

Ainsi, selon la légende, l'Antéchrist devra être conçu.

Certes, je crois bien que mainte épouse dut profiter de cette hantise démoniaque dont le moyen âge trembla pour se permettre quelques galants en chair et en os, n'ayant de l'incube que la salacité. Voici le conte naïf que nous transmet Brognoli dans son manuel des exorcistes. Malgré la sérénité du narrateur, qui ne devine le subterfuge de l'adultère ?

« Barthélémy de Bonsovannis avait une femme jeune et jolie, dont il était fort amoureux. Le diable, qui brûlait du méchant désir de jouer quelqu'un, se mit en tête de lui inspirer jalousie. Comme il fallait que l'évidence du fait attînt les sens grossiers de l'ivrogne, le diable prit la forme d'un jeune homme ; Barthélémy, revenant du cabaret, le trouva dans sa chambre à coucher, assis sur un canapé à côté de sa femme et paraissant l'embrasser. Cette vue le dégrisa ; tirant de sa poche un couteau italien, il s'élance furieux sur sa femme, qu'il eut certainement tuée sans un coup de poing que le diable lui asséna et qui le précipita en bas de l'escalier. Revenu à lui, il poursuivit le méchant drôle, qui n'avait pas encore eu le temps, paraît-il, de reprendre son incorporéité. Comme il courait, il rencontra son beau-frère à qui il se plaignit amèrement de la conduite de sa femme. Le beau-frère surpris se fit tout raconter. Cet exposé s'aggravant des protestations indignées de l'épouse, on conclut d'un commun accord que l'amant prétendu ne pouvait être que le diable. Cette conclusion fut confirmée par un fait qui se produisit le lendemain ou surlendemain ;

on vit, au moment où notre Bonsovannis baillait, une grosse mouche lui entrer dans la bouche. Immédiatement après il fut pris de fureur contre sa femme ; ce qui prouvait sans réplique que cette mouche était bien le diable. Par conséquent, la jalousie du benêt n'avait d'autre origine qu'une obsession du Malin. »

Cependant ces erreurs ne furent pas toujours que comiques ; en Poméranie, d'après le *Theatrum Europæum* (ch. x, p. 400), on livra au bûcher une mignonnette de dix ans à qui Ton avait fait avouer dans les supplices qu'elle avait deux enfants du Diable et qu'elle était enceinte d'un troisième !

Selon un théologien de grande érudition, pour chasser un démon incube, faites dans la cijambre hantée des fumigations avec un mélange de povre, de racines d'aristoloches, de cardamoine, de gingembre, de caryophylles, de cinnamones, de cannelle, de ioix muscade, de storax calamité, de benjoin, de bois d'alors et de trisanthes. La recette agit contre les démons aquatiques. Envers d'autres employez le nénuphar, l'hépatique, l'euphorbe, la mandragore, la jusquiame.

I

M. DE CAUDENBERG ET MARIE-ANGE

(Exemples d'incubats et de succubats religieux et inconscients.)

Au XIXe siècle l'incubat et le succubat, loin de disparaître, ont acquis une énergie plus fine, parfois cafarde, en quelque sorte savante. En preuves, deux exemples incomparables, celui du chevalier de Gaudemberg, qui lui-même nous a raconté ses rapports avec la Vierge[1], et celui de Marie-Ange[2].

Ancien élève de l'École polytechnique, membre de diverses sociétés savantes, M. de Caudemberg s'adonne aux pratiques du spiritisme ; des tables parlantes il passe à l'écriture automatique ; ainsi il s'entretient avec ses parents et ses amis que la mort lui avait enlevés. Mais la main seule n'est pas en jeu ; exaltant une fausse interprétation de la loi d'amour, notre spirite croit atteindre par les lèvres ses frères de l'au-delà.

« Un des effets les plus extraordinaires des communications spirituelles, dit-il, est, assurément, ce *plaisir* que fait éprouver à une âme heureuse le *baiser*, la *caresse* qu'on lui adresse en posant les lèvres soit sur la signature qu'elle a formée, soit sur le signe qui la représente. Cette trace matérielle n'est même pas nécessaire, et la seule pensée, avec l'*intention formelle*, suffit, comme je l'ai expérimenté un grand nombre de fois depuis ; la *bouche ressent* bientôt l'*échange de la caresse* que l'air avait reçue. J'envoyais à l'âme de mes amis des baisers, qui toujours m'étaient *sensiblement* rendus... »

Au mois de novembre 1834, étant avec sa sœur, M. de Caudemberg veut adresser des questions à la sainte Vierge. Il commence à s'y préparer par la prière ; puis, il laisse aller sa main qui trace le nom de Marie, y ajoutant le paraphe d'une jolie croix fleuronnée.

« Un sentiment de reconnaissance, et non d'amour, continue-t-il (je n'en avais pas la pensée), me porta à poser mes lèvres sur la croix... Quel fut mon étonnement, quand *je sentis* que ce *baiser* m'était *ostensiblement* rendu. Ce ne pouvait être un effet d'imagination, *car j'étais loin de m'y attendre !* Cependant, pour dissiper ce doute, je recommençais, et la *même caresse* fut réitérée de manière à dissiper toute incertitude ; elle produisit dans tout mon être un frémissement qui n'était pas sans douceur. Bientôt après, dans l'ombre et le silence, avant de m'abandonner au sommeil, je portai ma pensée émue sur ce qui venait d'arriver ; il me semblait qu'un être que je ne pouvais voir, toucher, ni entendre, s'approchait de moi. Une volupté excessive se manifesta soudainement, et me transporta dans un ravissement de bonheur qui ne peut se traduire que par des exclamations et des larmes. Ces sensations indescriptibles, qui se sont prolongées ainsi pendant plus d'une demi-heure, surpassaient beaucoup celles de même nature que j'avais ressenties jusque-là ; et, lorsqu'elles cessèrent presque subitement, elles me laissèrent dans un charme indéfini. — Le lendemain et les jours suivants les mêmes plaisirs se reproduisirent avec la même intensité, comme je l'ai expliqué, sous des formes variées.

« Un jour, demandant à ma céleste amie de me dire quelque chose, elle écrivit : « Le plaisir seul est permis entre nous ; mais nous ne pouvons pas causer. » Un soir, *les baisers* qu'elle me rendait se précipitèrent ; ils me causèrent *un trouble* plein de charmes, que je n'avais pas encore goûté et qui remplit tout mon être d'un bonheur indicible. Le mystère était accompli ; le ciel et la terre étaient *unis par l'amour !* Et depuis ce moment jusqu'à celui où j'écris ces lignes, il ne s'est pas écoulé un seul jour sans que ces ineffables jouissances ne se soient produites plusieurs fois ; et non pas comme on pourrait le croire d'une manière fugitive, que l'âme puisse à peine saisir, mais, à chaque fois, avec des reprises et des *redoublements rapprochés* qui pouvaient durer des heures entières...

« L'intensité de la jouissance s'accroît à mesure que se prolonge le plaisir...

« Ces voluptés si longues et si vives n'entraînent après elles aucune fatigue morale ou physique, voire même aucune satiété...

« Les organes qui participent au bonheur de l'âme restent pourtant tout à fait inertes, jamais le moindre effet physique n'est la suite de ces sensations.

« Dans ces moments de bonheur si complet, on sent *réellement* près de soi, *contre soi*, l'être adorable qui vous aime et qui vous le prouve par de si inestimables faveurs. On le sent sans le toucher, sans le voir et sans l'entendre, comme l'explique si bien sainte ; Thérèse, et l'on sait qui est cet esprit. Dans cette intimité si tendre et si profonde, la pensée répond à la pensée, et chaque élan d'amour est à l'instant rendu par une volupté plus vive, et par un *baiser plus énergique*, qui retentit quelquefois *jusqu'au fond de la gorge*. »

Certes, je me garderais de mettre en doute la sincérité de M. de Gaudemberg ; mais il est impossible d'admettre une telle sensualité, une volupté aussi matérielle, sans proscrire d'avance tout possible rapport avec la Vierge. Il faut, pour s'unir avec une entité aussi haute, un long et opiniâtre entraînement de mortification et de sainteté. Alors il peut y avoir amour, étreinte, mais sans ce spasme insolite, ce délice, charnel on peut dire, quoique l'organe paraisse insensible. M. de Gaudemberg est dupe de la phraséologie amoureuse de Sainte-Thérèse, qu'il prend au mot. L'amplexion mystique s'élance au delà des molles caresses. Elle ne pactise pas avec les baisers matériels et jamais la Vierge Mère aux sept glaives de douleurs n'aurait osé écrire cette parole que lai attribue ce trouble médium : « La volupté est le seul moyen de vous faire sentir le prix du Ciel. »

Cependant les femmes allant toujours plus loin que les hommes, dans la mystique expérimentale, soit diabolique, soit divine, Marie-Ange exalta l'ivresse des lèvres amoureuses jusqu'au sirop du spasme, jusqu'à la naissance de pralines, cristallisations du baiser :

Elle naquit tout emmaillotée, dit son historiographe, un brave homme instruit, très convaincu, très pieux, qui rédige ces bizarres exploits sur les conseils d'ecclésiastiques. En

1816 (elle avait dix-sept ans), Jésus Christ et la Vierge lui dictèrent des billets de la plus bizarre orthographe. Elle prophétisait comme les derviches en tournant sans appui, sur la pointe d'un de ses pieds. Elle se levait de terre, allongée, les mains jointes ; son corps éclairait sa chambre ; elle devait dépasser l'ivresse de Caudemberg, obtenir, déshabillée, puis rhabillée par d'invisibles servantes, une grâce plus immédiate, des baisers cette fois si matériels, qu'ils le sont davantage que les baisers humains !

« Dans la nuit du 23 octobre 1816, M. le curé de Lignan et d'autres personnes étant dans la chambre de Marie-Ange, qui était en extase, entendirent les baisers que Notre-Seigneur et notre chère Mère faisaient sur sa bouche, et s'aperçurent que chaque baiser produisait une petite quantité de liqueur que Marie-Ange avalait. Quand elle en eut avalé une bonne Quantité, les baisers continuant, elle laissa échapper cette liqueur par un côté de sa bouche. Alors M. le curé, s'approchant, la recueillit avec son doigt et l'avala. Quand il en eut avalé une assez bonte quantité, les baisers continuant, il en donna une léchée à chaque personne qui était dans la chambre. Les baisers continuant et les liqueurs s'échappant toujours des lèvres de Marie-Ange, M. le curé fit monter les personnes qui étaient dans la cuisine ; toutes en goûtèrent et la trouvèrent délicieuse. La source n'étant pas encore tarie, et les baisers continuant, M. le curé remplit de cette liqueur un mouchoir blanc de toile de Rouen, que j'ai avec les reliques de Marie-Ange... Les baisers se renouvelèrent... [3].

« Plus bruyants que les baisers ordinaires, les gros baisers que recevait la jeune fille étaient souvent accompagnés chacun d'un joli bonbon. On peut dire que jamais on n'a vu ni connu de sainte qui ait reçu de la part de Notre-Seigneur et de sa divine mère autant de baisers que Marie-Ange ! » Marie-Ange était la véritable épouse des cantiques, comme disent les billets qu'elle recevait ; comment s'étonner qu'elle ait reçu des baisers ? On devrait, au contraire, voir dans ces baisers la présence irréfragable de ce que les billets affirment.

« Un jour en juillet 1817, à Cazouls dans la chambre du curé, M. Julien, nous étions huit personnes ; Marie-Ange était en extase, et nous entendimes les baisers sur sa bouche. Nous nous approchâmes et nous nous aperçûmes que chaque baiser produisait dans sa bouche un bonbon de la grosseur d'un pois.

Elle en reçut près de cent. Quand la langue en fut couverte, Marie-Ange la sortit ; et quel fut notre étonnement de voir ces bonbons de toutes couleurs, rangés en ligne d'une manière admirable. »

Diabolisme hypocrite, mediumnité incubique, où l'incube est pâtissier.

II

L'ART DE L'INCUBAT ET DU SUCCUBAT

Un disciple du chanoine Docre a écrit dans une revue de jeunes, *le Mercure de France,* un article à la fois mystificateur et imprudent qui lève un coin du voile sur la science positive de quelques maîtres sataniques modernes. De nos jours, il était dit que nous aurions des professeurs d'érotisme mystique. Tout le phénomène, selon eux, dépend de l'auto-suggestion. En somme, ils prétendraient n'enseigner qu'un onanisme plus subtil, la possibilité de posséder, par l'illusion, qui Ton désire, mort ou vivant, pourvu que l'on en ait une image nette.

Voici la méthode pour qui veut agir seul.

Après avoir fixé sa pensée sur l'objet convoité et avoir *voulu* qu'il se donne, le succubiste ou l'incubiste pénètre dans les territoires diffus de l'hypnose par la fixation intense du regard. La léthargie, puis la catalepsie ne tardent guère. Pour en échapper, irruant aux clairvoyances du somnambulisme, une source lumineuse est nécessaire, qui, frappant à point les paupières, y suscite le réflexe, permet à la suggestion de prendre corps. L'opérateur est préparé pour l'approche du fantôme. Un bandage, que les pharmaciens ont nommé la « contrepartie », aide à l'orgasme vénérien, facilite la volupté, jusqu'à ce que, l'habitude ayant dompté les hésitations charnelles, ce subterfuge devienne inutile, tant la suggestion palpite, revêt une chair obsédante, avec toutes les propriétés des corps vivants, saisissable par ses formes, ses couleurs, son odeur, son goût, les sons qu'elle émet. Un être véritable enfin, amant ou maîtresse, identique à la personne convoitée et toujours docile !

Ce misérable raffinement valait la peine d'être découvert, pour être flétri. Voilà vraiment le vice le plus ladre, le péché sensuel de l'Avare, l'union économique et pratique avec le néant ou l'enfer. Le narrateur, je le sais bien, s'écrie que ces secrets servent à la transformation morale des adeptes, les dégoûtent de toute sensualité par le trop possible assouvissement ; mais c'est profaner encore les noms, d'ailleurs immondes de succubat et d'incubat que de les apparier à ce commerce clandestin, à cette abjection solitaire. Eux du moins s'ornent d'un mystère forcené et jaloux. D'ailleurs, il n'est pas besoin de s'occuper d'occultisme pour perpétrer d'aussi médiocres méfaits. Combien, par exemple, d'intellectuelles perverses par la seule puissance de la rêverie captent le fantôme du passant et du camarade qu'elles désirèrent ; leur imagination complice, sans la tyrannie des rites, appela l'incube par la seule promesse du réel don.

Comparez à cette cafarde mise en scène la description térébrante, précise et effrayée que M. Huysmans nous a transmise de l'accointance satanique en son roman d'*En Route* :

« Il (Durtal) vécut la plus épouvantable des nuits ; ce fut si spécial, si affreux, qu'il ne se rappelait pas, pendant toute son existence, avoir enduré de pareilles angoisses, subi de semblables transes.

« Ce fut une succession ininterrompue de réveils en sursaut et de cauchemars.

« Et ces cauchemars dépassèrent les limites des abominations que les démences les plus périlleuses rêvent. Ils se déroulaient sur les territoires de la Luxure et ils étaient si particuliers, si nouveaux pour lui, qu'en se réveillant, Durtal restait tremblant, retenait un cri.

« Ce n'était plus du tout l'acte involontaire et connu, la vision qui cesse juste au moment où l'homme endormi étreint la forme amoureuse et va se fondre en elle ; c'était ainsi et mieux que dans la nature, long, complet, accompagné de tous les préludes, de tous les détails, de toutes les sensations ; et le déclic avait lieu, avec une acuité douloureuse extraordinaire, dans un spasme de détente inouï.

« Et fait bizarre et qui semblait marquer la différence entre cet état et le stupre inconscient des nuits, c'était, en outre de certains épisodes où des caresses qui ne pourraient que se succéder dans la réalité étaient réunies, au même instant, dans le rêve, la sensation nette, précise, d'un être, d'une forme fluidique disparaissant avec le bruit sec d'une capsule ou d'un coup de fouet, d'auprès de vous, dès le réveil. Cet être, on le sentait distinctement près de soi, si près que le linge, dérangé par le souffle de sa fuite, ondulait et que l'on regardait, effaré, la place vide.

« Ah ça mais, se dit Durtal, quand il eut allumé la bougie ; cela me reporte au temps où je fréquentais Mme Chantelouve ; cela me réfère aux histoires du Succubat.

« Il restait, ahuri, sur son séant, scrutait avec un véritable malaise cette cellule noyée d'ombre. Il consulta sa montre ; il n'était que onze heures du soir. — Mon Dieu, fit-il, si les nuits sont comme celles-là dans les cloîtres !

« Il recourut, pour se remettre, à des affusions d'eau froide, ouvrit la fenêtre pour renouveler l'air et, glacé, se recoucha.

« Il hésitait à souffler la bougie, inquiet de ces ténèbres qui lui paraissaient habitées, pleines d'embûches et de menaces. Il se décida enfin à éteindre et répéta la strophe des Compiles que l'on avait chantée, le soir même, à la chapelle :

> *Procul recedant somnia*
> *Et noctium phantasmata*
> *Hostemque nostrum comprime,*
> *Ne polluantur corpora.*

« Il finit par se rendormir, rêva encore d'immondices, mais il se réveilla à temps pour rompre le charme, éprouva encore cette impression d'une ombre s'évaporant à temps pour qu'on ne puisse la saisir dans les draps et il interrogea sa montre. Il était deux heures.

« Si cela continue, je serai brisé demain, se dit-il ; il parvint tant bien que mal, en somnolant, en se réveillant toutes les dix minutes, à atteindre trois heures.

« Si je me rendors, je ne me réveillerai pas au moment voulu, pensa-t-il ; si je me levais ?

« Et il sauta en bas du lit, s'habilla, pria, mit de l'ordre dans ses affaires.

« D'authentiques excès l'eussent moins abattu que cette fausse noce, mais ce qui lui semblait surtout odieux, c'était l'inassouvissement que laissait le viol de ces larves. Comparées à leurs avides manigances, les caresses de la femme n'épandaient qu'une volupté tempérée, n'aboutissaient qu'à un faible choc ; seulement l'on restait enragé de n'avoir étreint que le vide, d'avoir été la dupe d'un mensonge, le jouet d'une apparence dont on ne se rappelait même plus les contours et les traits. On en arrivait forcément à désirer de la chair, à souhaiter de presser contre soi un véritable corps et Durtal se mit à songer à Florence ; elle vous désaltérait au moins, ne vous quittait pas ainsi, pantelant et fiévreux, en quête d'on ne savait quoi, dans une atmosphère où l'on était, environné, épié, par un inconnu qu'on ne pouvait discerner, par une ombre que l'on ne pouvait fuir. »

III

LE VAMPIRISME

Déjà dans *Là-bas*, ce maître ès-lettres mystiques avait fouillé la théorie de l'Incubat.

Selon Del Rio, Bodin, saint Thomas et cet érotique historiographe Sinistrari d'Améno, les Incubes, catholiquement parlant, sont des démons masculins qui se réunissent aux femmes, les Succubes, des démones, qui tenaillent jusqu'à la volupté les nerfs masculins, devenus passifs. — Cependant, à en croire Sinistrari, ces étranges visiteurs seraient, non pas les formes de l'éternel tentateur, mais des demi-dieux païens, des Faunes, des Satyres ou de ces Farfadets, que le trop illustre Berbiguier combattait par quels effarants exorcismes !

— Esprits animaux, semi-animaux en quête d'humanisation, voraces de fluides supérieurs, âmes zoologiques quêteuses de la sexuelle énergie qui les fera évoluer des frontières de la bestialité aux portes du règne humain.

Mais Huysmans va plus loin : il régénère le vieil incubât du moyen âge par l'évocation des morts, qui n'a jamais cessé de se perpétuer à travers les siècles. — Le Succubat deviendrait ainsi « possession » du côté de la Victime, commandement magique de la part du nécromant, qui décoche à travers l'espace la flèche vivante du vampire. Ces faits seraient parfaitement connus par la Curie du Pape ; mais notre clergé les ignore, comme d'ailleurs tout phénomène mystique. De plus, l'Église aime mieux taire révocation des morts défendue depuis Moïse ; car la vulgarisation de cette science serait à son autorité le plus pernicieux attentat.

Les saints, surtout les premiers ascètes, furent harcelés par l'atmosphère des antiques courtisanes défuntes, le vent de rut, sortant des sépulchres entr'ouverts, fils de ce paganisme qui si longtemps nous représenta Eros la torche à la main pour symboliser l'existence sous le soleil, et la torche renversée pour dire l'existence chez les ombres. La Légende Dorée cite un prêtre qui, assailli par une femme nue, jeta sur elle une étole. Sous le vêtement sacré resta un cadavre, que la fraude de Satan avait pour quelques heures ressuscité.

En fait cette lutte du vivant contre la mort amoureuse, lutte qui souvent se termina par des noces, date de l'avènement du Christ. Alors on crut davantage à la survivance et à l'inimitié du cadavre. Pour le païen, tout est la Vie. Les ombres, parquées dans les îles de l'au-delà, ne connaissent point l'enfer catholique, ces ténèbres extérieures où le doux prophète envoyait cependant l'homme méchant et le mauvais ange. Le Diable, roi de tant de tombeaux, irruera désormais, avec sa milice cuirassée de linceuls, vers les couches terrifiées. L'imagination populaire prête à cette armée invisible les flottes de ses cauchemars. Elles arrivent, ces âmes en peine, non seulement du cimetière, mais aussi des cloîtres, ces mystiques jardins du renoncement, d'où elles ont été chassées, où peut-être aussi elles sont nées aux déperditions fluidiques de l'ascétisme. Les vampires de Serbie furent particulièrement impitoyables, selon Gœrres ; ils étranglaient, suçaient les veines et lorsqu'on les exhumait, leur visage frais laissait suinter du sang pur à leurs lèvres roses. Ils rendaient vampires ceux qu'ils tuaient de la sorte, développaient l'infernale confrérie par l'intermédiairee de la mort. Cette vie surnaturelle parfume le cadavre, exempt des corruptions. Pour détruire le vampire, il fallait lui traverser le cœur d'un épieu, le décapiter, puis le brûler. Sans cela des villes entières étaient décimées et les animaux eux-mêmes périssaient de langueur. (Lire pour les détails la deuxième partie de mon roman : *La Douleur d'aimer*.)

Étrange situation de ce cadavre presque existant dans son sépulchre qui ne le lie plus ! L'esprit et même la force animale l'ont abandonné ; il a un principe obscur et végétal, la vie à peu près d'un zoophyte. Non plus le sang chaleureux, mais le suc glacé des plantes. Néanmoins les joues fleurissent d'une mortifère rougeur, l'embonpoint gagne le corps immobile. Sans délaisser sa tombe, ce cadavre attaque les vivants par un mal mystérieux qui lui est bienfaisant. Il tente avec ses semblables d'au-dessus la terre, ses parents surtout à qui il est déjà joint magnétiquement, un échange qui engraisse le vampire et dont se desséchera la victime. C'est la force nerveuse qu'il pompe par un invisible sonde, beaucoup plus que ce sang dont il déborde et qu'il paraît sucer cependant si on s'en rapporte aux taches bleues des membres malades. Ce maléfice singulier ne va guère sans cauchemar, les anciens disaient « éphialte ».

D'ordinaire un fantôme blanc et muet étreint à la gorge, pèse sur l'estomac, vrille la colonne vertébrale et les reins, essouffle jusqu'à d'abondantes sueurs. — Si j'en crois Gœrres, le vampire est surtout de race slave. Divisons les incubistes et les succubistes en deux groupes : les uns, de par leur tempérament ou des fatalités psychiques, subissent l'emprise de ces fantômes immédiatement, « naturellement » pour ainsi dire. Tristes organismes, desséchés par le vice astral, destinés à l'étisie, à l'anévrisme ou au suicide. Les autres sont contaminés par la volonté des sociétés, ou des individualités démoniaques. Pour un savant moderne, ce ne sont que des érotomanes, et au lieu de les envoyer à l'exorciste, on les enferme dans les hospices. Néanmoins, quelques thaumaturges ignorés préservent de ces maléfices au moyen de « certaines fumigations, certaines insufflations, certains commandements portés en amulette, et écrits sur une feuille de parchemein vierge et par trois fois béni ».

Le premier groupe est attaqué par les esprits en pleine veille ; le second est secoué par l'extase satanique, soit pendant, soit hors le sommeil. En ce dernier cas, la catalepsie crée l'irrésistance. Le docteur en théologie, Johannès, disait « avoir sauvé des religieuses qui étaient chevauchées sans arrêt ni trêve, pendant deux, trois, pendant quatre jours par des incubes ».

L'ivresse sabbatique, justement parce qu'elle met en jeu des organes imaginatifs, suscite, en les étreintes, des miracles que le rêve semblait pouvoir accorder seul. La passion de l'incube, par exemple, se multiplie, se diffuse ; de même qu'en les orientales divinités, la tête et les bras deviennent innombrables, afin de symboliser leurs attributs ; de même l'incube décuple, ce qui en lui est le signe de sa perversité et de son péché[4].

IV

LA LÉGENDE DE LA MORTE ET MORTELLE FIANCÉE

Cette fusion du vampire et de l'incube préexiste dans les légendes. Histoire surnaturelle et humaine à la fois, volonté du fantôme à se survivre, obstination du germe sur le cadavre, amour et mort, mariage funèbre et tendre, impérissable désir ! Mais le diable est rusé. Avez-vous remarqué comme sans cesse son grouin, son museau, sa vile grimace sait s'adapter un masque gracieux souvent d'un irrésistible charme. Cette fois il lui a plu d'assimiler, de confondre le cimetière et le monastère ; il colore avec les purs lys de la moniale le suçoir du vampire infect. La foule a subi la suggestion démoniaque. Elle a créé la sacrilège réhabilitation du Démon paré de l'intacte robe des recluses.

La grande légende de l'incube, c'est la légende de la Fiancée de Corinthe. Il importe peu que la nonne amoureuse soit fantôme ou être réel ; elle existe de par son désir inassouvi, de par ce droit d'aimer et de vivre qu'un vœu ne peut aliéner, qu'un ordre ne peut détruire. Un jeune païen vient d'Athènes d Corinthe, afin d'épouser la jeune fille que son père lui avait accordée. L'heure est tardive ; tout le monde au lit ; la mère seule sert un bref repas à l'hôte fatigué. À peine dans la chambre, vers le premier sommeil, une forme blanche se penche sur son visage. « Ne me reconnais-tu pas, dit-elle, ou te suis-je déjà une étrangère ? » Ses joues dans ses mains, elle se met à pleurer. « Pourquoi es-tu si pâle, répond le fiancé. Si belle, les déesses doivent te protéger. — Je n'appartiens plus aux déesses Je suis la proie d'un Dieu hypercharnel. J'ai renoncé à ton baiser, à notre race. — Tu es donc la vierge attendue ; oh ! demeure ; donne-toi. — Je ne le puis, le vœu de ma mère chrétienne m'a enchaînée au cloître ; je ne pourrais être que l'épouse de tes nuits, le petit souffle qui passe dans les chambres sans lampe. — Je te veux tout de même, que tu sois esprit ou femme, infidèle à nos dieux, ou la fille de Cérès ! » L'ombre se remplit alors de râles et de soupirs, de gestes confus, d'angoisse. Ils pleurent, ils aiment, ils bravent la loi divine, ils protestent par le baiser contre l'ascétisme et contre la mort.

Mais la mort ne pardonne pas à ceux qui la violent. Le cloître est plus puissant que la vie. Dès que l'aube touche les fenêtres, l'amante chuchote : « Tu dois mourir à ton tour, bien-aimé. Ma caresse est de celles dont on languit sans guérir. Viens au tombeau, viens au cloître, abandonne le dieu trop matériel, il n'est de bonheur qu'au delà de la vie, il n'est repos que hors la vie.

1. ↑ Girard de Gaudemberg. *Le Monde Spirituel et la Science chrétienne*, 1857.
2. ↑ *Vie de Marie-Ange*. par M. le docteur en médecine ***, Béziers, 1863.
3. ↑ J'ai conservé à peu près cet étrange style où revient en couplet « les baisers continuant ».
4. ↑ Le chapitre de la *Sorcière* (1re partie) analyse et met en scène l'extase satanique, la naissance de l'incube et ses acharnements.

CHAPITRE VI

L'ENVOÛTEMENT DE HAINE

Tout le grand secret magique gît dans l'envoûtement, qu'il soit d'amour ou de haine.

Que veulent le mage et le sorcier ? Dominer en quelque façon l'univers dont ils ont besoin, asservir les âmes, qui trop souvent les méprisent et les oppriment, régner sur leurs propres maîtres. Et cela non par la force brutale, — la pire débâcle les attendrait ; non par la force mentale qui risquerait, n'étant ni écoutée ni respectée, de n'être pas subie ; mais par une force mystique, à la fois naturelle et invisible, rets de fils durs et souples, tissés par le rat du bon La Fontaine et sous lequel peut se débattre vainement un lion.

C'est le secret de puissance.

« Mangez de ce fruit, a-t-il été dit, et vous serez comme des dieux. » Le magicien recommence sans cesse l'aventure édénique ; il recrée à son profit et pour sa vie propre le péché originel dont se lamentent toutes les races. Non plus cet Adam innocent, fasciné par le serpent, par la grande force astrale de vertige, par l'âme torse du monde, mais l'insidieux évocateur de ce serpent. Il lui commande de céder la pomme cyclique, et il ingurgite la science des clavicules et des kabbales, afin qu'une énergie inconnue régénère ses infirmités d'homme. Il n'est pas tout à fait volé, cette fois ; non plus la dupe inconsciente comme le fut légendairement le premier couple, mais, conscient instrument du serpent, recevant de ce serpent une investiture, je puis dire, sacerdotale. Le jus du fruit damné ruisselle jusqu'aux plus secrètes veines ; un esprit réel de tristesse et de puissance douloureuse s'est incarné en le pécheur qui a voulu librement son péché.

« La conscience dans le mal, » chantée par Baudelaire, c'est bien le premier arcane intérieur, la noire investiture magique[1].

I

L'ENVOÛTEMENT DE HAINE ET SES RITES

Qui dit « envoûtement » dit cerne, enveloppement, enroulement d'une volonté par une autre, dans une autre. Vraiment l'embrassement de l'ennemi pour l'étouffer (*in volvere*)[2]. Le peuple appelle ce pouvoir « tenir par le sang ». Dans une famille, croit-il, le plus *fort en sang* se rendra maître, s'il le veut, de ses frères, de ses sœurs, voire même de sa mère et de son père[3]. Dans cette idée du Volt, plus tard seulement limitée à la statuette, il y a la virevolte, ce mouvement circulaire de l'oiseau de proie comme du sorcier autour de sa victime, l'emprisonnement mystique d'une âme ; il y a transfert aussi de cette âme, son déroulement en une effigie. Moïse, précipitant les péchés d'Israël sur l'émissaire bouc devenu ainsi une « mumie », donna le premier exemple de l'envoûtement sacré, qui est une forme du sacrifice. Jésus, sur sa croix, c'est aussi un volt. La sensibilité, le crime de tous les hommes sont fixés sur l'instrument de torture et de gloire, la lance et les imprécations des soldats représentent l'imprécation magique, la ronce sanglante du nécromant. Voilà, me direz-vous, le mystère noir haussé bien haut. Mais en mystique les lois sont mêmes aux enfers comme au ciel, lois subtiles, lois d'harmonies, d'affinités, de concordances, lois si souples, si larges que la raison les étreint à peine, n'a jamais pu encore les classer.

Oui, par envoûtement, il faut entendre d'abord la conquête d'une volonté, puis le voyage de cette volonté vers une sorte de bagne à la disposition de son nouveau maître, qui la frappera, l'humiliera, la tuera. Tout le rite le prouve, envoûter revient à une sorte d'expédition mystique dans les contrées ravagées d'une âme ; le vainqueur a vite fait d'enchaîner les pauvres captifs fluidiques ; il les emporte en d'étroits véhicules (ces menus objets ayant appartenu à l'envoûté et dont se charge la statuette) ; il les dispose en ses cachots (la statuette elle-même) où il les nourrit de malédictions, les abreuve de leur propre sang qui ruisselle sous les verges. Que fera pendant ce temps le reste du peuple qui garde la patrie dépossédée (c'est-à-dire la sensibilité de l'envoûté) ? Il pleurera, il se plaindra, il dépérira, s'éteindra peut-être…, le cœur de son cœur n'est plus avec lui, il est là-bas dans les bastilles de l'ennemi, aux ergastulaires. Oui, chaque coup sur les épaules du prisonnier s'enfonce dans les chairs libres de celui qui a été séparé de son frère, de son fils ou de son ami.

Et il rôdera autour des barreaux de fer de la prison, se fera cueillir peut-être presque volontairement afin de ne pas laisser souffrir seul le cher camarade[4].

Ainsi l'envoûtement ne s'identifie plus, comme on l'a cru jusqu'ici, à des formules obscures et hétéroclites, à des gestes de fou ; il est logique ; dans ses frontières restreintes, dans son action diminuée d'individu seulement à individu, il recommence l'éternelle odyssée guerrière, la croisade, l'invasion, le piège belliqueux. Dans la mystique, il immisce les mœurs brutales des premiers peuples. Triste autant que douloureux, il mérite, mais avec cet excès en plus de la lâcheté et du sacrilège, l'opprobre qui s'attache aux massacres, aux razzias, aux maraudes, aux vaines annexions, aux batailles inutiles, aux embuscades dans lesquelles ruissellent les veines de générations innocentes.

Que se passe-t-il en effet ?

Je prends l'envoûtement traditionnel, celui de la Dagyde, avec la poupée de cire perpétuée jusqu'à nous. Le sorcier forme lui-même à certaines heures fatidiques l'effigie ; il prend de la cire vierge afin que d'autres influences ne détournent pas le sort. Il la pétrit à la ressemblance de l'ennemi, afin qu'elle soit, même par l'illusion, une excitatrice de sa colère, un meilleur réceptacle de l'âme appelée ; car entre les choses et les êtres qui se ressemblent il doit exister des liens mystérieux… Il est nécessaire que ce marmouset ait reçu les mêmes sacrements que son modèle ; sur lui le nom du maléfice est inscrit, il s'enveloppe de vêtements taillés en les vêtements de son frère humain, il porte au front un peu des cheveux, aux doigts un peu des ongles, en la bouche une dent de celui qui va en mourir. Avant les préliminaires, le sorcier a tendu une corde sur la tête de la « mumie », a fait un solide nœud, symbole de sa résolution indéfectible.

« *Arator*, s'écrie-t-il, *Lepidator, Tentator, Somniator, Ductor, Comestor, Devorator, Seductor,* vous tous compagnons et ministres de destruction et de haine, semeurs de discordes qui agissez librement ces maléfices, — quoiqu'il ne soit pas nécessaire de vous conjurer afin que vous accouriez ! — je vous prie et je vous conjure cependant jusqu'à ce que vous administriez et consacriez cette image, pour la haine et le malheur de…… [5] »

Tout a été mis en œuvre pour que la sensibilité de l'envoûte s'accroche à l'effigie. Certes des molécules invisibles doivent s'y être posées, car nous ne pouvons rien porter longtemps sans que quelque chose de nous-même n'y demeure. Que sera-ce des dents, des cheveux, des ongles, de ce qui a poussé en nous, de ce qui a vécu de nous, de ce qui a été nous ? Il est impossible que ces morceaux du végétal que nous sommes n'aient pas conservé de notre énergie vitale. Sur les vagues de cette lumière astrale baignant et habitant tout être et toute chose, le corps astral de l'envoûté sera tiré par d'irrésistibles et impalpables filaments, chassé aussi par des vents d'attraction, l'aimant des similitudes, jusqu'à l'effigie déjà toute imprégnée de lui-même. Embuscade où le moi devient amorce au même moi. Le petit prisonnier fluidique attire par ses cris muets — ainsi qu'une volière placée devant un poste de chasse, — les fluides sains encore, mais que leur pitié vers l'enchaîné et le malade vont lier et corrompre.

Je ne sais si je m'explique avec assez de clarté. Ce qui est certain, c'est la stratégie du rite noir, cette conquête accomplie sur l'envoûté par l'adduction à la figurine des vêtements, de la dent, des cheveux, de l'ongle, d'un peu de la sensibilité de celui qu'elle symbolise. Puis l'exil dolent de ces particules appelle par affinité le nerveux influx qui, un peu endolori déjà des douleurs partagées, va se livrer bientôt à son bourreau, marche volontairement à sa torture[6] !

Et alors le combat se précise et s'étend. Le magicien s'exalte.

Clos dans son cercle, où les noms sacrés veillent comme des sentinelles autour d'un fort, vêtu selon le rite, avec au front la calotte de plomb qui amorce les rayons tristes de Saturne, armé d'une ronce, d'un couteau, de morceaux de verre, de tisons rouges, — de sa haine surtout[7], — il attaque la manie, sur laquelle pèsent les signes des archanges victorieux. Placé dans la direction de la victime vivante, il l'abomine en se servant des psaumes ; il extrait des comminatoires menaces des prophètes les versets de colère qui firent s'écrouler les murs de Jérusalem. Le doux Jésus aussi apporte ses rares phrases courroucées, les apôtres leurs reproches ; et, pour mêler les poignards rouillés des superstitions aux haches frénétiques du culte, le sorcier éventre l'arsenal des grimoires d'où s'éparpillent, orduriers et sanglants, les mots barbares, absurdes, panthéistiques en qui dorment les venins concentrés des premiers prêtres, les terreurs des premiers vaincus immolés sur les autels de la Force. Typhon s'allie à Satan, Siva fraternise avec Ahriman. Le souvenir de Moloch conforte Lucifer[8]. De tous les coins noirs de l'espace, le verbe impératif mobilise les légions des divinités déchues, fantomales et voraces, des démons les plus oubliés et les moins repus. Tantôt il rappelle les vertus de l'ennemi afin d'exciter les fatales jalousies du vertige, tantôt il célèbre les vices et les défaillances, afin que par ces chemins mystiques, pavés de péchés, la caravane orageuse parvienne jusqu'au cœur condamné.

Et le refrain de la souple et sauvage querelle, c'est la phrase, austère, farouche, que réchauffe d'une larme irritée l' « eau maudite[9] » secouée sur le front déjà flétri de la dagyde : « Qu'il revête ma malédiction comme un vêtement, qu'elle pénètre dans ses entrailles comme un liquide, qu'elle descende dans ses os comme un Dieu. »

« *Induat maledictionem sicut vestimentum, intret sicut aqua in interiora ejus et sicut deus in ossibus ejus !* »

Après un certain nombre de ces combats emphatiques et étriqués, lorsque l'effigie totalement s'écroule, elle est transpercée au cœur et jetée au feu. L'envoûté meurt en même temps que fondent les derniers vestiges de son sosie de cire[10].

Parfois, la statuette est trouvée trop molle, trop froide, trop morte. Le sorcier a besoin d'un objet plus pantelant ; l'ivresse du sang qui coule, de la chair qui se crispe, il la lui faut. Alors, il choisit comme matière de l' « œuvre » un animal (celui duquel se rapproche le plus son ennemi) et il s'exerce sur lui avec d'autant plus de rage, s'il crie, avec d'autant plus de joie, s'il agonise dans ses blessures. Le crapaud, le serpent, la chouette, la souris ont les préférences du nécromant.

Une méthode différente, qui relève moins de cette esthétique abominablement pittoresque, c'est la « Charge »[11]. Le sorcier, s'étant procuré les indispensables cheveux, ongles, lambeaux de vêtements ayant appartenu à celui qu'il veut férir, les enveloppe, les pétrit, les amalgame à une dagyde, encore, à un crapaud, ou à tout autre reptile. Il y crache dessus, y ajoute des ordures, des fragments d'hosties, des graines, tout ce qui germe, pourrit, fermente !

Longtemps, il a magnétisé de son vouloir vénéfique le fatras informe ; il le dépose sous le sol, que foulera l'adversaire, généralement afin de ne pas le manquer, au seuil de la porte qu'il doit passer sûrement, là où son pied sans méfiance posera. Mais le danger est grand pour l'opérateur si la charge est découverte. (Voir le chapitre suivant et se rappeler la mort foudroyante du berger Hocque.) Ce maléfice sert à la haine comme à l'amour.

Enfin quelques démoniaques adoptent un procédé plus simple. Ils se contentent (voir l'*Envoûtement d'Amor*) de maléficier un objet, surtout un mets, une boisson, ou un fruit, et de le donner à celui qu'ils veulent atteindre. La perfide volition se communique de l'envoûteur à l'envoûte par le canal de l'objet, imprégné en quelque sorte d'un démon. Voici la conjuration qu'ils prononcent sur l'hostie malfaisante, qui sera le talisman perfide de leur détestation :

« Où êtes-vous, Semeurs de discordes, Arator, Lapidator et Séductor, où êtes-vous, ordinateurs des vexations, enfants de la haine et fabricateurs d'ennuis ? Je vous conjure et atteste par Celui qui vous créa et par Celui qui vous a confié ces ministères ; et aussi parce que vous faites ces choses volontairement et par plaisir, je vous prie et supplie que celui qui mangera de ceci ou le touchera en quelque manière soit toujours en désaccord et qu'il ne puisse jamais être rappelé à la concorde. »

II

LE CHOC EN RETOUR

Cet appel de l'envoûteur à l'envoûté, s'il fait la force du rite, fait aussi son danger. Que le persécuté devienne conscient, qu'il sache d'où essore le mal mystérieux qui le décime, — au lieu de laisser, par ignorance, ses fluides s'acheminer vers leur assassin, au lieu de consentir en les troubles profondeurs de son être à l'émigration des corpuscules sensibles, pareils à des femmes en deuil qui vont pleurer devant une prison, — il profitera justement de l'élan, vers l'effigie, de son peuple intérieur, mais il l'ordonnera en phalange serrée et sous les armes ; il mettra entête sa volonté, sa haine aussi, l'orgueil de délivrer, serait-ce par l'extermination de l'oppresseur, la partie déjà opprimée de lui-même. Et une conflagration a lieu, une bataille redoutable, dont le champ est l'effigie ; celle-ci, en effet, n'est pas seulement chargée des dépouilles de l'envoûté, de ses énergies à lui, elle est aussi comme lourde de la colère de l'envoûteur, elle a bu ses exécrations, elle suinte de ses furies.

À proprement parler, voilà « le choc en retour ». Vous avez éveillé la sensibilité de votre victime ; si ses forces actives sont efficaces, elles peuvent déchaîner contre vous un tourbillon de revanche, qui, exalté par l'instinct de défense et de conservation, risque de vous emporter aussi aisément qu'une raffale arrache une branche pourrie.

J'appellerai ce choc en retour « le choc en retour par le glaive » ; car il y a là contre l'opérateur de ténèbres comme la victorieuse pointe d'une justice, l'assaut d'une nation armée, qui répond à l'assiégeant par une vigoureuse sortie.

L'autre choc en retour que je désignerai sous cette appellation, symbolique aussi, « le choc en retour par le bouclier », c'est une réplique en quelque sorte silencieuse, le refoulement des énergies belliqueuses par une triple enceinte, haute et close, impassibilité où se brise et s'acharne la colère au point de se lacérer elle-même, ne pouvant plus rien délabrer.

Supposez l'opérateur en sa cave basse, s'exerçant sur la dagyde avec ses armes empoisonnées et sa volonté plus venimeuse encore. L'animosité grandit de ne trouver à son appel aucune ligne de résistance ou d'affinité ; lui s'exaspère vainement, la statuette mollit et pleure, agonise ; mais l'ennemi qu'elle représente doit rire de ces simagrées sans résultat. Alors le sorcier se déploie, s'extériorise plus encore, s'avance mystiquement dans l'espace. Son corps astral, sa propre larve, partant sur les indices des vêtements, de l'ongle, de la dent, des cheveux, s'achemine en effet jusqu'à l'objet de sa vindicte, et les flots de son effervescence heurtent avec un entêtement de baliste le frigide mur. Si la forteresse est solide, elle attendra patiente la fin de la bourrasque et verra par les yeux de ses créneaux l'énorme écume se replier sur soi-même, contre soi-même, se diviser, s'amincir, déchaler en une déroute qui se courrouce contre le flot primordial qui l'impulsa.

Mais supposez que les remparts soient fragiles ; la trombe aura vite fait de les fendre, de les renverser, puis de les entraîner en le mystère de son largue ; il ne restera plus rien bientôt du bastion si ce n'est quelques galeries démantelées.

Le choc en retour par le bouclier n'est victorieux que si la triple enceinte est inébranlable, c'est-à-dire si l'objet des ténébreuses manœuvres est défendu par une volonté inviolable, une pureté ascétique et une prière ardente. Il ne lui est permis d'être impassible qu'à ce prix.

Même loi de retour pour l'envoûtement amoureux. Qu'il prenne garde, celui qui veut se faire aimer à tout prix, comme celui qui veut détruire à tout prix. L'explosion passionnée tant désirée pourrait bien n'éclater qu'en lui. À force de presser l'image de celle qu'il veut sienne, il s'expose à en devenir possédé au lieu d'en être possesseur ; il descendra jusqu'en les cryptes de son cœur ce feu qu'il attisa contre elle et auquel lui-même il s'incendie

III

LES DANGERS ET LES PRÉSERVATIFS

(L'ENVOÛTEMENT TRIANGULAIRE)

L'œuvre de damnation devient souvent l'œuvre d'esclavage, il suffit pour cela d'une maladresse de la part du maléficiant, d'une force noble en le maléficié ; celui qui frappe est frappé, celui qui tente est tenté, celui qui croit vaincre succombe.

La « charge » surtout prépare un danger de mort à celui qui l'a fabriquée. Là le sorcier doit donner plus encore de lui-même que pour le volt celé en sa cave nocturne ; il met sa propre âme décomposée en ces fétides poisons. Autrement comment expliquer le malaise de celui qui entre dans la zone de ce choléra magique ? Les propres fluides de l'opéré cachés en la boule excrémentitielle servent bien d'amorce, mais les fluides plus nombreux de l'opérateur l'emportent sur eux ; leur malfaisance gagnera le passant attendu, gangrène invisible, vol de microbes, philtre qui a les ailes si noires qu'on ne les aperçoit plus !

L'exemple irréfragable du berger Hocque est bien fait pour terroriser l'infâme ouvrier du vénéfice. Ah ! celui-là avait bien déposé toute son âme en l'horrible et puant paquet. Les flammes, en consumant l'engin, brûlèrent ses fibres les plus secrètes. Dans sa prison, n'ayant rien pour se défendre, ni cercle, ni livrets sataniques, ni délirantes potions, il subit — dynamisme irrésistible — l'élan retourné de sa haine et il se tua comme un anarchiste qui mourrait dans l'explosion de la bombe qu'il fabriqua

Aussi le mage répugne à une aventure aussi volcanique, il préfère les paroles, les gestes, l'effigie muette chez lui, à l'étagère du meuble le plus secret. Moins efficace peut-être physiquement parlant, plus hypocrite, son sortilège se rabat moins aisément contre lui. Il agit sur un plan plus mystique, joue beaucoup mieux la mort de l'âme, la folie, que le coup de foudre nerveux, l'exitial spasme.

Que de ruses pour échapper au juste châtiment, qui cependant tôt ou tard retombera sur sa tête criminelle, efiuse en attendant ses embruns de remords, la poussière liquide et acide des inquiétudes, appuie cette tête d'insomnie sur un coussin de subites et malignes épingles !

Les plus insidieux et les plus puissants usent d'un subterfuge, raffinement de cruauté, qui trop souvent paralyse la loi de retour. Ils n'envoûtent jamais d'amour ou de haine un seul individu, mais deux au moins ; ils s'isolent des éclaboussures par l'utile cercle, creusent des circonvallations mystiques autour de leur hiératique personne, défendue par des pantacles, des talismans, des chartes sacrées ; sur eux le manteau d'Apollonius les préserve des reflux électriques ; les voyantes leur annoncent l'invasion hostile du ressac ; ils dépistent et mieux encore ils détournent ; la force de mal déployée mais repoussée, ils en utilisent la puissance de recul à d'autres maléfices. Supposez le vent abondant contre une voile, il la pousse, mais la voile prise un peu de revers offre une résistance qui crée un angle de réflexion, inflige au souffle une direction nouvelle vers un troisième point. De même en les plus tortueuses pratiques. L'envoûteur attaque de biais, reste ainsi dans son rôle torve et lâche, échappe donc au rebond et lui offre un nouvel obstacle qui subira un choc d'autant plus pénible et inévitable que l'arme inconsciente se sera davantage durcie pour avoir été repoussée. Donc, si l'on veut, chassant la flèche funeste, qu'elle n'ait point une destination cruelle pour l'innocent, à qui, sans le savoir, on la renvoie, il est nécessaire de connaître le deuxième envoûté, la victime dernière désignée pour sauver à la fois l'assaillant et l'assailli. Si l'on arrive à protéger, par l'avertissement des voyantes, les prières assidues, l'effort mystique, le point de mire vers lequel la foudre du sorcier refluera, alors celui-ci court vraiment le danger suprême. Son maléfice lui revient enfin, plus courroucé d'avoir subi deux désastres ; et comme le mal doit tout de même s'accomplir, comme aucun vouloir haineux n'est vain, les cercles originels du Méchant entendront gronder autour de leur formidable défense les lions déchaînés qui, ne s'étant pas assouvi sur les proies promises, s'élancent sur le dompteur et l'excitateur pour le dévorer.

Et tel est l'arcane de la plus redoutable œuvre magique : l'Envoûtement Triangulaire !

IV

ENVOÛTEMENT PAR LA POUDRE SYMPATHIQUE ET PAR LE SANG

Paracelse, qui voyait dans le sang le plus merveilleux concentrateur des forces magiques, est un des grands théoriciens de l'envoûtement ; il dut n'ignorer aucune de ses plus abstruses pratiques, mais je veux croire qu'il n'en usa que dans un sens médicinal et curateur. Car, une fois la communication phrénique et nerveuse établie de l'envoûteur à l'envoûté, celui-là peut, selon qu'il le désire, agir en un sens bienfaisant ou malfaisant sur celui-ci. M. Christian fils m'a envoyé ce document extrait des archives de son père et qui rappelle la méthode de Paracelse ; je le transmets tel quel, car il présente le plus haut intérêt tant au point de vue scientifique qu'au point de vue mystique.

« On prend du vitriol romain (ou pour parler moins mystérieusement *universel* ou *catholique*), c'est-à-dire commun, le plus pur possible.

« On l'expose au soleil pendant *la canicule*, « Arrosé de cette source de Lumière et de Chaleur », il s'altère doucement, se dessèche, se réduit en poudre, se calcine et se blanchit. Voilà le secret de cette poudre miraculeuse, dont il faut user comme suit :

« On trempe un linge dans le sang ou le pus qui sort de la plaie du blessé (?). On met un peu de cette poudre sur ce sang, et on le garde en un lieu tempéré ; ceci étant réitéré cinq ou six fois, quelquefois plus, quelquefois moins, les parties divisées *se rejoignent*, la plaie *se referme* et le blessé se trouve *sain,* quand même il serait éloigné de plus de mille lieues du linge où est appliquée la poudre.

« La poudre sympathique a reçu du soleil une vertu si forte et si subtile qu'elle traverse tout et étend son action malgré les obstacles.

« *Dieu a fait choix d'une substance terrestre pour y marier les vertus terrestres et célestes, en image de l'union hypostatique de la nature divine et de la nature humaine dans l'incarnation du Christ.* »

« La vertu du vitriol est si mordante que, appliquée sur la partie blessée immédiatement, elle tuerait le malade au lieu de le guérir.

« *Le soleil éclaire la vue, mais il peut la tuer.* »

« Appliquée sur le linge imbibé de sang, la poudre produit des effets tempérés.

« Si on approche ce linge du feu, *le malade souffre plus ;* si on le retire, *il souffre moins.*

« La poudre ne brûle pas le linge parce qu'elle n'est pas excitée par la chaleur qui se dégagerait du corps.

« *Le sang retiré garde une communication mystérieuse, une affinité avec le sang, resté dans le malade.* L'Influence est portée par l'Esprit Universel du monde. (*Spiritus Dei præbitur super aquas.*) »

Ces lignes, extraites d'un grimoire manuscrit et inconnu, portent le sceau de leur hypocrisie magique, bon indice de la validité de la recette. Telle que je la transmets incomplète mais déflorée, en cas d'usage malveillant, on peut, contre elle averti, se prémunir.

V

LA SCIENCE MODERNE ET L'ENVOÛTEMENT

En somme l'envoûtement serait du magnétisme ritualisé. Dans les expériences modernes, d'une autorité scientifique bien supérieure aux phénomènes mal observés d'autrefois et souvent grossis par des imaginations ignorantes et superstitieuses, je trouve épars le rite de l'envoûtement. Qu'est-ce qui vous trouble pour admettre la puissance de cette magique cérémonie ? Vous répondez : « Il est impossible d'agir à distance sur qui que ce soit sans aucun des moyens usuels qui relèvent des sens. » Mais le magnétiseur La Fontaine endormait à distance, le docteur Richet a suggéré de loin, les expériences d'Ochorowicz ont prouvé que les forces du cerveau traversaient l'espace.

— Autre chose vous gêne ? « Je ne crois pas, dites-vous, à la valeur de l'exécration magique ; comment des paroles peuvent-elles affecter un corps humain au point de modifier comme par miracle son état d'âme, faire descendre en lui l'infortune et la douleur ? » Mais songez que l'abbé Faria a dédaigné, pour endormir, toute autre action que celle de la voix. « Dormez, » criait-il au sujet. Et le sujet dormait. Vous voyez bien que le verbe n'a pas seulement la mystique responsabilité de l'existence du monde ; le verbe plonge dans l'âme, la perfore, la retourne, la recrée, l'exalte, peut aussi l'assommer. Un hypnotiseur peut greffer par la parole toutes les maladies à l'organisme de son sujet ; comme il peut le guérir, le transformer, le pousser aux confins hyperterrestres de l'extase. — C'est le geste qui vous semble superstitieux et vous raillez les fureurs d'un poignard iconoclaste ? mais songez bien aux récentes expériences du lieutenant-colonel de Rochas. Jetez au feu le verre d'eau chargé de la sensibilité d'un somnambule ; vous lui conférez une crise redoutable. Quiconque appuie sur les membres d'une statuette chargée de la force vitale d'un sujet, transmet au sujet une douleur correspondante.

Mais, dites-vous, si l'envoûtement est possible de magnétiseur à magnétisé, comment croire à des opérations d'où l'hypnose est exclue ? Je vous réponds qu'il ne faut pas être dupe des mots. Qu'est-ce qui met à la disposition du fascinateur le fasciné ? La passivité, l'inconscience de ce dernier, d'abord, la communication de l'un à l'autre ensuite. Or, il n'y a pas que l'hypnose pour instituer cette passivité, cette inconscience. À l'état ordinaire une volonté forte enchaînera vite d'adynamiques nerfs. Ensuite l'envoûteur a toujours soin de prendre contact au préalable avec l'envoûté. La nécessité d'un objet imprégné des énergies de la victime est, comme nous l'avons dit, inséparable de l'opération.

Bref, l'envoûtement établissait depuis l'aurore des siècles la puissance du magnétisme, la fréquence de la télépathie, l'évidence de la suggestion. Mais les anciens sorciers ne tâtonnaient pas comme nos savants modernes, ils recevaient oralement une tradition lointaine aux recettes précises ; sans en discerner le fin mécanisme ils maniaient les forces inconnues avec l'aisance de vieux praticiens.

Ceci ne revient point à dire que ne puisse avoir lieu effluence mystique, intervention démoniaque, autre que la coopération constante du démon à toute œuvre de mal. Le sacrilège s'unissant au sortilège lui confère une aimantation nouvelle ; de plus sordides désordres se propagent dans le monde à la violation des principes divins.

Mais la grande objection je la sais. Vous allez me dire : je ne puis admettre que comme un rêve ingénieux l'infusion des fluides humains en une effigie ; l'âme sensible ne quitte pas le corps, elle ne peut pas — je reprends la comparaison employée déjà — être emmenée prisonnière. Ou du moins rien ne le prouve jusqu'ici. — Vous n'avez donc pas connaissance des récentes expériences (1892) du Dr Luys à la Salpêtrière ? Par le moyen d'une couronne en fer aimantée, ce savant transportait la sensibilité d'un malade en l'organisme d'un autre malade. Ce dernier, ayant sur la tête la couronne, répétait aussitôt et comme siennes les crises du premier. Le « transfert » ou possibilité d'emmagasiner et de transplanter les vibrations nerveuses d'un sujet est devenu maintenant scientifique.

M. de Rochas d'Aiglun développa cette découverte ; il a su par des méthodes prudentes recommencer devant témoins, certains phénomènes de l'envoûtement primitif ; il me paraît avoir apporté à l'efficacité de <t la charge » l'autorité surtout d'un nom docte et d'une expérimentation intègre. En effet, ayant réduit un sujet à l'état de passivité absolue et ayant approché de lui une statuette de cire, un verre d'eau ou une plaque photographique, cette statuette, ce verre ou cette plaque se chargent de l'énergie du patient rayonnée hors de lui. Quiconque ensuite agit sur l'objet atteint la personne, à la condition suivante :

Le sujet dégage jusqu'à une certaine distance sa sensibilité, la substance imprégnée a aussi un champ d'expansion précis ; si l'on influence la substance, le sujet en recevra une sensation d'intensité égale, pourvu que la distance de la substance à l'objet ne dépasse pas la somme des rayons des deux champs d'émission. Sans cela la communication est très faible ou nulle. Voilà « pourquoi, ajoute M. de Rochas, l'envoûté ne ressentait l'effet du volt que lorsqu'il passait auprès de ce volt.[12] »

L'éminent professeur, n'ayant pas reconnu encore l'influence du rite exécratoire, n'est qu'au quart de la route. Car au delà de la volonté de l'opérateur, il y a aussi les influences des volontés invisibles, messagères du sortilège, l'intervention de l'od intelligent, du mercure ailé des kabbalistiques sorts.

VI

L'ENVOÛTEMENT À TRAVERS LES PAYS ET LES SIÈCLES

Il semblait que depuis peu de temps le monde respirât, délivré de la peur du maléfice et de l'envoûtement. Aujourd'hui le Diable souple s'arme de la suprême hypocrisie ; il rit de lui-même. Mieux encore, il est sans préjugés, sceptique, pas même négateur, il sourit. L'antiquité fut plus crédule, plus sincère. Les livres sacrés des peuples enregistrent l'universelle terreur de la mort mystique. La Perse, la Khaldée, la Judée, l'Égypte, l'Inde frémirent sous le vent des flèches malfaisantes qui sifflaient à l'arc invisible des démons. Et les lois frappèrent de mort celui qui stipendie et enrégimente les larves homicides. La Rome païenne n'a pas plus de pitié que nos inquisiteurs. Les papes fulminent, les rois décrètent[13], les tribunaux exterminent, les foules font quelquefois justice de leurs propres mains. C'est que le sorcier, comme je l'ai soutenu dans la première partie de ce livre, apparaît le véritable anarchiste éternel. Sa bombe, d'autant plus pernicieuse qu'elle est moins perceptible, éclate au temple, au palais, dans les étables, au milieu des moissons, dans le ventre des hommes ou des animaux, aux entrailles de la terre. Pire ennemi. Il tue, les bras croisés. Aussi je m'explique les effroyables tortures ; je n'ai pas contre elles l'épileptique pitié d'un Michelet. Je les condamne, mais je les comprends. Légitime défense, affolement de persécutés, devenant par épouvante des bourreaux.

Les imprécations, qui agissent, disent les textes, pareilles aux démons, restent le grand rite chaldéen ; elles « saignent l'ennemi comme un mouton », elles « font la maladie dans le corps et mettent dans l'âme le tourment ». Mieux que les hommes de guerre, elles défendent le seuil des temples, les murailles des villes, les chars des guerriers, les tablettes des souverains. (Voir les imprécations d'Apil Schim, fils de Zabu, celles de Rammaru-Nirari Ier, celles de Schalmanu-Ascharid Ier.) Elles atteignent, pareilles aux fatalités héréditaires, la semence du profanateur, ses enfants, ses petits-fils, son pays même où elles déchaînent l'inondation, l'incendie et la tempête[14].

M. Chabas, qui a déchiffré le papyrus Harris, y a découvert les procès d'un berger égyptien, mis à mort, comme si déjà nous étions au moyen âge, pour sortilèges. Moïse ne veut pas que l'on laisse vivre la sorcière. Platon, qui n'est pas très sûr de l'efficacité des figures de cire, cite le décret ordonnant de tuer l'enchanteur. La loi des Douze tables ne pardonne point à l'envoûteur, si exécré qu'il en est devenu sacré : « sacer ! »

Pline (livre XXVIII, ch. II) « cite ceux qui arrachent les bleds étant sous terre ».

Il est impossible d'être catholique ou seulement chrétien et de ne pas croire à l'envoûtement.

Dans le « livre de Sapience » (ch. XII, vers 4) il est écrit : « Pour ce qu'ils (les Chananéens) usaient de sorcelleries exécrables et de sacrifices contraires à toute sainteté. »

Saint Paul, s'adressant aux Galathes (chap. III, vers 1), les interpelle ainsi : « Galates mal advisés, qui vous a ensorcelés ? »

Les conciles de Carthage et de Constantinople n'omettent point « les maléfices mortels ».

Troïle de Maluets, grand jurisconsulte ; Martin d'Arles, théologien ; saint Hiérosme, Tertullien croient aux enchantements. Le sermon 207 de saint Augustin s'adresse aux sorciers « qui peuvent tuer ou guérir par suggestion du Diable ».

Un pape lui-même a été envoûté et le déclare (1317).

C'est Jean XXII, second pape d'Avignon, qui, dans un bref, adressé aux cardinaux et parlant de Pierre d'Artige et autres conspirateurs, dit en propres termes :

« Ils ont préparé des breuvages pour nous empoisonner, nous et quelques cardinaux ; et n'ayant pas eu l'occasion de nous les faire prendre, ils ont fabriqué des images de cire sous notre nom, pour attenter à notre vie en piquant ces images avec incantations magiques et évocations des démons ; mais Dieu nous a préservé et fait tomber entre nos mains trois de ces images. » (*Bibliothèque archéologique historique de Tarn-et-Garonne*, t. IV, 1876.)

En 337, ceux qui « de loin font mourir leurs ennemis », sont voués au bûcher par l'empereur Constance. En France, Childéric III, Charlemagne, Charles VIII, Charles IX, Henri III, Louis XIV, Louis XIV même s'acharnent en édits contre les sorciers.

Le 30 avril 1315, Enguerrand de Marigny, convaincu de diablerie contre la vie du roi, fut pendu par ordre de Charles de Valois, oncle de Louis X.

Mais l'aventure de Robert d'Artois, telle que nous la rapportent les mémoires de l'Académie (p. 627) est plus édifiante encore :

« Entre la Saint-Remy et la Toussaint de l'année 1333 frère Henry fut mandé par Robert, qui, après beaucoup de caresses, débuta par lui faire derechef une fausse confidence, et luy dit que ses amis luy avoient envoyé de France un volt ou voust, que la Reine avait contre luy. Frère Henry lui demanda « que est-ce que voust ? C'est une image de cire, répondit Robert, que l'on fait pour baptiser, pour grever ceux que l'on veult grever. L'on ne les appelle pas en ces pays voulz, répliqua le moine, l'on les appelle manies. » Robert ne soutint pas longtemps cette imposture : il avoua à frère Henry que ce qu'il venoit de lui dire de la Reine n'estoit pas vray, mais qu'il avoit un secret important à luy communiquer ; qu'il ne le lui diroit qu'après qu'il auroit juré qu'il le prenoit sous le sceau de la confession. Le moine jura « la main mise au piz ». Alors Robert ouvrit un petit écrin et en tira « une image de cire enveloppée en un quevre-chief crespé, laquelle image estoit à la semblance d'une figure d'un juenne homme, et estoit bien de la longueur d'un pied et demi, et si le vit bien clèrement parle queuvre-chef qui estoit moult-deliez et avoit entour le chief semblance de cheveux aussi comme un jeune homme ». Le moine voulut y toucher. « N'y touchiez, frère Henry, lui dit Robert, il est tout fait, icestuy est tout baptisez ; il n'y faut rien à cestuy, et est contre lehan de France et en son nom, et pour le grever : Ce vous dis-je bien en confession, mais je en vouldroye avoir un autre que je voudroye que il fut baptisé. Et pour qui est-ce, dit frère Henry. C'est contre une deablesse, dit Robert, c'est contre la Royne, non pas Royne, c'est une dyablesse ; ja tant comme elle vive, elle ne fera bien ne fera que moy grever, ne jà que elle vive je n'auray ma paix, mais se estoit morte et son fils mort, je auroie ma paix, tantôt au Roy, quar de luy ferois-je tout ce qu'il me plairoit, je ne m'en double mie, si vous prie que vous me la baptisiez, quar il est tout fait, il n'y faut que le baptesme, je ay tout prest les parrains, et les maraines et quant que il y a mestier, fors de baptisement… il n'y fault à faire fors aussi comme à un enfant baptiser, et dire les noms qui y appartiennent. » Le moine refusa son ministère pour de pareilles opérations, remontra « que c'étoit mal fait d'y avoir créance, que cela ne convenoit point à si hault homme comme il estoit, vous le voulez faire sur le Roy et sur la Royne qui sont les personnes du monde qui plus vous peuvent ramener en honeur. » Robert répondit : « J'aimerais mieux estrangler le dyable que le dyable m'estranglast. »

Le frère révéla tout, ayant été relevé du secret de confession par la Sorbonne ; mais Robert d'Artois, qui avait comme complice le duc de Brabant, des conseillers du parlement et une foule de seigneurs, resta impuni. Philippe VI eut beau exiger la peine de mort. Le tribunal prononça son verdict en tremblant et prit la fuite. Le roi n'osa faire l'application de la sentence, et permit que Robert s'évadât...

M. Falgairolle[15], substitut du procureur de la République à Nîmes, a publié récemment selon les pièces des archives de la Lozère le procès intenté à Pépin, prêtre du diocèse de Clermont en 1347. Pépin avait envoûté l'évêque de Mende par une « manie », fabriquée un vendredi et sur la poitrine de laquelle il écrivit les noms des Dominations. Cela pour obéir au seigneur d'Apcher. Il s'était conformé pour la méthode au livre de magie *De Naturalibus*, composé par le roi de Majorque.

Jaloux de Glocester, le cardinal de Winchester prétendit que la duchesse, secondée par une sorcière et un prêtre, attentait magiquement à la vie d'Henri VI, roi d'Augleterre. Les trois accusés furent déclarés coupables et diversement châtiés.

Personne n'ignore le sort de ce malheureux Trois-Échelles, qui expia au bout d'une corde de sataniques conspirations. Côme Ruggieri, astrologue de Catherine de

Médicis, plusieurs fois torturé, avoua un joli chiffre d'envoûtements pour le compte de la feue reine mère. On le relâcha ; car il jura en avoir fait pénitence.

Vengeurs du duc et du cardinal de Guise, des prêtres ligueurs consacraient à la messe des effigies de Henri III, dont ils traversaient le cœur en l'appelant : « Tyran Hérode ! »

Léonora Galigaï, maréchale d'Ancre, fut brûlée vive quoi-qu'elle niât avoir géhenné avec « des boulettes de cire » plusieurs personnes de la cour. Elle eut beau s'écrier : « J'avais seulement Tasceodant d'une âme forte sur des âmes faibles. » On lui répondit : « Mais cela, c'est déjà l'envoûtement. »

Le XVIIe siècle, si correct, si raisonnable, le siècle de Descartes et de Bossuet, du débauché Racine aussi, qui savait demander aux drogues l'agrément de nouvelles maîtresses, est gangrené de vénéfices. Le procès de La Brinvilliers et de La Voisin a établi qu'un quartier de Paris tout entier était le mauvais lieu des messes noires et des envoûtements[16].

Déjà, dès l'aurore du siècle, « les sorcières de Macbeth, dit M. Frédéric Delacroix, conseiller à la cour d'appel de Rouen[17], ont été dépassées ».

Par une rayonnante nuit d'été en 1619, le gardien du cimetière de Saint-Germain des Prés aperçoit trois vieillardes déposant en une fosse de la chair sanglante. Il les fait arrêter. On déblaie la terre souillée, on y trouve « un cœur de mouton plein de clous à lattes, bordé en forme de demi-croix et force longues épingles y tenant ». L'une des sorcières avoue que c'est un maléfice d'envoûtement.

À peu près à la même époque, une femme, jalouse d'un jeune lord, s'empare du gant de la main gauche, le fait bouillir, le traverse d'épingles, l'enfouit avec des malédictions. À l'heure dite, l'Anglais voit sa main atteinte ; peu de jours après il meurt[18]. Un livre imprimé en 1610 : « Le second jour des jours caniculaires », rapporte qu'une honnête femme menacée par une sorcière souffrit atrocement dans ses boyaux percés de part en part. Un potier fouilla le seuil et y trouva une image longue d'une palme, perforée d'une aiguille. Le sortilège jeté au feu, la femme est guérie.

Tous les livres qui ont touché de près ou de loin au satanisme parlent longuement des maléfices de Gauffridi (1610), de Grandier (1632), de David, Picard, Boullé (1647), je n'y reviendrai plus. Nul n'en ignore.

Combien plus instructif, quoique sans argutie théologique, le procès des sorciers de Pacy et du fameux berger Hocque. Beatrix, un mouchard, parvient à lui extraire après boire son secret. « Je me suis servi, dit Hocque, d'un engin composé d'eau bénite, de fragments d'hostie, d'excréments d'animaux, de riz corrompu et de grains de chapelet. Nous appelions ce charme « les neuf conjurements » ou « le beau Ciel-Dieu ».

Bras-de-Fer, autre liseur de grimoires, est chargé par Ilocque de déterrer le paquet qui est en effet découvert aux écuries. Au moment même où on le brûle, Hocque dans sa prison meurt « avec des convulsions étranges », comme un possédé !

Malgré la guerre du scepticisme, menée par Voltaire et les encyclopédistes contre les superstitions, le XVIIIe siècle fermente de satanisme, un satanisme de cloître, plus redoutable et plus hypocrite, qui permet au souffle révolutionnaire de l'emporter bientôt sur l'esprit chrétien, celui-ci étant lourd d'impuretés cléricales. En 1731, le prêtre Girard envoûte d'amour La Cadière. Le vieil Androgyne du temple se redresse et s'agite aux conjurations de Cagliostro. La Révolution française n'est peut-être que l'orage suprême, d'un formidable cyclone d'envoûtements

Notre siècle, si stérile en miracles, avoue çà et là, par quelques procès étranges, la persistance du rite maudit sous l'indifférence et l'épaisse raillerie des MM. Homais.

Un conseil de guerre, présidé par le lieutenant-colonel de Cantillon de Ballahègue, faisait comparaître le 28 août 1824 le soldat Lebel, lancier en garnison à Sézanne, prévenu d'avoir escroqué une somme à la famille Tournecuellière. « Oui, répond Lebel, j'ai accepté de l'argent de ces gens-là, mais pour avoir guéri d'un envoûtement leur fille. » Lebel fut condamné, quoique la famille, loin de se plaindre, confirmât par ses dépositions la réalité du prodige. En appel, le lancier fut acquitté, et on inscrivit au jugement que le mal dont la jeune fille fut sauvée avait échappé aux médecins et ne semblait pas le résultat d'un désordre des organes.

En 1842, une pétition est adressée aux Chambres par M. Croissant, qui demande à être protégé contre trois malandrins qui l'exterminent à coups de fluides. On en rit. Mais Lavaud, l'un des magiciens désigné, ayant été arrêté, M. Croissant va mieux. On relâche Lavaud sans en faire part au persécuté. Celui-ci s'en aperçoit aussitôt à la reprise des hostilités magiques. Sans que nul n'en soit avisé, Lavaud est arrêté encore. Le lendemain, Croissant est sauf de tout malaise[19].

L'affaire du berger Thorel est plus concluante encore.

En 1851, le berger Thorel, si j'en crois le marquis de Mirville, qui eut en mains les pièces du procès et fut même témoin oculaire, attaque devant la justice de paix le curé de Cideville pour trois coups de gourdin dont ses épaules furent meurtries. Voici le fait : le presbytère était, depuis assez longtemps déjà, secoué par des manifestations diaboliques : les murs résonnaient d'insolites rumeurs et les meubles entraient en danse. Un sorcier du pays avait en effet comploté de se venger du curé et des deux jeunes gars, ses élèves. Le berger Thorel fut choisi par le magicien comme l'instrument de sa haine. C'est lui, Thorel, qui apparaît à un des enfants et lui inflige devant témoins un vigoureux soufflet de cinq doigts, qui, quoique fluidiques, n'en laissent pas moins sur la joue leurs traces bleues. Les ecclésiastiques appelés trouent le fantôme à coups d'épée ; une fumée blanchâtre et fétide empuantit l'appartement : « Pardon, » clame une mystérieuse voix. Aussitôt on questionne l'invisible, qui avoue la complicité de cinq magiciens. L'après-midi, Thorel arrive au presbytère. L'enfant persécuté le reconnaît ; il ressemble tant au fantôme harceleur ! Et ceci le caractérise davantage encore : des écorchures sur tout le corps... les épées n'ont pas été vaines !... Thorel demande pardon dans le presbytère et à la mairie, mais, se traînant sur les genoux, il tente de toucher soit le petit, soit le curé, sans doute pour accroître hypocritement l'effet du maléfice. Le prêtre ne se prête pas à la ruse criminelle ; il roue de coups le coquin. Le jugement du tribunal de simple police d'Yerville (4 février 1851) déboute Thorel et le condamne aux dépens. Le sorcier garde sa raclée, et l'envoûtement est cassé par le gourdin. En somme, le mage le plus habile cède à l'éloquence d'un bâton solide ; c'est toujours l'histoire du merveilleux Androïde d'Albert le Grand, qui ne résiste pas à une correction bien appliquée.

Il y a peu d'années, si j'en crois M. J.-K. Huysmans, un certain comte de Lautrec faisait don aux églises de statues pieuses qu'il maléficiait pour sataniser les fidèles. Et les récentes mésaventures du docteur Johannès n'ont-elles pas défrayé toutes les chroniques d'Europe et d'Amérique les années 1892 et 1893[20] ?

Mais à l'envoûtement moderne, j'ai réservé un paragraphe spécial.

En fait, l'envoûtement pousse en branche sordide au grand arbre mystérieux des hétérodoxes cultes. Le paganisme le connut et le reconnut. Hécate et Cottyto étaient les déesses des envoûteuses. Le sabbat, après le triomphe du christianisme, perpétua, — de par le culte du Vieux Pan, réveillé du sépulchre et la présence stercoraire et formidable du Diable, synthèse des divinités mortes, — l'art des maléfices d'amour et de haine. L'envoûtement est bien sacré (*sacer !*), mais sacrilègement, horriblement. Il faut le considérer comme un rite religieux, célébré à la synagogue du Diable. Vous vous expliquerez alors sa continuité, sa terreur et même son efficacité. La sorcière du moyen âge, exaltée par l'érotisme satanique, armée des reliques de son Dieu : crottes, os de mort, crapauds consacrés, simples cueillis au cimetière ou dans les landes désolées, exerce son sacerdoce de nuisance avec une autorité exécrablement mystique. Elle trouve dans les cérémonies occultes le délire, l'ébriété nécessaires à conforter, à imprégner aussi le maléfice inanimé, sans force. Son magnétisme répand une phosphorescence aveuglante, octroie une vie féroce aux matières les moins dynamiques, aux cendres même de la mort ! L'Église du Diable, c'est la vraie fabrique des engins du mal.

Aussi l'envoûtement se filie à la messe noire comme un sacrement qui ne peut exister sans le prêtre et sans l'autel.

VII

L'ENVOÛTEMENT MODERNE

(ATTAQUE ET DÉFENSE)

J.-K. Huysmans nous a transmis par son roman *Là-bas* d'étonnantes recettes du moderne envoûtement.

Le fameux chanoine Docre (on sait que ce pseudonyme cache une personnalité encore vivante) entretient dans des cages des souris blanches[21] nourries d'hosties consacrées et de poisons dosés avec science. Précieux engins, dont il ne saurait se séparer, même en voyage. Ces bestioles saturées de maléfices, il les perce au jour dit d'un habile couteau et leur sang ruisselle en un calice. Remarquez que poulets et cochons d'Inde, rassasiés de mêmes mets sacrilèges et vénéfiques, sont massacrés semblablement afin de suppéditer leur graisse infecte. Parfois c'est « un hachis composé de farine, de viande, de Pain Eucharistique, de mercure, de semence animale, de sang humain, d'acétate de morphine et d'huile d'aspic ». Autre recette : Le poisson qui, d'après la symbolique chrétienne, est une des formes figurées du Christ, on le gave de toxiques et d'espèces saintes ; suffisamment imbibé, il est retiré de l'eau, pourri, distillé, et une huile qui rend fou en est extraite. En 1879, à Châlons-sur-Marue, le sang des souris servit aux pratiques envoûtantes d'un groupe démoniaque, et en 1883, en Savoie, un cercle de prêtres prépara l'huile horrible.

Ces substances seraient perfides à manier. Aussi Docre use de moins complexes engins contre les bonnes gens sans défense. Ayant distillé des venins, il les augmente d'acide sulfurique, propre à incendier la plaie, et c'est une lancette qu'il trempe en ce mélange.

Car voici les méthodes diverses pour transporter à qui de droit la mort mystérieuse et imprévue :

Ou bien, l'opérateur endort une femme habituée à ces exercices, la dégage de son corps, la met en situation de s'en aller, « esprit volant », vers le lieu et la personne désignés. Dans sa main la lancette volatilisée frémit et l'âme messagère entraîne avec elle l'âme de l'arme et des gouttes toxiques. Obéissante et aveugle, elle est l'inconscient bourreau d'un verdict qui est tu. Le danger de cette méthode consiste en la passivité justement de la voyante ; elle peut tout raconter si un autre magnétiseur la tient sous sa fascination et réveille en sa mémoire le souvenir du geste mortel.

Le plus pratique serait donc un esprit désincarné, une pauvre larve errante, qui, arrêtée par l'impération du magicien, s'armerait de la lancette et du philtre, accomplirait le crime en les régions difficilement explorables des au-delà de la vie. Je sais bien qu'en ce cas encore le secret n'est pas absolu. Qui sait si un sorcier hostile évoquant la même « écorce » ne lui fera pas rendre gorge, lui extirpant l'aveu de complicité ? Mais tout de même il est plus délicat de faire parler un mort que de scruter un vivant...

Comment se défendre contre ces violations de l'invisible ?

Certes, si l'attaque est malaisée, la défense ne saurait l'être moins. L'espace de trois jours seulement est donné pour se couvrir. Après ces 144 heures, si le bouclier n'a pas été forgé, la bataille est perdue. Bref, vous êtes condamné à mort. Mais s'il n'y a pas sortilège, pendant cet intervalle la loi de retour est applicable ; celui qui a porté le coup pourra en pâtir. Il existe encore deux églises qui servent à cette revanche : l'une en Belgique, à Tougres (18 kilomètres de Liège), se nomme clairement Notre-Dame de Retour ; l'autre en France, c'est l'église de Lépine, petit village près de Châlons, dont le nom révèle aussi le sortilège ; car en cette contrée les cœurs symboliques étaient torturés par les épines du terroir.

Parfois le magicien agit, en son couard attentat, avec un certain appareil de loyauté. Il avise, par une condamnation officielle, surchargée de pantacles et de malédictions, qu'il frappera à telle date, sans délai. Alors, on peut se dissimuler sous les fortifications mystiques, creuser des fossés, élever des tourelles ; mais le plus souvent il ne se paie pas de bravade, il attaque en tapinois. Or, comment prévoir la ruse mortifère ?

Parbleu ! étant avisé, c'est plus simple. Au moment venu, vous fuyez, déroutez l'invasion, vous réfugiant en un appartement nouveau. Ou bien, une demi-heure avant, vous criez : « Frappez ! me voici. » Les fluides s'égarent. Mais, si la ruse hostile s'augmente d'être incertaine, employez les voyantes, pressentez les stratégiques manœuvres grâce à leur regard extralucide qui s'avance au delà des cercles fermés par les démoniaques noms. Si le ciel vous favorise assez, écoutez d'une oreille mystiquement perspicace l'avis des volucres, des éperviers surtout, qui furent toujours les hérauts des déclarations de guerre entre mages. Certains sorciers, si j'en crois M. Christian fils, disposent chez eux, en un coin sensible et propice, un timbre délicat, harmonique aux vibrations éthérées et qui résonne à la première alerte. C'est un téléphone astral[22]. Dans les campagnes, l'envoûte court après son persécuteur. Si possédant des biceps supérieurs et des jambes alertes, il a la chance de l'atteindre et de le maîtriser, il l'oblige à jurer sur un crucifix une promesse de bienveillance. Le sorcier ayant renoncé à son attentat, ayant c fait les serments » (car telle est l'appellation de cet exorcisme) le malandrin est désarmé pour toujours.

VIII

LES BATAILLES DES EXORCISTES CONTRE LES ENVOUTEURS

L'hérésiarque moderne Vintras[23], dont les manuscrits innombrables relatent les luttes titaniques avec les prêtres noirs, donna de formidables recettes d'envoûtement et de suggestifs procédés d'exorcisme. Le docteur Boullan[24], qui eut un penchant marqué pour les dogmes et les rites de Vintras, continua la tradition de son maître. De Lyon, il foudroyait ses ennemis habitant Rome, Bruges (où, dit-on, réside le chanoine Docre, en la chapelle du Précieux-Sang) — Paris et Châlons.

Pour combattre, il possédait cinq armes :

1º La voyance ; 2º le contresigne ; 3º le choc en retour ; 4º les sacrifices institués par Elle Vintras ; 5º les hosties consacrées.

La veille de sa mort si mystérieuse, il faisait cet aveu troublant :

« Nous parlons de ce qui nous est connu par notre expérience personnelle. Depuis des années nous avons subi les attaques par la voie terrible des messes noires, par les envoûtements de toute sorte, surtout des poisons et par les procédés les plus dangereux. Malgré tout, par la volonté de Dieu qui seul est maître de la Vie et de la Mort, nous sommes debout et, en dépit de cruelles souffrances endurées, nous voilà en bonne santé après avoir traversé tant de périls de mort. »

Les périls de mort, non plus, mais la mort même, le lendemain, hélas !

Pour mieux faire comprendre les batailles du docteur Boullan, nous allons en mettre une brièvement en scène avec la certitude de n'être point démenti par ceux qui, comme J.-K. Huysmans, y assistèrent.

Auprès de lai, Mme Thibault, la voyante pénétrant au delà 4 de tous les cercles des ténèbres », poussait le cri d'alarme, confirmé, devancé souvent par le criaillement des oiseaux. (Au courant de ma visite à la rue de la Martinière, j'ai vu ces messagers de la mauvaise aventure tourbillonnant sur les toits voisins.) Trois jours auparavant, selon les lois magiques, le docteur avait reçu la déclaration de guerre avec tous les « Raca » d'usage. Averti, le vieillard se levait « comme un tigre »

— Madame Thibault, que font « ces ouvriers d'iniquité » ?

— Père, ils mettent votre portrait dans un cercueil.

— La loi du *contresigne*[25] et du *choc en retour* va les punir, répondait le Père, et il donnait l'ordre de placer la déclaration de guerre dans un cercueil semblable et de l'enterrer au grenier.

« Madame Thibault, que font maintenant ces méchants ?

— Père, ils disent contre vous une messe noire. »

Boullan bondissait. Ayant revêtu la grande robe rouge vintrasienne, que liait une cordelière bleue, et au dos de laquelle s'allongeait la croix renversée, signifiant que le règne du Christ souffrant est terminé, Boullan, tête nue et pieds nus — cela pendant toutes les hostilités — prononçait le sacrifice de Melchissédec, apanage des Élus du Garmel. Parfois « les ouvriers d'iniquité » n'étaient pas anéantis… Alors a le Père » accomplissait *le sacrifice de gloire* où « le rite féminin allié au rite masculin, le vin rouge au via blanc, disait-il, créait, selon la loi retrouvée par Pasteur (*sic*), un victorieux ferment, par quoi les autels impies étaient renversés et les officiants sataniques frappés de mort ». Au moment de la consécration, Boullan, tenant un fragment d'hostie dans chaque main, invoquait les grands archanges et les priait de terrasser ses ennemis, les satanistes.

Extraordinaire spectacle que l'exaltation héroïque jusqu'au délire de ce petit vieillard à mâchoire de loup, aux yeux égarés de prophète verbérant de la parole et du geste les occultistes malfaisants que la distance ne dérobait point à sa juste fureur.

Ces rites n'étaient peut-être pas que des simagrées vaines. Un de ces combats où Boullan n'eut pas le dessus devint pour ce Napoléon de la magie une sorte de Waterloo dans l'espace.

Il s'y était pris trop tard.

Des bruits éclatèrent, comme des chocs de poing contre le front de l'opérateur[26]. Et des bosses à ce front apparurent. Puis Boullan poussa un grand cri ; il ouvrit sa robe et sur sa poitrine les assistants aperçurent une large blessure sanglante.

L'autel, une autre fois, manqua être renversé ; il était devenu le point de contact, le lieu d'explosion des deux fluides antagonistes, celui de Boullan et celui des magiciens noirs.

IX

L'ENVOÛTEMENT N'EST PAS UN DANGER POUR LE JUSTE

Le mystère de l'envoûtement de sorcellerie, l'enfantement périmé et vivace de sa larve, je les ai exposés dans la première partie de ce livre au chapitre *l'Évocation du Diable*, Dès que le sorcier a créé son double, il peut le projeter où il veut. Au fond voilà l'envoûtement le plus sûr, celui qui n'a pas de confident ; le sorcier agit seul, pour son propre compte et Paracelse explique en son langage clair-obscur : « Une volonté ferme et déterminée est la rnère qui engendre l'esprit malfaisant[27]. »

Mais le danger est grand du choc en retour, de la *rupture* du charme, plutôt ; car l'homme du Diable, en projetant ce Diable, se projette lui-même et si vous atteignez sa larve, vous l'atteignez lui ; si vous tuez sa larve, vous avez la chance de le tuer lui.

Paracelse a encore analysé cet arcane :

« L'esprit, dit-il, a comme toi des pieds et des mains ; s'il est tué, il te tue ; en effet, toi et ton esprit, vous êtes une seule et même chose. Mais retiens bien ceci : ce n'est pas ton corps qui reçoit cette blessure, quand même elle serait palpable et visible sur ton corps ; ce stigmate est produit par ton esprit qui a sous ses ordres ton corps et tes membres. »

De là une sorte d'exorcisme, grossier et commode, d'un effet sûr, usuel en les campagnes.

Nous l'avons dit : le sorcier, ayant prononcé sa prière spéciale au saint sans-autel, à Judas — Jude[28], expire un petit être qu'il sculpte devant lui, avec des mains de statuaire rythmées. Cette larve se nourrit de la vie éparse dans l'atmosphère, du sang répandu dans le cercle et des fluides reptiliens ; mais, sortie de l'étrange gnostique, elle fait toujours partie de sa chair, y tient par un fil secret. Mi-conscient, ce diable improvisé va en pèlerinage homicide vers la victime désignée par l'opérateur, s'attache à elle — harpie nouvelle, impalpable limace, sangsue fantomale qui lentement boit la vie…

Un trouble inexplicable agite l'envoûté : il se cogne à tous les meubles comme un homme ivre, rabâche comme un toqué, voit devant ses prunelles lassées les mouches dansantes et noires de la cécité future, puis les insectes violets de l'étisie. Le médecin consulté hoche la tête, dit tout au plus : « Vous avez le scotome étincelant, » n'ose avouer que c'est présage de folie.

Le seul remède, c'est l'opération magique, telle que nous la décrivîmes[29], mais prise à rebours, destructrice de la larve, au lieu d'en être créatrice. Le Diable seul peut guérir les maux du Diable selon le grimoire. Généralement c'est la même incantation que pour l'envoûtement, mais dite à l'envers. Le poing du sorcier exorciste s'arme cette fois, non de la fourche satanique, mais de l'épée, dont la pointe rougie déchire tout autour l'organisme fluidique en maraude, car auprès de l'opérateur l'envoûté attend sa délivrance. Pour plus de précaution, ayant répandu autour du cercle une forte charge de poudre à canon, il y met enfin le feu. Les éclats sonores éparpillent dans l'air le fœtus-vampire. À ce moment l'envoûteur doit mourir d'un coup de sang, sa vie propre étant frappée en la vie de l'embryon… Le contreseing a créé le choc en retour, qui est impitoyable[30].

Pour terminer il ne faudrait pas croire que l'envoûtement soit je ne sais quoi de brusque, de tout à fait miraculeux, d'insensé qui terrasse comme la foudre, qui traverse comme un coup de poignard. L'envoûtement est au contraire lent s'il est sûr, prudent s'il est dangereux, tenace s'il est bien fait. L'envoûtement demande une collaboration délicate de l'éther de la terre, du fluide des étoiles, des volontés des démons rôdant autour de l'opérateur comme autour de l'opéré. Il veut une science exercée, une méchanceté aiguë de la part de l'envoûteur, une passivité, un égarement, une faiblesse de la part de l'envoûté ; il exige un champ de bataille commun, c'est-à-dire la mise au même plan des deux adversaires, — plan psychique surtout, sentimental au moins. Deux épées s'escrimeront vainement l'une contre l'autre, si l'une est à l'étage supérieur, l'autre à l'inférieur, ou dans la maison à côté. Il faut point de contact, parité en quelque sorte, communication établie. Ainsi le saint qui plane échappera aux plus insidieuses tourmentes, tandis que je ne suis pas très sûr qu'un vivant ne puisse pas torturer un mort et réciproquement.

Celui qui a pénétré, dès cette terre, en le ciel ou en le nirvan, celui-là peut braver tous les mages, tous les sorciers ; il connaît vraiment « la paix » ; c'est un « délivré » vraiment, un « élu », ainsi que disent les kabbalistes. Son âme s'est abritée dans l'intangible[31].

L'action de l'envoûtement n'est donc pas toujours « surnaturelle », au sens religieux du mot ; elle est le plus souvent naturelle au sens « scientifique » du mot. Ainsi je me rallie à Gœrres ; je fais se toucher, s'unir la mystique diabolique et la mystique naturelle.

Mon Diable dit dans la première partie de ce livre : « Je suis naturel comme pas deux. » Je pense que cette fois il ne nous a pas entièrement trompés.

Donc par les moyens humains il est possible de combattre le Diable ; mais les surhumains ont cet avantage de déplacer la guerre, de nous assompter au-dessus de ses assauts, de nous jucher hors des embûches.

Les sacrements pour ceux qui croient à une religion précise ; pour les autres la simple prière ; pour tous l'énergie, la bonté, la douceur seront les efficaces marteaux qui émousseront, tordront les pointes malfaisantes.

J'ai assisté à un envoûtement par le crapaud. Il était sommaire et mal fait, donnait un peu l'illusion de l'œuvre vile. La pauvre bête, une grenouille grise, était plongée dans un bocal ; elle pataugeait dans sa vase, quelques herbes et l'eau trouble. On la sentait mal à l'aise, envoûtée déjà par ce circulaire et mince mur de verre ; elle agrippait ses pattes contre la solide transparence, respirait i avec effort de sa gorge gonflée, ses yeux fixaient je ne sais quoi, peut-être un rêve de mort, le ciel de la liberté entre les joncs fins. Avec de la craie, le sorcier la cerna encore, inscrivant une flèche dans la direction de l'objet lointain de sa colère ; puis il tira de petits parchemins d'un portefeuille en loques, lut les démoniaques appellations. Peu à peu sa voix rauque s'éleva, ses yeux cherchèrent les yeux du batracien, appuyèrent leur méchanceté sur la petite pierre luisante sans paupière. Et la raine cabriolait, se détournait d'épouvante, fuyait la fascination qui enfin la mata. Alors, sous les menaces, les insultes, la lueur vénéneuse de la prunelle humaine, elle se gonfla, vomit un peu d'écume verte, plongea enfin jusqu'au fond du bocal, s'y effondra, crevée, chiffe de reptile.

Autant j'ai souri au sorcier et à la sorcière penchés de pitié, de fraternelle pitié vers les organismes haïs ou dédaignés, autant j'ai admiré Nécato baisant le reptile ; autant je me révulse à ce crime de misère, à la terrorisation mortelle du crapaud, à la folie de l'humble et infortuné nécromant torturant un animal plus infortuné et plus humble. J'ai pressenti l'enfer en cette basse manœuvre, l'enfer où les malheureux se martyrisent, où ceux qui souffrent tant, au lieu de pleurer ensemble, se mordent et se déchirent encore !

1. ↑ « Mais lorsque les péchés se multiplient dans le monde, que le sanctuaire est souillé, que le masculin se détourne du féminin (par la sodomie).

    « Par là le serpent fort (Satan) commence à être suscité. Alors malheur au monde qui, dans ce temps, est alimenté par la justice du mal. Car il existe sur la terre par de tels crimes un grand nombre de bourreaux et de licteurs (magiciens noirs).

    LE SOHAR (*Traité de la petite Assemblée sainte*, n° 367 et suivants).

    « Pour être un vrai magicien noir, il faut commettre les crimes dont parle le Sohar. À cette condition, « un pacte avec l'enfer » peut être signé, et une « alliance avec la mort » a lieu ; nous nous servons ici des paroles mêmes du prophète Isaïe (ch. XXVIII, 15, 18).

    « La collectivité des magiciens noirs, c'est ce que nos Livres saints nomment l'Antéchrist ; la messe noire, c'est l'abomination de la désolation dans le lieu saint et l'envoûtement c'est le crime des crimes. »

(Dr Johannès.)

2. ↑ Littré veut l'étymologie *in vultus*, contre visage ; plus étroite, elle concorde moins avec le rite puisque c'est sur le cœur et non sur les joues que l'on agit, elle concorde moins avec l'esprit du rite.
3. ↑ Les sorciers de Bretagne affirment que cette domination atteindra son zénith, de puissance quand les deux prénoms commencent par la même lettre.
4. ↑ Je ne fais pas une hypothèse gratuite. Voir, au § IV de ce chapitre, les expériences du Dr Luys et de M. de Rochas.
5. ↑ Ce livre donne pour la première fois la conjuration qui fait valide le sacrement diabolique ; voir à la bibliothèque de l'Arsenal les *Grandes Clavicules*.
6. ↑ Paracelse prétend même que tout le sortilège est là. Je ne le crois pas pour ma part, et il me semble qu'à l'envoûtement est nécessaire une prise de contact préliminaire, qu'il faut, pour communiquer, un lien dynamique sinon physique. Voici, à titre documentaire, l'opinion toute mystique de ce novateur : « Si on peint sur un mur une image à la ressemblance d'un homme, il est certain que tous les coups portes à cette image seront reçus par son modèle. L'esprit du modèle passe dans cette figure peinte... L'homme désigné subira donc tout ce qu'il vous agréera de lui infliger parce que votre esprit a fixé à ce mur l'esprit de cet homme. » (Chapitre ix, *De Ente spirituum.*)
7. ↑ « Lis et amicitia in natura stimuli sunt motuum et claves operum ; hinc corporum unio et fuga. — La discorde et l'amitié dans la nature sont les stimulants des mouvements et les clefs des œuvres ; de là l'union ou la fuite des corps. » (Grande clavicule.)
8. ↑ « Il y aussi l'imprécation par Typhon-Seth. Elle menace l'ennemi par « la terreur » et par « la flamme ». Elle vaut en grec.
9. ↑ Il y a en magie une « eau maudite », comme à l'Église l'eau bénite.
10. ↑ Voici comment Jean Wier comprend l'envoûtement ; je cite ce passage, car il peut passer pour une variante de mon récit :

> « Quelques-uns pensent faire tort à autruy faisant une image au nom de celui qu'ils veulent blesser, ils la font de cire vierge et neuve et lui mettent le cœur d'une hirondelle dessous l'aisselle droite, et le foie sous la fenêtre. Item ils se pendent au col l'effigie avec un fil tout neuf, laquelle ils piquent en quelque membre avec une aiguille neuve en disant quelques mots, lesquels j'ai laissés exprès de crainte que les curieux n'en abusassent. Cette image est quelquefois faite d'airain, et pour plus grande

diformité ils lui retournent les membres, comme lui faisant un pied au lieu d'une main, ou une main au lieu d'un pied, et lui retournant la face et le devant en arrière. Pour lui faire un plus cruel mal, ils font une image en forme d'un homme, ils lui écrivent un certain nom dessus la teste : et aux costés ils mettent ceci : Alif, lafeil, Zazahit mel meltat lenata leutace : puis ils l'enterrent dedans un sépulcre. Pour le méme effet, comme ils appellent, ils préparent deux images lorsque Mars domine, l'une est faite de cire, l'autre est faite de la terre d'un homme mort, on baille le fer duquel un homme sera mort en la main de l'une des images pour en percer la tête de l'image qui représente celui que l'on veut faire mourir. On écrit deux noms en l'une et en l'autre, avec des caractères particuliers que l'on fait à part, et ainsi l'autre est cachée et posée en un certain lieu. »

11. ↑ J'apporte à mon assertion, entre divers témoignages, celui de Del Rio, qui veut surtout voir en cette basse cérémonie un pacte satanique :

« André Casalpin escrit que les sorcières ont accoutumé d'enterrer des testes et peaux de serpents sous le seuil de la porte ou dans les coins de la maison, afin d'y semer de la haine et des dissentions. Mais ces saletéslà sont seulement les signes visibles de la convention qu'elles ont faites avecque le diable. Car le maléfice et sortilège de la haine n'a point d'autre auteur que Satan. Les drogues mêmes ne pouvaient pas naturellement faire autre chose qu'exciter un sang noir et boueux dedans l'homme, l'affliger d'une griefve mélancolie, brûler l'abondance de ses humeurs, et luy faire naître un froid pernicieux dedans le corps : d'où s'enfuiront une férocité, morosité, cruauté et misanthropie (c'est-à-dire hayne des hommes) telle qu'elle est ès loups-garoux ou lycantropes.

« Quant au maléfice de l'oubliance, il fait parfois les hommes négligeant tellement leurs femmes qu'ils semblent n'en avoir plus aucune mémoire ny souvenance. Je le confirmerai par un exemple emprunté de Casalpin. Il y eut, dit-il, un jeune homme en la ville de saint Germinias en Istrurie, lequel devint si fort amoureux d'une sorcière, qu'il quitta sa femme belle et honnête, et tous ses enfants, pour venir vivre avec elle. Il y vécut sans souvenir des siens, jusques à tant que sa femme, avertie du maléfice, le vînt trouver, et recherchant en cachette les instruments de ce sort, trouva dessous son lit un crapaud enfermé dedans un pot, lequel avait les yeux cousus et bouchés. Elle le prit, puis lui désillant la vue, le fit brûler : et tout soudain son mari se remettant les siens en mémoire, et se réveillant de ce sommeil ensorcelé, s'en retourna quant et sa femme et ses enfants. »

L'exemple qui va suivre est plus définitif encore, car il témoigne d'une efficacité, physique ou chimique, du charme, diminuant ou augmentant selon sa dose. En ceci Del Rio se montre plus sincère anecdotier que bon théoricien ; son idée de « pacte satanique » à propos de la charge, idée déjà toute gratuite, ne peut plus tenir debout, lorsqu'on a goûté l'histoire ci-après.

« Une femme mariée fut par une autre sorcière sa voisine, rendue si grièvement malade pour s'être plainte de quelque dommage reçu dans son jardin qu'elle sentait continuellement des douleurs de ventre et des tranchées très aiguës dedans les deux costes, comme si deux couteaux eussent été fichés dedans son estomach. À quoy le seul remède fut par la révélation qu'en fit l'amoureux de la Sorcière de fouiller dessous l'huys de la porte, où l'on retrouva le sort, sçavoir est une certaine image de cire longue d'un empan, percée de toutes parts, et ayant deux aiguilles fichées au travers des deux costes, avec laquelle estoit diverses pièces de drap contenant plusieurs tant grains que semences, puis tout cela jetté dedans le feu, la santé lui fut rendue, mais non pas toute entière, ainsi qu'auparavant, d'autant, disoit-elle, qu'il estoit encore là demeuré quelque chose de caché, qu'on aurait pas su trouver. »

(DEL RIO.)

12. ↑ M. de Rochas devrait dire plus exactement « la charge » magique. Cette expérience concorde avec cette phrase de Paracelse : « Si l'on couvre de terre et de pierre une image en cire, l'homme représenté par elle, est inquiet et tourmente *dans le lieu où les pierres ont été amoncelées.* »
13. ↑ Une grande tablette de la bibliothèque du Palais Royal de Ninive contient vingt-huit versets d'une litanie déprécatoire contre les néfastes influences. La sixième formule est tout à fait significative, groupant l'envoûtement, le sort, l'incantation, la fascination, le mauvais œil, les philtres, le maléfice enfin sous toutes ses formes.

« Celui qui forge l'image, celui qui enchante, la face malfaisante, l'œil malfaisant, la langue malfaisante, la lèvre malfaisante, le poison malfaisant, — Esprit du Ciel, conjure-les ! Esprit de la Terre, conjure-les. » (*La magie des Chaldéens*, par François Lenormant.)

14. ↑ Voir dans la HAUTE SCIENCE (1893) *La Magie et la Divination chez les Chaldéo-Assyriens.*
15. ↑ *Un envoûtement en Gévaudan en l'année* 1347. Nîmes (1892).
16. ↑ Voir le chapitre des Messes noires.
17. ↑ *Les Procès de sorcellerie au XVIIe siècle,* librairie de la *Nouvelle Revue,* 1894.
18. ↑ Margaret et Flover, *Découverte étonnante,* 1619.
19. ↑ *Des esprits et de leurs manifestations fluidiques* (t. Ier, p. 331-363).
20. ↑ Les autres parties du monde n'ignorent pas non plus l'envoûtement. Le Père Charlevoix nous apprend qu'au XVIIIe siècle les Illinois fabriquaient des « marmousets » afin de hâter la mort de leurs ennemis. Le Père Mathias Garcia, dans sa *Sixième lettre d'un voyage aux îles Marquises,* narre l'astuce des sorciers du pays, emprisonnant dans une feuille d'arbre la salive et en même temps la volonté de celui dont ils tentent de devenir les maîtres. (Voir encore l'*Histoire de l'Empire ottoman,* par Briot.) Si je m'en rapporte à un article intitulé : *La chasse aux bêtes* paru dans la *Revue des Deux-Mondes* de janvier 1863, une nécromancienne de Bornéo extermina de fièvre et de langueur au moyen d'une effigie en cire qu'elle exposait au feu chaque matin. Récemment encore, en Chine, à Kouaï-Thao (province de Canton), on faisait périr à distance des hommes ou des femmes au moyen de statuettes de terre représentant des porcs, que l'on plaçait dans les maisons ou sur des tombes. Ces figures avaient reçu des bonzes une sorte de baptême. (Voir l'*Intermédiaire des chercheurs et des curieux,* réponse du Père Léon-Marie Guerrin, sous-procureur de la Grande-Chartreuse.) Le rite de l'envoûtement est bien universel.
21. ↑ Agrippa dans sa *Philosophie occulte* (Liv. III, ch. XXXII) cite un oracle d'Hécate qui recommande qu'on lui fasse présent des rats de la maison. Elle est très friande de leur sang, la Déesse noire.
22. ↑ Les lucifériens ou palladistes, disciples d'Albert Pike, au dire d'un assez insane compilateur, fabriqueraient leur dagyde avec une cire mêlée à la cendre d'un objet familier à leur ennemi. Ils ne la perceraient pas avec des épingles, mais feraient le vide autour d'elle par une pompe pneumatique ; le maléficié en subirait un intolérable malaise.

Pour résister à l'envoûtement par la photographie, la même secte, tous les lundis au septième coup de midi, s'enduirait le cou, les tempes et la région du cœur. « d'un Uniment composé d'essence de térébenthine et d'hostie réduite en poudre et concentrée. » Pendant la friction on répète J.-. B.-. M.-. (*Jesus Bethlemitus Maledictus*). Les autres jours de la semaine, sitôt levé du lit on reste trois minutes, le pouce replié dans les deux mains et à voix haute on dit en grec le verset de la sixième heure initiatique selon Apollonius de Thyane ; en voici la traduction : « L'Esprit se tient immobile ; il voit s'avancer contre lui les monstres infernaux et il est sans crainte. » Encore faut-il trente-trois jours pour que le volt photographique ait perdu toute malignité !

23. ↑ Le lecteur trouvera ici même l'exact portrait de cet homme étrange. J'ai déjà parlé de Vintras et de Boullan dans mon volume : *Les petites Religions de Paris* (éd. Léon Chailley).
24. ↑ Le portrait de ce Boullan orne ce volume ; s'il est un peu sinistre, c'est que, au dire de Mme Thibault, qui me le communiqua, il pensait à ses ennemis les magiciens au moment où on le photographia.
25. ↑ Le contresigne est strictement l'envoûtement retourné, c'est-à-dire la manœuvre de l'attaque répétée par la défense, le même mouvement stratégique, dirigé contre celui qui en eut l'initiative. Par exemple contre l'envoûtement par le dagyde, il faut construire soi-même un autre dagyde. Au crapaud, il faut opposer le crapaud. Ainsi, subissant une attraction nouvelle, l'influence satanique se divise sur le signe et le contresigne, s'éparpille, s'abolit.

    Le contresigne produit souvent le choc en retour.
26. ↑ Je tiens ce détail du peintre Lauzet, assistant en 1892.
27. ↑ *De Ente spirituum* (ch. v et vii).
28. ↑ En Bretagne, c'est à un saint aussi, saint Yves de la Vérité, que l'on a recours pour envoûter. Il faut : 1° glisser un liard dans le sabot de la personne ; 2° faire à jeun trois pèlerinages à la maison du saint, le lundi ; 3° empoigner le saint par l'épaule et le secouer rudement en lui disant : « Tu es le petit saint de la Vérité, je te voue un tel. Si le droit est pour lui, condamne-moi. Mais si le droit est pour moi, fais qu'il meure au jour de l'année rigoureusement prescrit » ; 4° déposer une offrande aux pieds du saint (une pièce de 18 deniers marquée d'une croix) ; 5° réciter les prières habituelles en commençant par la fin ; 6° faire trois fois le tour de l'oratoire.

    Le patient mettra neuf mois à mourir.

    L'ossuaire de saint Yves de la Vérité, transformé en oratoire, est situé en face du quai de Tréguier.
29. ↑ (Ch. vii), *Évocation du Diable* (1re partie).

30. ↑ À ce propos je me plais à signaler la vacuité intempérante des spéciaux chapitres sur l'*Envoûtement* dans le *Dogme et le Rituel* d'Eliphas Lévy. Ce mage pompeux et hypertrophique m'illusionna jusqu'au jour où je le pris corps à corps, serrant ses phrases, distillant ses pensées ; rien ne me resta en les mains que du vide sonore. Ne savait-il rien, ainsi que sa plus moderne école, ou ne voulait-il pas éventer la mèche du diable ? Le plus étrange, c'est que Eliphas préconise une sorte d'envoûtement, dénommé « envoûtement de justice ». Il ose écrire : « Il ne faut pas croire que le pouvoir de vie et de mort qui appartient secrètement au mage, ait été toujours exercé pour satisfaire quelque lâche vengeance ou une cupidité plus lâche encore. Au moyen âge et dans l'antiquité, les associations magiques ont souvent foudroyé ou fait lentement périr les révélateurs ou les profanateurs des mystères ». Le nécromant parle ensuite d'aqua toffana, de bouquet aromatisé et « d'autres instruments plus inconnus et plus étranges. » Nul n'a le droit de tuer. Jésus l'a dit, Tolstoï l'a répété. L'envoûtement de justice est tout simplement un assassinat. Décidément le mage au front d'orgueil s'achève en vil criminel.
31. ↑ Le philosophe Olympius d'Alexandrie, disciple d'Ammonius, tenta de nuire à Plotin par des cérémonies magiques. Mais ses mauvais desseins retombèrent sur lui-même. Plotin sentait l'hostilité et parfois il lui arriva de dire : « Voici qu'Olympius a maintenant des convulsions. »

CHAPITRE VII

L'ENVOÛTEMENT D'AMOUR

I

LE NOUEMENT DE L'AIGUILLETTE

J'avoue ne pas me trouver très à l'aise au milieu de ces prescriptions du grimoire, qui s'enchevêtrent à l'obscure génération. Ici la magie relève davantage de Brantôme que d'Agrippa. En tout cas, je serais assez disposé à bénir, à remercier du moins le bon diable noueur d'aiguillette ; il semble boucher les conduits d'égout, refréner la vieille bestialité hennissante, il frappe et lie le petit démon de chair qu'il déchaîna trop souvent et par lequel tant de bassesses et tant de trahisons s'accomplissent. Certes, l'ordure humaine tarie par le Diable, c'est drôle ; mais ce n'est pas sur le débauché que le sort s'acharne, bien plutôt sur le paisible et légitime époux. Allons, ne félicitons pas trop d'avance le malin astringent de l'amour ; c'est un collaborateur d'Onan, un malthusien excessif et en délire...

Dirai-je sans rougir après le R. P. Crespet, prieur des Célestins de Paris[1], les méthodes « dont use le Diable pour empêcher l'effet du mariage ? » De Lancre y raffine plus, dirait-on[2]. Je tempérerai, s'il se peut, leur double faconde, tout en sauvegardant leur naïveté :

Si j'ai bien compté, il s'en trouve jusqu'à onze :

Satan ôte la puissance d'engendrer :

« 1º par certaines racines d'herbes et jus qui refroidissent et rendent sans chaleur ; 2º en distrayant et séparant les corps de peur qu'ils ne s'accouplent ; 3º si la nature est inerte ; 4º en aliénant la volonté de l'une des parties non de l'autre pour la transporter ailleurs ; 5º en estoupant les conduits de la semence de peur qu'elle ne découle au vaisseau propre à engendrer ; 6º en empeschant l'élancement des esprits esquels la vertu de se remuer consiste et en retenant les membres ; 7º en persuadant à l'un que l'autre est difforme et mal accompli et qu'avec cela il lui est couvertement ennemi et fort contraire ; 8º en assaillant et saisissant le corps du mary ou de la femme et perturbant les mouvements de leurs esprits ; 9º en fermant la nature, ou y faisant trop grande arctitude, ou resserrant et ôtant à l'homme sa génitalité ; 10º en inspirant un invincible dégoût au mari et à la femme, quand, incités par le Diable, ils en viennent aux embrassements ; 11º lorsque le Démon enchâsse l'homme avec la femme d'une telle façon qu'ils se trouvent liés et pris comme avec de la glu et si puissamment qu'à peine les pourrait-on disjoindre. »

Ce dernier procédé vraiment baroque est relaté par de Lancre qui en donne comme preuve l'exemple suivant. « Dans la ville de Tarente, cette manière de liaison était si forte que souvent on mettait les personnes liées en la façon des chiens accouplez, sur une perche, le mâle d'un costé, la femelle de l'autre, en forme de balance propre pour peser leur crime ou forfait, les exposant à la risée du peuple comme un spectacle monstrueux avec une huée et acclamation si grande qu'il semblait que Dieu se fût servi de la main du diable comme de celle d'un bourreau pour exécuter cette sorte de supplice envers des gens qui l'avaient bien mérité. » Et le spirituel écrivain ajoute non sans judiciosité : « Si l'on exigeait semblables peines de tous adultères ou concubinaires, la peine et l'infamie seraient plus notables et cent fois plus griefves que la mort. »

Je crois, malgré de hasardeuses anecdotes et toutes les surprises normales de la physiologie, qu'un magicien, pouvant actionner l'esprit et le corps d'un être sous sa dépendance, saura susciter ou éteindre en lui l'amour et ses forces nerveuses. Là surtout, il semble qu'interviennent les nerfs ; donc les ligatures ne sont pas un mot vain, un rite vide. La suggestion seule a suffi pour commander à l'éréthisme ; nos hypnotiseurs le savent. Or, dans toute opération magique, la part d'hypnose et de magnétisme, on ne saurait la contester.

En somme, nouer et dénouer l'aiguillette, jeu banal au lemps passé ; les grimoires enregistrèrent les plaisantes pratiques de l'enchaînement du sexe ou de sa délivrance. Je me garderai de les citer toutes ; nous serions vite saturés de superstition, car, à quelque symbolisme près[3], et en acceptant comme probable l'efficacité de certains gestes condensant l'opératoire vouloir, tout le reste s'ironise de possible mystification et d'un évident charlatanisme.

Le Petit Albert recommande une cérémonie adroite pour endiguer les agitations de Vénus. « Ayez, dit-il, le nerf d'un loup nouvellement tué ; puis, étant proche de celui que voulez lier, vous l'appellerez par son nom et aussitôt qu'il aura répondu vous lierez ce nerf avec un lacet de fil blanc et l'homme sera si inapte qu'il ne le serait pas davantage si on l'avait châtré. » Pour rendre inoffensif ce charme, le même livret prescrit de porter un anneau dans lequel soit enchâssé l'œil droit d'une belette !

D'autres opuscules indiquent, pour cet envoûtement, la peau d'un chat ou d'un chien, à nouer trois ou neuf fois ; cracher à trois reprises dans son giron ou sur la poussière et dire tout bas des mots de malédiction pendant que le prêtre bénit le mariage. Alors, pour dénouer, il est nécessaire que l'homme se débonde par l'anneau nuptial, un vendredi matin au soleil levant, en prononçant trois fois : *Yemen*[4].

L'analogie et le symbolisme étant la méthode et la langue mystiques, la recette de ce maléfice paraîtra moins inepte. Les poètes d'ailleurs se chargèrent de le rendre aimable, et Virgile dans l'Églogue VIII l'affuble de coquetterie :

> *Necte tribus nodis ternos, Amarilli, colores,*
> *Necte Amarilli, modo : et Venons, die, vincula necto.*

(C'est trois fils, trois rubans de couleurs diverses qu'il faut nouer en trois nœuds et en s'écriant : « Je noue les liens de Vénus. »)

Saint Augustin, saint Jean Chrysostome, saint Jérôme n'omettent pas les ligatures, et un décret du Canon va jusqu'à s'incliner devant elles, à reconnaître que si elles persistent, le Diable n'a été alors qu'un instrument de Dieu[5].

Ces nouements de l'aiguillette nous semblent bien matériels à côté de certains freins antipassionnels cités çà et là dans l'énumération du R. P. Crespet et de Pierre de Lancre. En effet, ce ne serait plus parfois l'organe qui serait ligotté, mais la faculté elle-même. Il semble alors qu'un peu d'incubat se mêlerait à l'impuissance d'aimer[6].

Tantôt un fantôme sépare les lèvres conjugales, tantôt en l'ardeur de la concupiscence une autre ardeur vraiment infernale se lève, une haine qui fait blasphémer et mordre ; et les douces étreintes s'achèvent en égratignements et en lacérations sous l'œil joyeux d'un invisible ennemi.

II

L'INCANTATION D'AMOUR

Rite classique, car Théocrite et Virgile en font les frais, rite dont la grâce m'a pénétré, rite d'amour qui m'a rempli d'amour. Tout y est rythme, incantation et « charme » dans le sens absolu du terme, chef-d'œuvre[Z]. J'avoue que l'amante rappelant avec de telles caresses de syllabes et de gestes l'amant, c'est humain comme un soupir de détresse, comme l'amplexion vide jetée dans le vent chaud.

« Je vis sa barbe dorée et sa taille robuste, chante-t-elle, ma beauté fut blessée, je ne sais comment je pus revenir à la maison et je suis restée couchée dévorant mon angoisse. »

Et elle a la tentation de la vieille enchanteresse, tout de suite ; mais l'enchanteresse lui prend son or et ne lui apporte pas son amant. Il faut qu'elle aille le chercher elle-même, qu'elle gagne cet homme, d'abord par la naturelle magie de son désir. La plainte reprend, comme mouillée cette fois par la rosée d'amour :

« Quand il franchit mon seuil, la sueur tombe de mon front… je ne puis ni partir, ni même bégayer comme font les petits enfants qui rêvent de leur mère… mon sang est figé… mon beau corps de plâtre. »

Certes il a dû la prendre, brutal et doux ; il n'est pas fait pour attendre, s'attarder aux préliminaires étant si robuste ; mais il est frivole, il se lasse vite de cette énamourée qui tombe en catalepsie pour un baiser. Délaissée, elle gémit, regrette qu'il ne veuille même plus s'asseoir chez elle pour boire à la vieille amphore ou au jeune flacon. À la fenêtre elle le suit des yeux. Que fait-il l'ingrat ? il orne de guirlandes la nouvelle maison qui l'attire.

Cette fois, elle n'y tient plus. Bien sûr elle ne retournera pas chez la menteuse enchanteresse, elle l'enchantera elle-même avec ses philtres — ou elle mourra !

Elle mourra, comprenez-vous ? L'œuvre magique, sauf pour l'incurable et natif pervers, c'est la ressource suprême du désespéré, la prière sacrilège de qui se noie, le vœu au saint des causes quasi perdues...

Elle mourra... non ; l'égoïste instinct se réveille. Non, non, pas elle, mais lui, lui mourra.

« S'il m'outrage encore, décide-t-elle, il frappera à la porte de l'Hadès grâce à ces poisons que je garde dans un corbeille et que me remit un hôte assyrien. »

Ah ! philtre d'amour, philtre de haine ! Les deux envoûtements se regardent, fantômes aux yeux absents et sur leurs magiques écheveaux le ciseau des Parques pend.

La scène est dans l'impluvium à ciel ouvert. Un frais matin s'annonçant à peine dans le départ tout pâle de celle qui est tantôt Selène la sereine, tantôt Hécate la sanglante ; la terre, si grasse de germes, si avide matrice, voilà la complice, la bonne commère ; sur son flanc d'un pied rapide et inquiet l'infidèle reviendra. Merci, entremetteuse des prairies dont les plantes alanguissent, dont les arbres ombreux convoquent au baiser. Ton époux, le ciel, ce voluptueux infatigable qui pleut jusqu'au fond de ton sein, alternativement, des rayons et des larmes, il sourit dans sa barbe de nuages… Lui aussi, il aime qu'on s'aime. Bon Ciel, tu collaboreras au charme. Si la terre fournit les fleurs, les herbes, les breuvages, le ciel accorde ses oiseaux ; tout est bien. La Nature s'allie en faveur de la Femme.

Qu'il s'appelle Delphis ou Daphnis (ou autrement), l'homme est perdu ou plutôt il a tout gagné. Car qu'exige-t-on de lui ? Quel supplice ?… un robuste et long baiser.

La servante seconde sa maîtresse en les préparatifs pieux ; le chien les a suivies, il veut être de la fête.

La petite Amaryllis apporte de l'eau, ceint l'autel de molles bandelettes, brûle la verveine grasse, l'encens mâle.

« Le lâche ! ses sens dorment auprès de moi ! s'écrie la magicienne, il faut que mes chants les réveillent. Il les entendra de la ville, qu'il le veuille ou non, de la ville où il boit auprès de moins belles. Comment douterai-je du miracle ? Les incantations de Médée ont fait descendre la lune, comme un tendre oiseau, qu'appelle une main amie, pleine de grains. Circé avec des paroles métamorphosa les compagnons d'Ulysse. Si la voix est puissante, elle peut même rompre la perfide couleuvre qui s'achemine vers la victime endormie. »

Tout cela est riant, purifié par la santé, le ciel latin, ne ressemble pas aux entreprises louches des nécromants au fond des caves. L'étoile du matin bleuit à l'horizon, l'air remplit les poumons de joie. Encore quelques rares aboiements qui saluent le départ de la déesse au carrefour.

Amaryllis frappe l'airain, agite la cloche mystique en l'honneur d'Artémis.

« Et d'abord, inaugure la prêtresse nouvelle, je verse trois libations à la déesse en cette coupe qu'entoure la rouge toison d'une brebis. Trois fois je crie : « Qui que ce soit qui dorme à ses côtés, qu'il l'oublie comme autrefois Thésée oublia Adriadne ! »

« Voici l'image du Bien-Aimé ! Elle est là sur l'autel, aussi inerte que lui, qui n'est inerte que pour moi seule ! Allons, Amaryllis, apporte trois rubans de diverses couleurs, je vais lier cette image trois fois et trois fois, elle sur mon cœur, je tournerai autour de l'autel. Il n'en pourra plus aimer d'autres. J'ai noué cette image, je l'ai noué lui-même, ce sont [les liens de Vénus, mes liens ; il ne bougera plus d'auprès de moi et auprès des autres il n'aura plus de gloire.

« Ah ! mes chansons puissantes, mes puissantes chansons, ramenez-moi le Bien-Aimé.

« J'ai fait de lui deux poupées, l'une en argile, l'autre en cire. L'argile durcit au brasier que tu attises. Amaryllis. La cire fond au-dessus des mêmes flammes. Qu'il en soit de même pour notre amour. Qu'il soit insensible à celles qui le tentent, qu'il soit tout ruisselant, tout faible dans mes bras !

« Bergeronnette magique, ramène-moi le Bien-Aimé.

« Vois comme elle tourbillonne, la chère oiselle, au-dessus des fumées et des fleurs. Mes paroles la retiennent ; qu'elle soit la messagère ailée de mon cœur.

« Ah ! mes chansons puissantes, mes puissantes chansons, ramenez-moi le Bien-Aimé.

« Jette cette pâte, le Bien-Aimé fondra tout comme elle ; allons, Amaryllis, embrase au bitume ces fragiles lauriers ; que cette farine soit sacrifiée aussi. Le cruel Bien-Aimé m'a torturé dans les flammes jalouses ; dis : « Ingrat, à ton tour que tes nerfs pétillent comme ce laurier ; comme j'ai répandu cette farine, je répands les os du Bien-Aimé[8]. »

« Bergeronnette magique, ramène-moi le Bien-Aimé.

« Regarde au flanc du coteau, Amaryllis, tu vois cette génisse qui, de fatigue, s'étend au bord du ruisseau ; elle a cherché longtemps le jeune taureau fugitif, de colline en colline, et maintenant elle a oublié l'étable tant elle est lasse ! Qu'il en soit de même pour le Bien-Aimé, qu'il souffre de ne pas m'avoir, et que me vengeant je ne le guérisse pas de son mal !

« Ah ! mes chansons puissantes, mes puissantes chansons, ramenez-moi le Bien-Aimé.

« Voici les reliques de nos baisers, cette boucle que je lui ravis pendant son sommeil, ses lettres mensongères et si douces, et ces colliers aussi qu'il me donna, croyant que mon amour serait moins âpre parce qu'il m'aurait faite plus belle ! Amaryllis, je sais le secret et à voix basse je te le confie, porte tout cela, empaquète-le avec soin dans un lézard écrasé, et confiant ce puissant mélange à Cérès, notre amie, enfouis-le sous le seuil de sa maison à lui... tu sais, au carrefour... et dis : « Terre, je les dépose dans ton sein ces reliques magiques, elles me doivent le retour du Bien-Aimé[9]. »

« Bergeronnette magique, ramène-moi le Bien Aimé.

« Il ne vient pas, il ne vient pas… la mer et les vents se taisent ; mais non le mal de mon cœur. Puisqu'il le faut, passe-moi les herbes vénéneuses que le sorcier me vendit, elles changent en loups les hommes, elles font sortir les mânes des tombeaux… peut-être arracheront-elles au sépulcre de son oubli le Bien-Aimé.

« Ah ! mes chansons puissantes, mes puissantes chansons, ramenez-moi le Bien-Aimé.

« Servante, porte ces cendres hors de l'impluvium ; sans regarder derrière toi, jette-les par-dessus la tête dans le ruisseau… Hélas ! En vain j'attaque le Bien-Aimé avec ces débiles armes. Lui se rit du charme, lui se rit des Dieux…

« Bergeronnette magique, ramène-moi le Bien-Aimé.

« Mais qu'y a-t-il ? Oh ! l'heureux présage ; au moment où tu enlèves les cendres, une flamme en jaillit qui vient d'envelopper tout l'autel. Et puis Hylax, le bon chien, aboie dehors… C'est lui ! c'est lui ! il court à perdre haleine. Sa barbe dorée est plus blonde que le soleil levant, il suit la Bergeronnette qui le devance, et il tend l'oreille comme pour écouter des sons mystérieux.

« Épargnez-le, ô mes puissantes chansons, épargnez-le, puisque voici le Bien-Aimé !

III

LES RECETTES D'AMOUR

Les poêles ont songé à la femme ; ils lui ont écrit en délicieux et pénétrant langage son rituel invincible de défense et même d'assaut[10]. Les alchimistes, les herboristes, les astrologues, les gribouilleurs de grimoires oui surtout recherché la clientèle des hommes ; ils s'inquiètent de leur procurer les voluptés les plus délicates en enchaînant davantage encore la pauvre Ève affolée. Comme s'il ne suffisait pas déjà des lois, des cultes pour précipiter la femme, battue, violentée, suggérée, aux pieds du mâle ! Ah ! il faut toujours davantage au despote sensuel[11].

J'avertis que je ne laisserai pas renifler aux cuisines des livrets sataniques, dont les sauces répugnantes ou sottes, trop souvent demeurent, je l'espère, inoffensives.

Il en est pourtant de touchantes et jolies ; la plupart ont leur logique à elles, employant le sang des animaux lascifs, colombe, moineau, caille, belette, suscitant les attraits avec la pierre qui attire, la pierre amoureuse, « l'aimant » ! célébrant le vendredi, ayant le culte du côté gauche, du doigt annulaire et, vraiment subtiles en leur flair de tendresse, s'abreuvant au lait d'une femme qui allaite son premier enfant mâle !

Le Raphaël de Lamartine semble avoir utilisé la délicieuse conjuration à l'Étoile du matin, à l'Astre du Berger, à l'astre du sorcier donc ! Fleur délicate, épanouie en ces toxiques lys en une atroce pharmacie, aux odeurs d'abattoir[12] !

Je diviserai les envoûtements d'amour en trois classes : la première se rapprochant du rite de Théocrite et de Virgile, usant de la poupée et du chant, la deuxième influençant les mets solides ou liquides, fruits, viandes ou breuvages ; la troisième, les philtres, c'est-à-dire le plus souvent les liquides aphrodisiaques, les plantes, des pierres talismaniques ou aimantées.

Ricordi, adorateur des Diables et Carme, fabriquait des manies à la ressemblance des plus belles femmes de Carcassonne et de Toulouse ; il les aspergeait avec le sang des crapauds, le flux rouge de ses narines, l'écume de sa bouche, et les vouait à Satan. Porté par les vents dit un vieil historien, le Diable entrait dans ces effigie frémissantes. Le Carme se rendait de nuit devant les maisons de ses amours, et les femmes descendaient, appelées par les simulacres posés sur le seuil. Puis, il jetait ses amulettes dans l'Ariège. En reconnaissance, il sacrifiait à Satan un papillon.

« Si la femme est vierge, dit la Clavicule[13], fais une effigie de cire vierge, sinon sers-toi de cire commune. Auparavant tu prononceras cette prière :

« Venus, Amor, Astaroth, — je vous conjure vous trois, ministres de lamour et des fornications, — par Celui qui peut tout détruire et tout édifier et par tous les noms de Celui qui sait chaque jour vous contenir, — de consacrer cette cire convenable à mes desseins. Confirmez-la, afin qu'elle obtienne la vertu nécessaire, par la crainte du Très Saint Père Tout-Puissant Adonay, dont le règne est sans fin, dans les siècles des siècles. »

Puis en t'inclinant profondément écrie-toi :

« Viens de ton siège sacré, ADONAI, afin que ton pouvoir redouté se joigne à notre volonté ! »

Cela dit, sculpte l'image et sur elle prononce cette consécration :

« O toi, ORIENS, roi qui commandes l'Orient et dont l'empire n'a pas eu de commencement, ô PAYON, roi de l'Occident, ô AMAYMON, roi grand, qui domines les plages australes, ô toi EGYN qui règnes au septentrion, — MOI je vous invoque doucement et instamment et vous prie — par celui qui a parlé et il a été fait et d'une seule parole a tout créé — et par le nom saint de Dieu — de pénétrer et de confirmer cette effigie afin que s'accomplisse mon désir par le très puissant nom d'Adonay. »

Tu mettras ensuite l'image à la tête de ton lit. Elle viendra le troisième jour ou t'enverra un message !

De la sorte, le magicien imagine clore à la résistance de l'aimée, chaque coin de la terre ; et confluent sur l'effigie les irradiations des quatre espèces d'esprits, pour douer d'irrésistible pouvoir la volonté opératoire descendue en la cire ; parfois il dessine un cœur à cette image et le pique avec une épine de citronnier en disant ; « Ce n'est pas toi que je perce, c'est le cœur, l'âme, le soutien, les cinq sens et tous les membres de… afin qu'elle ne puisse rien avant de venir accomplir mon dessein. »

Jean Wier raconte que l'on façonne une image à l'heure de Vénus, qu'on y inscrit son nom à elle, qu'on y appose un caractère et qu'on V « échauffe » près du fourneau en pensant à un ange, qui ainsi sera de connivence[14].

« On a accoutumé, ajoute Wier avec une horreur louable, de composer un semblable monstre pour faire que quelqu'un obéisse en tout et partout. »

Les cheveux servent beaucoup à l'amour ; celui qui enchaîne ses cheveux aux cheveux de son amie, celui qui, un cierge à la main, a offert trois fois à l'autel un peu de la douce crinière chérie, tant qu'il la portera sur lui, dominera le cœur hésitant. On peut aussi les lier de fleurs et jetant ce lac d'amour au feu, dire : « Ure, Sancte Spiritus, penes nostros et cor nostrum, Domine. »

L'hippomane triomphe encore dans la légende : très efficace, chantent les grimoires et les poètes ! Mais, sait-on bien ce que c'est ? la crête d'un poulain, l'écume d'une jument en rut, ou une plante, qui ne pardonne pas, l'euphorbe ou la stramoine ?

C'est la pomme, de tous les fruits et « agents provocateurs de gourmandise », celui qui se prête le mieux au rôle de truchement érotique. Lorsque les sorciers veulent rendre quelqu'un démoniaque, ils lui offrent des pommes ; en quoi, constate Boguet, Satan renouvelle la voie par laquelle il tenta nos parents premiers, Ève et Adam ».

La Clavicule exhorte, afin que ce fruit soit souverain, à le parfumer et à l'asperger avant de le cueillir. Il faut dire ensuite sur lui : « Dieu, vous qui avez fait Adam et Ève des quatre éléments, — de même que Ève communiqua vraiment à Adam le mal et l'a fait pécher — de même vraiment qui mangera de ce fruit fasse toujours ma volonté. »

Des exécrations plus importantes s'étendent à tous les mets. Celle-ci en fait foi :

« En quelque partie du monde que vous soyez et de quelque nom que vous vous appeliez, je vous conjure, — *Daimons* qui avez la puissance de bouleverser le cœur des hommes et des femmes, — par Celui qui vous créa et peut vous détruire, — cette nuit venez sur ces nourritures, et sans retard influez-les autant qu'il convient, afin qu'elles aient la vertu de forcer l'homme ou la femme que je voudrai, à mon amour. »

La pomme dispose aux voyages, oblige lapins lointaine personne à tout quitter pour revenir.

Soyez sur pied avant le soleil levé le jour de Vénus (soit un vendredi), entrez dans un verger, cueillez-y la plus belle rainette, coupez-la en quatre, ôtez-en le cœur et mettez à la place un billet avec des caractères et des noms divins ; il faut incruster dans le fruit, sous la pelure soulevée, puis rebaissée, des paroles mystiques. Avec deux aiguilles en croix, vous traversez le fruit, disant : « Ce n'est pas toi que je traverse, mais qu'Asmodée traverse le cœur de celle que j'aime. » Jetez le tout au feu en marmottant : « Ce n'est pas toi que je brûle, mais, Asmodée, allume mon amour en cette femme comme brûle cette pomme. » Si vous avez glissé « le morceau de chair nommé hippomane », séché et réduit en poudre, au cœur d'une pomme rouge, faites manger l'un des quatre quartiers par celle que vous voulez soumettre. Ou faites boire cette poussière en un liquide ; si vous la gardez en poudre, touchez-en les habits ou la chair de la désirée.

Tout objet peut devenir talismanique, après les cérémonies requises ; ayant emmagasiné l'effluence mystique d'esprits coadjuteurs, imprégné par la volonté de l'opérant, il devient apte à « charmer », à imposer la passion, se nomme « ipsullice ». Pour cela, il est indispensable de prononcer la formule suivante :

« Je vous conjure, Ceil, Cil, Cadid, ministres de l'amour et préfets d'amitié, par Celui qui vous a créés, par le jour du jugement, par Celui qui régit la terre et fait trembler le ciel, de consentir à ce caractère, à cette image, à cette figure ; ainsi les personnes à qui je les aurai donnés ou montrés ou fait toucher me désireront, me chériront moi seul, tenant pour rien les leurs, abandonnant tout, et leur pensée sera toujours avec moi. »

L'expérience demande que l'objet passe une nuit sur une nappe d'autel. Le lendemain, l'ayant repris, vous direz, en regardant les étoiles :

« Agla, Agioth, Ethel, Van, Ia, Ia, Ia, Va, Va, Va, Ta, Ta, Ta, Eh, Eh, Eh, Malchin, Yoy, Grabe, Yse, Agay, Phogomos, Hol, Phan, Gigeom, Oy, Anepheneton, Nehon, Yoa, Gach[15].

« Seigneur, Père saint, qui as tout créé, et le cœur des hommes et des femmes, par les noms sacrés, dits au-dessus, illumine le cœur et l'esprit de cette femme, afin qu'elle me recherche d'un égal amour dont je l'aime et qu'elle fasse ma volonté, comme je ferai la sienne. Donne à cette expérience force et vertu, afin qu'elle soit conduite au résultat par Toi, Père Très Saint, qui vis et règnes, etc. Amen. »

La Brinvilliers faisait écrire par un prêtre maudit les noms des deux amants sur une hostie ; après la consécration on en faisait goûter la poudre à l'infidèle[16].

Certaines plantes, dites attractives (la verveine *citri odora*, par exemple ou l'herbe dite *hermaphrodite !*) sont talismans d'amour en soi et sans conjuration. Van Helmont expose la manière d'en user et cite un exemple probant de sa puissance : « J'ai connu, dit-il[17], une herbe qui, chauffée et triturée dans la main jusqu'à ce qu'elle devienne tiède, a cette propriété, si vous serrez une main étrangère, de lui transmettre une telle affection pour vous que, pendant plusieurs jours, elle ne cessera d'en être enflammée. Ayant tenu le pied d'un petit chien, celui-ci se mit à me suivre avec un tel acharnement que, pendant toute la nuit, il ne s'arrêta de japer devant ma chambre à coucher jusqu'à ce que je lui aie ouvert. » J'ai eu sous les yeux un « r charme » plus moderne non moins effectif. C'était un parchemin replié en forme de cœur ; quelques signes y étaient inscrits[18] ; il renfermait, au dire de celui qui me le montra, un peu de pierre d'aimant, mise en poudre, de la verveine et une fleur cueillie sur le tombeau d'une vierge. Il était impossible de le porter sur soi, sans subir un bizarre malaise. Ce parchemin influençait la boussole à quelque distance et troublait certainement la volonté. Cependant, d'après son fabricateur, il ne valait rien, si on le comparait au véritable talisman d'amour, dont le secret est figuré dans un des détails de l'architecture de l'Alhambra, comme le mystère alchimique s'offre à l'archéologue sur le portail de Notre-Dame. Ce n'est, paraît-il, qu'une série de petites pierres, réunies en collier et intercalées de rondelles, produisant par leur contact une sorte de courant d'une électricité psychique tout à fait alarmante. Je n'ai jamais pu en savoir plus.

En fait, la grande ruse diabolique consiste à détruire l'équilibre dans l'organisme, à miner sourdement le vouloir par l'épuisement nerveux, anémiant l'âme et le corps, au point de ne laisser devant la brute assaillante qu'une forteresse démantelée aux soldats indécis et fiévreux. Le Diable érotique a peu de prises sur l'homme ou la femme sains ; il ne commence à devenir dangereux que lorsque, dit le Grimoire, « les enfants blancs ont tué les enfants rouges », c'est-à-dire lorsque la lymphe l'emporte sur le sang, quand les veines appauvries ne se gonflent plus que de globules pâles...

Il y a encore les breuvages aphrodisiaques... mais relèvent-ils de la magie ? Le philtre, le poison, l'excitant ! Ah ! ils infligent l'érotomanie, dans un vertige d'oubli, ils nous extériorisent, nous exaltent, font de nous des ivrognes qui se croient des dieux ou des amants. Breuvages d'illusion la plupart du temps, coupes que Circé dut faire vider à ces Grecs impétueux et grossiers qui la visitèrent. Consolants, ils abêtissent. Hilarants, ils égarent. Trop puissants, ils tuent. Un de ces philtres fit perdre à Caligula l'esprit ; parfois ils poussent au suicide. En vérité, je ne m'explique guère l'enthousiasme de Michelet pour eux. Il y voit notre science médicale moderne en aurore ; mais j'ai l'épouvante des abominables drogues, que dispensent nos ordonnances, je crois que notre débauche chimique a plus contribué à détruire les organismes, à précipiter les dégénérescences, que toutes les guerres, toutes les misères, les incurables maladies du moyen âge. Cet historien, qui délire devant ces infectes potions, va jusqu'à féliciter la sorcière faisant manger des excréments à la grande dame, aux seigneurs ses amants, sous prétexte de leur infuser l'amour. Ce philtre ne me déride même pas ; tout au plus, j'y vois le symbole des turpitudes charnelles, de la coprophagie, aboutissement logique de qui adora les organes par où l'humanité se débonde. Plus avisé, Jean

Wier ne veut voir qu'âmes pourries en cette manie de l'ordure.

Nous avons connu une vieille, laquelle non seulemeat enchanta par boissons amoureuses, trois abbez consécutifs ; mais aussi les fit mourir, et mit le quatrième hors de son sens. Encore n'a-t-elle point de honte de confesser en public, qu'elle a faict cette meschanceté et fait encore, et que les abbez ne se sont pu retirer de son amour, pour autant qu'ils avaient mangé autant de sa fiente que son bras étoit gros...

Quant à moi, j'ay bien opinion que la fiente que elle disoit leur avoir fait manger, n'estoit autre chose que les ordes voluptez, lesquelles ces moynes, comme souillez en un bourbier, avoyent souventes fois expérimentées avec cette vieille exercitée en cest affaire et par lesquelles aussi ils estoyent tellement alléchez, comme par une ensorcellerie et empoisonnement, qu'onques ils ne peurent désister et rentrer leur bon sens. Voilà ce breuvage amoureux, voilà les ordures qu'avoient mangé aussi gros que le bras.

Avant de terminer, laissons encore la parole aux vieux auteurs ; langage naïf, leur cerveau simple savent noter bien mieux que nous ces gauches enchantements. D'ailleurs, ils y étaient plus experts, aussi bien pour les analyser que pour les combattre.

Communément les sorciers agissent dedans le corps ou par viandes ou par breuvages : auxquels ils meslent souvent les sacrements de l'Église catholique, comme l'hostie consacrée, ou non encore consacrée, mais marquée de certaines notes et lettres sanglantes, sur laquelle ils font dire et célébrer quelquefois une, deux, trois, quatre, cinq ou plusieurs Messes ; après ils la baillent à celui qu'ils veulent charmer, non pas entière comme elle est, ains fort subtilement pulvérisée ; et la luy font avaler dans ses viandes ou dans son boire. Ils se servent aussi quelquefois de la calaminthe en mesme façon, d'autant disent-ils qu'elle est d'une nature attractive, et qu'elle peut ravir le cœur et la volonté de celui qui l'avale à l'amour de celui qui la luy a présentée. Mais ce sont toutes faussetez et tromperies du Diable. Tels sorciers sont bien mesme si meschans que de faire bailler aux femmes leurs menstrues à boire aux hommes, et aux hommes de leur semence à manger et avaler aux femmes ; de la fiente même et autres excréments, comme plusieurs l'ont déposé par leurs confessions, et Sprenger l'a laissé par écrit.

À cela se servent-ils aussi le plus souvent et par un très impie sacrilège, dict Grillandus, de l'eau bénite des fonts baptismaux ou de celle du Bénitier, du sainct huile du baptême, du chrême ou d'extrême-onction, de rameaux d'olives bénistes, de rameaux de palmes, de chandelles bénistes, d'*Agnus Dei*, d'encens bénits, de cierges de Pasques.

En dehors des aphrodisiaques, vraiment d'un effet et d'un emploi trop simples, qu'y a-t-il d'objectif dans les autres recettes d'amour ? Je pense qu'elles se fortifient de fluide vital, qu'elles s'arment du magnétisme d'être marinées, longuement, avec décision, qu'elles ne deviennent pas que des symboles d'une volonté obsédante, mais encore des agents de cette volonté. Cependant cette concession faite à l'antique magie, combien ces ingrédients étaient plutôt de redoutables excitants pour l'imagination ! plus l'opération est difficile (cueillir le fruit à une heure dite, à un jour dit, prononcer et inscrire des noms bizarres, etc.), plus la matière est épouvantable (hostie, eau bénite, saintes huiles) ou sordide (sang gâté, excréments), plus l'âme s'entraîne, fait effort, plus le délire s'accroît, a chance de devenir contagieux. Celle qui triture d'ignobles mélanges n'est-elle pas prête aux ultimes sacrifices, résignée à tout pour être aimée, — déjà sure de vaincre ?

IV

LES VRAIS REMÈDES CONTRE LES PHILTRES D'AMOUR

Nous aurions tort de nous imaginer trop crédule l'époque des nécromants et des exorcistes. De tout temps des âmes raisonnables furent mystiques. Il serait aussi injuste qu'inexact de supposer notre siècle seul détenteur du sens critique. Aussi je veux que les docteurs du temps passé aient ici le dernier mot.

Par ces Philtres, la volonté d'aucune femme ne peut estre forcée d'aymer celuy qu'elle ne veut pas aymer. Mais bien peut son imagination estre troublée, ses humeurs esmeües et tout son corps intérieur comme embrasé, de sorte qu'elle vienne en fin a estre touchée des blandices de la volupté, et tirée aux plaisirs deshonnestes de la chair. Et si l'amoureux qui l'aime s'approche alors d'icelle, et la sollicite instamment avec les mesmes artifices dont les simples femmes ont coustumes d'être déçeües, ou que le démon face assiduellement repasser devant sa mémoire et fantaisie les circonstances pour lesquelles il semble digne d'amour, et luy cache celles qui l'en rendroient indigne, il aduient aisément qu'elle se laisse gaigner.

Reste que nous parlions des remèdes propres contre tels philtres d'amour. Et premièrement il est certain que les antidotes et provisions que faisaient les Gentils à l'encontre d'iceux avec certaines incantations et purgations sont inutiles et défendues aux chrétiens.

Les remèdes chrétiens sont de très grande efficace contre ces Philtres tant ceux qui ont de la vertu contre toutes sortes de maléfices, que les moraux qui macèrent la chair et domptent la concupicence : coucher sur la dure, les haires, les disciplines et flagellations, les jeûnes : et de ceux-ci quelquefois les hommes sont obligés de se servir, sous peine de péché mortel si la nécessité le requiert. En Abstinence, comme éviter la vue de la chose aimée, fuir l'oisiveté et autres blandices de la chair dont discourt fort bien Ilelinan en ces termes : Veux-tu, dit-il, esteindre la volupté trop lascive ? oste les bois du feu lorsqu'ils sont embrasez. Et ces bois sont en grand nombre, dont toutes fois voici les principaux ; l'oisiveté, la paresse, le sommeil, la chair, les femmes, le vin, la prospérité, le jeu, la musique, la beauté, les jeunes enfants. En pratique comme l'occupation de l'âme en choses sérieuses, la méditation de la mort et de l'enfer, la lecture des bons livres, les prières faites à Dieu, l'imploration des secours des Saincts et des Anges, et principalement de la bienheureuse vierge Marie, laquelle, comme très amoureuse de la chasteté, désire surtout délivrer les hommes de cette tâche d'amour impudique et deshonneste. Il est aussi fort utile de faire souvent repasser devant les yeux, non cest forme et beauté extérieure qui doit périr dans peu de temps, fragile caduque, mensongère et fardée : mais l'intérieure et plus secrète constitution du corps, ce qu'elle estoit devant qu'on vit la lumière, sçavoir est une goûte de semence sale et puante : ce qu'elle est maintenant un sac plein d'excréments et d'ordures.

Ah ! nos misères physiologiques sont bien en vérité le meilleur dictame non seulement contre les philtres d'amour, mais encore contre toutes les tentations voluptueuses et perverses de l'amour !

1. ↑ Deux livres de la hayne de Sathan et malins esprits contre l'homme, 1590, chez Guillaume de la Noue, in-12, p. 274.
2. ↑ L'incrédulité et mécréance du sortilège plainement convaincue (p. 309). Voir aussi le Père Lebrun (*Histoire critique des pratiques superstitieuses*, t. Ier, p. 246) et Roch le Baillif : *Le Demostrion*, p. 115.
3. ↑ On allait jusqu'à employer l'hirondelle pour exiger la fidélité !
4. ↑ Comment ne pas rire tout à fait de cette insinuation du *Livre de secrets de magie* » (Bibliothèque de l'Arsenai) : « Pour dénouer l'éguillette, mettez du vif argent dans un chalumeau de paille et ce chalumeau sous le chevet du lit du maléficié. »
5. ↑ « Si par l'art des sorciers et du Diable, il est advenu par un secret, mais juste jugement de Dieu, le Diable faisant ces choses, que ceux qui sont mariés ne se puissent connaître charnellement, il faut exhorter ceux à qui ceci advient que d'un cœur contrit, ils se confessent à Dieu, et s'ils ne peuvent être guéris, qu'ils soient séparés ! »
6. ↑ Vincent de Beauvais en donne un étrange exemple au livre 26 de son *Miroir historial*.
7. ↑ Les amantes de Tibulle ont découvert le chant mystérieux qui trompe l'époux : « Trois fois tu chanteras, dit l'une d'elles, trois fois tu cracheras. Ainsi il n'en croirait pas même ses yeux, s'il me voyait dans ta couche voluptueuse. » Properce est plus sombre ; à part le détail charmant et symbolique du rhombe (l'amant tourne aux vœux de sa maîtresse ainsi, qu'une toupie) il réclame un crapaud gonfle près d'un buisson, des tronçons de serpent, des plumes de hiboux ramasses sur des tombeaux écroulés, la bandelette du lit d'un mort. Cette cuisine sent la décadence.

8. ↑ Cette tradition s'est perpétuée jusqu'au XVIIIe siècle et même de nos jours ; je trouve cette recette dans le procès de la Brinvilliers (Archives de la Bastille). « Jetez dans le feu un fagot avec de l'encens et de l'alun et dites : fagot je te brûle, c'est le cœur, le corps, le sang, l'entendement, le mouvement, l'esprit de N... qu'il ne puisse demeurer en repos jusqu'en la moelle de ses os, rester en place, parler, monter à cheval, boire et manger, avant qu'il ne soit venu accomplir mon désir. »
9. ↑ La magicienne entreprend la « charge magique » pour se faire aimer : nous avons étudié le secret de ce rite dans l'*Envoûtement de haine*.
10. ↑ Dans Virgile, je le sais bien, un berger incante et non une bergère — mais c'est aussi pour un berger et l'on dirait qu'il récite la leçon de Théocrite qui est dictée pour une femme.
11. ↑ Que la sorcellerie est clémente ! grâce à elle vous pouvez voir en songe celle que vous épouserez ; vous dégoûterez votre amie de tout autre que vous ; vous empêchez ou précipitez les conceptions ; vous pénétrez les secrets des filles ; vous arrivez même à connaître si elles sont vierges ou non ; vous héritez des vaillances d'Hercule ; vous êtes garanti du cocuage ; et vous pouvez, exerçant votre malignité jalouse, faire se brouiller deux autres amants !
12. ↑ Voici les gracieuses paroles : « *Je te conjure, Étoile lumineuse, flamboyante et amoureuse ! je te salue, la sainte d'Orient, semblable à celle qui parut à saint Léonard lorsqu'il monta au Ciel. Je te conjure au nom du grand Dieu vivant que tu ailles étincelante, afin qu'elle soit forcée de faire ma volonté qui est...* » On la fait les trois premiers vendredis du mois, à onze heures et demie du soir ; il faut fixer l'Etoile, être aile à la messe ce jour-là, faire l'aumône et prier pour les âmes du purgatoire et les enfants mort-nés.
13. ↑ Bibliothèque de l'Arsenal.
14. ↑ Certains magiciens modernes se plaisent à jeter au feu, en l'appelant, la photographie de celle qu'ils veulent voir revenir.
15. ↑ Il n'est pas nécessaire d'être fort hébraïsant, ni très bon helléniste, pour reconnaître les divines appellations en ces sonorités que brouillèrent des bouches ignorantes et des scribes hypocrites.
16. ↑ Voir au chapitre des « Messes noires » (Messe de Guibourg), de plus bas sacrilèges en Tue de l'amour ; ils subodorent le raient de passions comprimées de prêtres !
17. ↑ *De magnetica vulnerum curatione.*
18. ↑ En magie amoureuse tout billet est écrit avec de l'encre « de sympathie, d'estime et d'amour » où il y a de la cendre d'une lettre tendre, de la poudre d'aimant et du lait de femme !

CHAPITRE VIII

L'EXORCISME

I

La grandissante audace de Satan menaçait Dieu. Non pas seulement le maître des volontés par cet attrait du malfaire auquel résistent si peu d'âmes, mais le propriétaire de corps conquis sans être consultés, d'organismes en débâcle où « l'astre tombé du ciel » glisse un trouble rayon. Satan vient quand on l'appelle ; il vient aussi sans être appelé ; il singe le Tout-Puissant, établit le caprice futile et formidable de sa grâce. Il touche celui qui ne s'y attendait point, élit comme favorite la pauvrette qui moins qu'une autre pensait au mal. La légion de ses larves heurte d'une corne souveraine la cloison du libre arbitre et saute au delà. Mystère des providences ! Il ne suffit pas au Malin de tenter, il ne baguenaude plus aux bagatelles timides du seuil ; il entre droit devant lui sans frapper, s'assied à la table, se couche au lit, déloge Dieu dans la créature. Et Dieu ne se défend même plus ; il laisse l'enfer comme par enchantement empiéter sur les frontières de cette chair pétrie selon l'altière image. Le Diable est dans l'homme, le Diable, magicien sournois, par une cabriole s'installe dans le crâne, dans le cœur, autrefois temples du Ciel.

Il était temps. Les religions officielles se réveillent ; se rappelant leurs origines mystiques, elles saisissent ces foudres immatérielles, sommeillant dans les livres traditionnels et révélés. Au prodige, elles répondent par le miracle. L'escarmouche déloyale les précipite sur ces armes excessives, délaissées ; elles acceptent la guerre en reprenant l'offensive, déplacent leurs troupes fraîches, les déploient selon la magique stratégie, adoptée par l'adversaire. Satan voit se lever contre sa téméraire fureur des prêtres enivrés d'un saint délire, nécromants, évocateurs, sorciers, harnachés d'amulettes bienfaisantes, lecteurs de grimoires orthodoxes, adjurant, conjurant, opérant selon les grands rites, opposant à la magie et au satanisme, — l'Exorcisme.

Guerre verbale, guerre de gestes, de signes, d'odeurs, d'aspersions, allant d'âme à âme ; envahissement sacerdotal dans les districts obscurs de l'inconscience, là où se hérisse, se recroqueville, se détend d'un brusque ressort, l'inévitable dragon dont le repli échappe aux réprobations, dont le sifflet raille jusqu'au châtiment. L'instinct têtu de la nature autonome, anarchique, en antagonisme avec tout dogme, avec toute loi, est assiégé par l'exorciste en son fort le plus reculé, en sa capitale inexpugnable.

Lorsque les prophètes nouveaux pénètrent de leurs prédications ardentes les peuples épuisés de superstitions et de scepticisme, un flot se soulève sans cesse contre eux, une vague monte, faite avec les ruines des cultes écroulés, avec la colère aussi de cet esprit insoumis qui en les ténèbres de l'âme culbute tout asservissement intellectuel, serait-il le plus noble.

Satan s'allie à l'inconscient indocile. Comme un vautour, qu'une proie excite, il fond sur ces débris, s'agrippe à ces noires convulsions. Elles ne s'en doutaient point, ces victimes involontaires, si préparées pourtant. « Énergumènes », tel est le nom qui les marque. Elles sont ses voyantes, ses instinctives prêtresses, les pythonisses de sa divinité illusoire. Les souffles mystérieux de la chair les gonflent, elles sont secouées d'inquiétudes hérétiques. Il ne leur a pas suffi d'être tentées et de succomber aux tentations ; les voilà la Tentation elle-même, qui les posséda d'un coup et dont elles crient. Démoniaques, elles le sont au point de s'identifier aux démons. Non plus des Damnées, mais l'Enfer en personne. Ames abolies, parois physiologiques seulement où bouillonne la géhenne, chaudrons où cuisent, ténèbres et flammes mêlées, les sophismes, les tortures, les imprécations, les sourires, les langues sanglantes des fausses révélations et les dents des turbulentes amours !

Chaque religion remonta de sa masse le fleuve révolutionnaire. Chacune nous a transmis les exorcismes divers ; mais la règle reste identique pour toutes. Le sacerdote devient le magicien qu'il doit renverser.

À sorcier, sorcier et demi. Les bibles se muent en manuels de goétie : chaque phrase revêt, semble-t-il, une superstitieuse et réelle puissance, les mots se groupent en conjurations, les prières sont barbelées de menaces. Une vertu secrète émane de la garde-robe hiératique ; un dictame presque physique coule des huiles saintes ; le pacifique arsenal où se fabrique parmi la patience et l'ombre parfumées, la vêture sacramentelle du Dieu, se dissémine en glaives, en boucliers, en lances, en herses, en poisons. Dans le sommeil onctueux du sanctuaire s'agite un cauchemar belliqueux, une démence de massacre, un néronien vertige de destruction ; la vindicte arme l'Agneau du Sacrifice avec des cornes étincelantes de bouc, des dents de loup, des yeux irascibles de fauve.

Limitons-nous au catholicisme, si près de nous. On a dit que le Diable était sorti de toutes pièces de ses abjurations. Erreur enfantine ! Le Diable, l'esprit qui n'accepte pas, qui ne se plie pas, est éternel. Possible que les exorcistes aient sculpté l'effigie invisible du Diable, qu'ils aient creusé dans l'imagination des mécréants, la niche de leur saint ; mais l'exorcisme a sa raison d'être, son efficacité Lui seul encore peut guérir de terribles maux, assainir des marais d'âme, chasser d'incurables épidémies, devant lesquelles le médecin reste stupide, s'épouvante même d'une subite contamination. En nos jours abjects de sottise rationaliste, la possédée de Gif n'a trouvé qu'auprès du prêtre le repos et la santé. Parfois, il est vrai, l'ennemi éternel, au lieu d'être expugné de sa citadelle, accomplit une sortie triomphale contre l'assaillant, profite de la bataille offerte pour envelopper l'adversaire, le noyer d'une onde définitive, augmenter encore le domaine de Satan. Pas de quartier en cette farouche lutte. Si l'exorciste ne vainc pas, il ne risque pas seulement son âme, mais sa vie. Boullan racontait que la femme du directeur d'un grand journal catholique parisien, atteinte d'envoûtement, vit périr devant elle le dominicain qui, cherchant à la « désobséder », n'avait su se garer lui-même contre les forces hostiles.

I

LE DRAME DE L'EXORCISME

Aux époques lumineuses, à l'aube du christianisme, il suffisait au Christ et aux apôtres d'un mot, d'un geste pour chasser les démons. Ils avaient la foi, ce dynamisme incommensurable. Saint Paul n'employait que des moyens spirituels ; trois locutions divines suffisaient.

« Il est écrit, l'homme ne vivra pas seulement de pain, mais de toute parole sortant de la bouche de Dieu. »

« Il est écrit, Satan, tu ne tenteras point le Seigneur ton Dieu. »

« Va, Satan, car il est écrit, tu adoreras le Seigneur ton Dieu et à lui seul tu serviras. »

Plus tard le signe de la croix, l'eau bénite, les saintes Reliques, l'Eucharistie devinrent nécessaires[1].

La forte confiance en Dieu, la certitude d'une mission purificatrice s'anémie bientôt en l'Église, éperdue de domination matérielle. Alors le réseau abjuratoire s'augmente d'innombrables mailles ; moins l'élan s'élargit, plus le filet devient subtil. Le pécheur de démons sent sa main trembler, son cœur faiblir. Aussi s'en rapporte-t-il moins à l'assistance céleste, il accumule les précautions, multiplie les circonvolutions et les ruses. On n'est plus exorciste spontanément ; c'est un grade ecclésiastique, un des ordres mineurs précédant immédiatement la prêtrise. L'évêque reçoit un clerc exorciste en lui faisant toucher le livre des formules et en lui disant : « *Accipe et commenda memoriæ et habe poteslatem imponendi manus super energumenos...* — Recevez ce livre et souvenez-vous qu'en même temps vous recevez le pouvoir d'exorciser les énergumènes. » C'est tout un art, un métier presque. D'une foi vive, humble de cœur, il ne devra opérer jamais avec quelque pensée de démonstration ou par orgueil ; la prière et le jeûne le ceignent de forces supérieures ; il ne lui messied pas d'être âgé et de corps décrépit afin que les belles possédées n'éveillent pas en lui le démon de luxure.

Tâche délicate et hypervirile. Voyez l'énergumène, tel que nous le décrivent les manuels opératoires, comme nous l'exhibent les maîtres-peintres du passé, comme Charcot nous l'a ressuscité. Le plus souvent c'est une femme. Elle craque des dents, se roule à terre, écume, essaie de se donner la mort, soit en s'étranglant, soit en se ruant à la fenêtre, dans l'eau ou vers les flammes. La vue seule du crucifix la fait se renverser d'horreur ; elle blasphème en des langues inconnues, tantôt sublime, tantôt absurde, ausculte d'un impitoyable regard fixe l'arcane des consciences, écosse les péchés des assistants, puis retombe en une stupidité incoercible. Ses cheveux dénoués se durcissent en nœuds de luisantes vipères autour d'un visage tuméfié ; sous sa peau taraudée d'aiguilles monte et descend un souffle, une palpitation, le gonflement d'un poisson infâme qui nage en ses veines gonflées. Et le démon stationne souvent en le gosier hypertrophique, tandis que la bouche ouverte crache parmi des cris d'animaux et de la salive et de la sueur, une langue râpeuse, corde arrachée et tordue du puits de l'abîme.

L'exorciste écarte pour la cérémonie les enfants et même les femmes, cependant il conservera les amies de la possédée qui la tiendront et la secourront. Tout curieux, tout mondain, tout faible sont exclus. L'assistance doit être composée de gens graves et pieux, dont les prières seconderont l'effort antidémoniaque. Le meilleur emplacement, c'est l'Église et, en cas de maladie, la maison même de l'énergumène. L'heure matinale après la première messe est préférée ; il est sage de choisir les fêtes de la Nativité du Christ, de la Résurrection, de l'Ascension, de la

Pentecôte, les anniversaires de la Vierge Marie et des Apôtres.

Le patient doit avoir reçu le baptême, la confirmation, l'Eucharistie. Tandis que l'exorciste a revêtu le surplis et que le prêtre s'est couvert de la chape violette, symbole des souffrances du Purgatoire, l'exorcisé souvent lié, à jeun, recueilli le plus qu'il peut, suppliant humblement sa délivrance, subit l'empreinte des signes de croix, le choc du crucifix, le contact de l'hostie, l'immersion de l'eau bénite, le flot tempétueux des conjurations, dont certaines phrases le brûlent, le secouent, le vexent jusqu'à l'imminence de mourir. Et jamais de relâche. Tristement les paroles qui ont le plus effrayé les démons seront répétées, recommencées avec acharnement jusqu'à ce que, par un paroxysme de frénésie, l'impure tribu s'enfuie dans un vomissement de la bouche et du nez, vomissement de vent ou de sang, fuite vide et flottante où passent des ailes de chauves-souris, des cornes ébréchées, des flammes, des pattes de rat, des bourdonnements de mouches.

Péripéties imprévues et sans cesse nouvelles ! les diables mentent, jouent une comédie stercoraire ou sacro-sainte. Tantôt l'ordure giscle, tantôt des inepties, tantôt des éclats de rire, tantôt des plaintes pseudo-angéliques. De la part du prêtre pas de discours, pas d'interrogations inutiles. Il presse le malade de lui révéler le nombre et le nom des esprits, requiert les causes, les circonstances de l'obsession. « Avez-vous été enfermés dans ce corps par opération magique ou par maléfice ? » questionne-t-il. Si la larve ne se retire pas assez vite ou tarde à répondre, il prend l'image peinte d'un démon et dans le feu consacré la jette, en même temps que l'encens, la rue et le soufre aux violentes odeurs, voulant prouver par cet acte qu'il réintègre le maudit dans son véritable élément, l'enfer. Il parle sur le ton impératif et en latin, ne s'emporte jamais, redouble devant l'insensibilité comme devant la rage, ne doit pas à l'exemple de certains souffleter la victime, mais pourchasser jusqu'en les plus minutieux recoins l'affolement des invisibles bourreaux.

III

RITUEL

Voici résumé, d'après le Rituel romain, le plus commode et le plus complet cérémoniel de la victoire sacerdotale sur la possession :

Les litanies ordinaires récitées, le prêtre lit le psaume LIII ; ayant supplié Dieu de prendre pitié de sa créature ; il s'adresse ainsi au démon :

```
« Qui que tu sois, je t'ordonne, esprit immonde, ainsi qu'à tes
compagnons, qui obsèdent ce serviteur de Dieu, au nom des mystères
de l'Incarnation, de la Passion, de la Résurrection et de
l'Ascension de N.-S. J.-C. et au nom du Saint-Esprit, de me dire
ton nom et de m'indiquer par un signe quelconque le jour et l'heure
où tu sortiras de ce corps. Je t'ordonne de m'obéir, à moi ministre
indigne de Dieu, et je te défends d'offenser cette créature de Dieu
et aucun des assistants. »
```

L'exorciste lit ensuite les évangiles selon saint Jean (I), saint Marc (XVI), saint Luc (X et XI). Il appelle le Christ qui a foulé les scorpions et les serpents, munit l'obsédé et lui-même du signe de la croix, cerne le cou démoniaque d'un peu d'étole et pose sur la tête rebelle la main droite.

Je t'exorcise, très immonde esprit, incursion de l'adversaire, phantasme, légion, au nom de N.-S. J.-C. Je t'ordonne de t'arracher et de sortir de cette créature que Dieu a façonnée avec de la terre ; Celui même qui du haut des cieux t'a précipité dans les profondeurs de la terre te le commande ; Celui même qui a commandé à la mer, aux vents et aux tempêtes te l'ordonne. Entends donc, et tremble de crainte, Satan, ennemi de la foi, ennemi du genre humain, messager de la mort, ravisseur de la vie, oppresseur de la justice, racine de tous les maux, source de tous les vices, séducteur des hommes, traître à toutes les nations, origine de l'avarice, inventeur de l'envie, cause des discordes et des douleurs. Pourquoi restes-tu ? Pourquoi résistes-tu ? Crains Celui qui a été immolé pour Isaac, vendu pour Joseph, tué pour un agneau et qui a fini par triompher de l'enfer.

Après plusieurs signes de croix sur le front du possédé, ayant magnétisé divinement sa poitrine, ses viscères, son cœur, et récité d'autres prières, le prêtre continue non sans une solennelle beauté :

Je t'adjure, serpent *antique* au nom du jugement des vivants et des morts, au nom de ton créateur, au nom du créateur du monde, au nom de celui qui a la puissance de t'envoyer dans l'enfer, de sortir immédiatement avec l'armée de ta fureur, de ce serviteur de notre Dieu réfugié avec crainte dans le sein de l'Église. Je t'adjure de nouveau (signe de croix sur le front de L'obsédé), non pas au nom de ma faiblesse, mais au nom de la puissance du Saint-Esprit, de sortir de ce serviteur de Dieu créé par notre Dieu tout-puissant il son image. Obéis donc ; obéis non à moi, mais au ministre du Christ. La puissance de celui qui t'a soumis à sa croix te presse. Redoute le bras de celui qui a conduit les âmes à la lumière après avoir vaincu les gémissements de l'enfer. Que le corps de cet homme l'inspire la terreur (signe de croix sur la poitrine) ; que l'image de Dieu t'inspire la crainte (signe de croix sur le front). Ne résiste pas et hâte-toi de sortir du corps de cet homme, car il plaît au Christ de l'habiter. Dieu, la majesté du Christ, le Saint-Esprit, le sacrement de la Croix, la foi des saints apôtres Pierre et Paul et des autres saints, le sang des martyrs, l'intervention des saints et des saintes, les mystères de la foi chrétienne, t'ordonnent d'obéir. Sors donc, violateur de la loi ; sors, séducteur rempli de ruse et de tromperie, ennemi de la vertu, persécuteur des innocents. Cède la place, très cruel (*dirissime*), cède la place très impie, cède la place au Christ que tu ne peux atteindre, qui t'a dépouillé et chassé de ton royaume, qui t'a enchaîné après l'avoir vaincu et t'a enlevé tes vases, qui t'a précipité dans les ténèbres extérieures où la mort vous attendait toi et tes compagnons. Mais pourquoi résistes-tu cruellement ? pourquoi refuses-tu témérairement d'obéir ? Tu es coupable envers le Dieu tout-puissant dont tu as transgressé les ordres. Tu es coupable envers N.-S. J.-C. que tu as osé tenter et que tu as eu la prétention de crucifier. Tu es coupable envers le genre humain, auquel tu as offert le poison de tes conseils.

Je t'adjure donc, dragon très vicieux, au nom de l'agneau immaculé qui a marché sur l'aspic et sur le basilic, qui a vaincu lion et dragon, de sortir du corps de cet homme (signe de croix sur le front), de t'en aller de l'église de Dieu (signe de croix sur les assistants). Crains et retire-toi, après l'invocation du nom de ce maître qui fait trembler les enfers, à qui les vertus des cieux, les Puissances et les Dominations sont soumises, dont Chérubin et Séraphin, sans jamais être fatigués, chantent les louanges en disant : Saint, saint, saint le Seigneur Dieu Sabaoth. Le Verbe qui s'est fait chair, le fils de la Vierge, Jésus de Nazareth t'ordonne de sortir de cet homme. Retire-toi donc maintenant que tu es adjuré au nom de celui que Dieu a lui-même créé avec de la terre. Il t'est difficile de résister et de regimber contre cet ordre. Plus tu tarderas à sortir plus ton supplice sera grand, car ce n'est pas les hommes que tu méprises, mais Celui qui commande aux vivants et aux morts et qui viendra juger les vivants et les morts.

Après une brève prière, le prêtre lit enfin cet exorcisme tout-puissant :

Je t'adjure donc, tout esprit très immonde (*omnis immundissme spiritus*), tout vain fantôme, tout envoyé de Satan, au nom de J.-C. le Nazaréen, qui fut conduit dans le désert après le baptême de saint Jean et qui t'a vaincu dans ta demeure, de cesser d'obséder cette créature que Dieu, à son honneur, a tirée du limon de la terre, et de redouter dans cette misérable créature non la fragilité humaine, mais l'image du Dieu tout-puissant. Cède donc à Dieu, qui a précipité dans l'abîme toi-même et ta fourberie dans la personne de Pharaon, par l'intermédiaire de son serviteur Moïse. Cède donc à Dieu, qui t'a condamné dans le traître Juda Iscariote. Il t'a touché de ses coups divins, lorsqu'en sa présence, tremblant et vociférant, tu as dit à tes légions : Jésus, fils du tout-puissant, es-tu venu ici pour nous tourmenter avant le temps ? Jésus te condamne à des flammes éternelles, lui qui, dans la fin des temps, doit dire aux impies : Eloignez-vous de moi, maudits, et allez dans le feu éternel qui est préparé pour le diable et ses serviteurs. Les vers vous attendent, toi et les tiens. Un feu dévorant vous est préparé pour l'éternité, car tu es la cause de l'homicide maudit, tu es l'auteur de l'inceste, tu es l'organisateur des sacrilèges, tu es l'instigateur des plus mauvaises actions, tu es celui qui enseigne l'hérésie, et tu es l'inventeur de tout ce qui est obscène. Sors donc, impie, sors, scélérat, sors avec tous tes mensonges, car Dieu a voulu faire son temple du corps de cet homme. Mais pourquoi restes-tu plus longtemps ici ? Obéis à Dieu le père, devant qui toute créature fléchit les genoux. Cède la place à N.-S. J.-C., qui a répandu son sang sacré pour l'humanité. Cède la place à l'Esprit-Saint, qui par son bienheureux apôtre Pierre t'a vaincu dans le mage Simon, qui a condamné ta fourberie dans Anania et Saphira, qui t'a frappé dans Ilérode, qui n'a pas voulu honorer Dieu, qui par son apôtre Paul t'a rendu aveugle dans le mage Elyma. Sors donc, maintenant, sors, séducteur. Le désert est ta résidence. Ta demeure est celle d'un serpent ; humilie-toi et prosterne-toi. Tu n'as pas de temps à perdre. Voici, en effet, Dieu le Maître, il s'avance rapidement, et le feu brûlera ses ennemis s'ils restent dans sa présence. Si tu as pu tromper un homme, tu ne pourras te moquer de Dieu. Il te rejettera, celui pour les yeux de qui rien n'est caché. Il te chassera, celui qui tient tout en son pouvoir. Il te fera sortir, celui qui a préparé pour toi et pour les tiens la géhenne éternelle, de la bouche de qui sort un glaive aigu, qui viendra juger les vivants et les morts et le siècle par le feu.

Nous venons d'atteindre le point culminant de l'opération mystique ; le reste s'éteint, s'estompe, s'évanouit en un ronron : *Pater noster, Ave, Credo, Magnificat,* cantique de Zacharie, symbole d'Athanase. Et les psaumes s'égrènent, intercalés de *Gloria Patri !...*

Je dois me contenter de citer seulement un autre rite dit *ex Pastorali Malchliniensi* et les exorcismes invoquant les saints Anges, la Vierge Marie ou les saints. Il y a encore toute une série d'oraisons pour forcer le démon à restituer l'Eucharistie tombée en son pouvoir. Le *Te Deum* clôt ces pénibles exercices et, après avoir béni le délivré, le triomphateur lui crie : « Voici que tu as été refait sain, ne pèche plus de peur qu'il ne t'arrive un plus terrible désastre. Va dans ta maison, chez les tiens et annonce-leur les grandes choses que Dieu a faites pour toi et toute sa miséricorde… »

L'Église, en notre époque d'incrédulité même chez les catholiques pratiquants, hésite à terrasser les démons ; elle confie volontiers à la douche et à Thypnose ceux qu'autrefois elle eût flagellés du fouet verbal de ses abjurations. Néanmoins elle a dû conserver pour la bénédiction des fonts, le samedi saint, à l'office du matin, les plus magnifiques formules d'exorcisme. « La créature de l'Eau » y est bénie ; l'esprit immonde y est chassé, soit qu'il vole, soit qu'il rampe, soit qu'il se dérobe et le prêtre trace avec son souffle un ψ sur l'onde régénérée[2].

Dans les anciens monastères, on affublait l'envoûté de certaines amulettes aux formules protectrices. D'autres fois, ces formules, inscrites sur des morceaux de parchemin, étaient avalées par les possédés ; avec la digestion, l'exorcisme s'accomplissait sans fatigue.

De nos jours, m'a raconté M. Huysmans, c'est à la Trappe que s'est réfugié le traditionnel exorcisme. Le clergé s'en écarte, en l'admettant toujours. Celui qui lève les sorts est un très vieil homme. Mais les démons, repoussés par les bons moines, en sont réduits à taquiner les animaux, et de préférence les porcs. Alors le vieux leveur de sorts leur lit des oraisons et les fouaille d'eau bénite. Ces bêtes, le même jour, se redressent joyeuses et guéries.

M. Gilbert Augustin Thierry, qui a étudié avec soin les démonographes, m'affirme avoir assisté à une *messe rouge* dite par le curé des Petites Dalles soit à l'église de Sanetot, soit à l'église de Senneville : c'est « la messe des martyrs ». Sur l'autel des fleurs rouges, au prêtre l'étole rouge. L'église est tendue de pourpre. Cette messe rompt les maléfices des Bergers. L'envoûté doit assister à la cérémonie sans répondre aux injonctions de son envoûteur, que la puissance magique de la messe emmène dans le saint lieu ; s'il parle, l'exorcisme demeure impuissant.

IV

L'EXORCISME SERT À TOUT

Tant que les peuples crurent que le Démon était vraiment « la racine de tout le mal », ils s'en prirent à lui pour toutes leurs mauvaises fortunes. L'exorcisme devint d'utilité publique, aussi nécessaire, aussi à la mode que l'hygiène dans les maisons modernes. Non seulement les personnes furent exorcisées, mais encore les animaux, et les objets. Les maisons étaient aussi bien nettoyées par les versets bibliques que par le balai et les désinfectants. Dans ce but le prêtre lisait des psaumes, prononçait les évangiles, répandait l'eau bénite, jetait dans le foyer l'encens consacré. Après tout la méthode n'était pas si mauvaise et les mystérieuses rumeurs des appartements hantés étaient toujours pacifiées par ces cérémonies purificatrices. De plus la religion semait en ces attentives âmes un goût de probité et de netteté morales, d'autant plus profond que l'intérêt immédiat y était indissolublement lié. Les habitants confessaient leurs péchés, purgeaient leur conscience, s'engageaient à satisfaire le prochain offensé, priaient pour le voisin qui injuria. L'image du crucifié exaltait au pardon et à la justice le sédentaire et les cierges bénits étaient plus doux à l'œil et au cœur que notre brutale électricité.

En Bretagne, par exemple, la bénédiction de certaines maisons ne s'accomplit pas toujours sans fracas, surtout si l'esprit d'un mort s'y est attaché. Le prêtre appelé pour ce dur labeur est d'ordinaire un solide gars. Ayant revêtu le surplis, il tient à la main l'étole, se déchausse « afin d'être prêtre jusqu'à terre ». Les escaliers et le parquet inondés de sable attestent par les traces laissées la présence du mort hargneux. Le prêtre suit ces vestiges jusqu'à la chambre où ils s'arrêtent. Là, il se renferme, combat tantôt avec des oraisons, tantôt corps à corps. Il n'a triomphé qu'après avoir passé son étole au cou du mort, qui est jeté dans le corps d'un animal, d'ordinaire un chien noir. Le bedeau ou le sacristain se chargent de l'emmener. Ils vont jusqu'en une lande stérile, une carrière abandonnée, une fondrière dans une prairie. « C'est ici désormais que tu demeureras, » dit le prêtre, lâchant l'esprit. Et, circonscrivant l'espace, il se sert d'un cercle de barrique...

Pays de brume pittoresque, tu caches en tes replis, selon cette légende, quelles âmes solitaires et désespérées[3] !

Les Clavicules nous ont conservé d'innombrables exorcismes servant à contraindre les gnomes gardiens de trésors ; mais ces conjurations manquent absolument de grâce et sans doute d'utilité. Je préfère de beaucoup les formules désintéressées qui enchantent les menus objets, les modestes compagnons de la vie intime, apportent dans un intérieur la magie d'une mystique propreté.

En somme, toute bénédiction est d'abord un exorcisme. L'eau par exemple ne devient bénite qu'après la purification de sa propre nature et de la nature du sel. Puis cette onde régénérée doit, tombant en pluie sainte, chasser le Satan panthéistique qui dort en tout objet animé, ou inanimé. Le pain, l'agneau, les autres chairs, les brebis, les fruits eux-mêmes si innocents, tout comestible, le vin, la cervoise, l'huile, les médecines, le lit du sommeil, le canapé du repos, le feu où sont brûlés les signes maléfiques, les brasiers près desquels frileux on se réfugie, — tout est matière à rénovation spirituelle, à récupération édenique. Le péché originel, dont succomba le premier couple, a corrompu avec eux toutes choses. Une tare occulte déprécie l'industrie et la nature, un piège est tendu dans l'univers...

En 1516 l'officialité de Troyes donna une sentence burlesque contre les chenilles de ce diocèse. Admonestées gravement, les chenilles reçoivent l'ordre de se retirer dans l'espace de six jours : faute de quoi l'anathème est sur elles jeté.

HOSTIE MIRACULEUSE DE VINTRAS SERVANT AUX EXORCISMES DU Dr JOHANNÈS

Léonard Vair rapporte que d'autres diocèses constituent un tribunal contre les sauterelles et autre dommageable vermine : deux procureurs, l'un de la part du peuple, l'autre du côté des sauterelles. Après les plaidoyers, sentence d'excommunication est lue contre ces petites bêtes nuisantes. Mais il n'y a rien là pour dérouter le bon catholique. Saint Bernard n'a-t-il pas frappé des foudres ecclésiastiques les mouches qui persécutaient une église du diocèse de Laon ?

Quelque chose de vrai demeure en cet excès liturgique : la toute-puissance de la prière sur l'univers visible et invisible. Les psaumes, accommodés avec les évangiles, défendent contre les fièvres, et la peste, délivrent même les animaux, réhabilitent le lait, mettent en déroute les vers, les rats, les serpents ; et l'Apocalypse sert à soumettre la tempête, à détourner la foudre, à dissiper les nuages, à réduire la grêle ou la pluie.

1. ↑ Lactance (Lib. IV, cap. XXVII) ; saint Ignace (Epître aux Philippiens) ; saint Cyprien (Sermon de la Passion) ; Origène (Job, Liv. III) ; Lactance Firmian (Liv. IV, cap. XXIV) ; Épiphane (Lib. I, t. II, hérésie 30) ; saint Chrysostome (saint Mathieu, *Hom*. 50) ; saint Athanase (Oraison contre les idoles) ; saint Grégoire de Nissène (Vie de Grégoire de Nazianze) ; Theodoret (Vie de Macedonius) ; saint Augustin (Sermon 181, *de Tempore*) disent que le signe de la croix est le premier et le meilleur moyen d'exorcisme.

    Épiphane (Liv. I, hérésie 30) conseille l'eau bénite avec la formule suivante : *In nomine Jesu Nazareni crucifixi egredere dæmones ab ipso et sanus fiat.* Jean, diacre (Vie de saint Grégoire le Grand), Hugue de Clugny (Mémoires) ; Palladius (Vie de saint Macaire Égyptien) sont de la même opinion.

    Le troisième moyen est l'application des saintes Reliques. En font foi : Abdias Babylonien (Liv. VII et IX) ; saint Grégoire de Naziance (Oraison sur saint Cyprien) ; saint Chrysostome (Homélie 26 aux Corinthiens, § II) ; Rufin (Liv. I, ch. XXIV) ; Socrates (Liv. III, chap. XVI) ; Evagrius (Liv. I, chap. XVI) ; Nicéphore (Lib. X, cap. VIII) ; saint Chrysostome (Homélie 66) ; saint Ambroise (Sermons 77 et 91) ; saint Jérôme (Epitaphe de Paule) ; Sozomène (Biographie, Liv. VII, chap. XXVI) ; Rupert (Vie de Herebert de Coulongne, chap. XVII).

    Mais le principal et quatrième procède repose sur le S. Sacrement de l'Autel. Lire saint Ignace (Epître aux Éphésiens) ; Prosper Aquitain

(Récit d'un Miracle) ; Arnould de Boneval (Vie de saint Bernard) ; saint Ambroise (Sermon 91).

2. ↑ Voici la formule d'exorcisme du sanctuaire :

« *Procul ergo hinc, juhente te, Domine, omnis spiritus immundus abcedat. Procul tota nequitia diabolicæ fraudis absistat... Nihil hic loci habeat contrariæ virtulis admixtio ; non insidiendo circumvolet, non latendo subrepat, non inpciendo corrompat.* »

Pour exorciser l'eau, le prêtre dit : *Unde benedicite, creatura aquæ per deum vivum, per deum verum, per deum sanctum, per deum qui te in principio verbo separavit ab arida, cujus spirilus super le ferebatur.* »

La bénédiction des fonds s'exprime comme suit : « *Sanctificetur et fecondetur fons iste oleo salutis, renascentibus ex eo in vitam æternam. Amen.* » Puis, prenant le vase du saint chrême, le prêtre ajoute : « *Infusio chrismatis domini nostri J.-C. et spiritus sancti Paracleti fiat in nomine sanctæ trinitatis. Amen.* »

3. ↑ De nos jours encore les sorciers savent dissoudre des enflures que les médecins ne peuvent ni expliquer ni guérir. La douleur est grande, rappelle les affres du tétanos et l'aspect du mal l'assimilerait à l'éléphantiasis. Appelé à temps l'opérateur prend un verre d'eau, y jette cinq ou sept grains de blé, prononce des exorcismes. À mesure que les grains gonflent et remontent à fleur de liquide, le patient est guéri. Pour les dartres vives c'est plus bizarre encore. Le berger se contente de prendre le nom et l'âge de la personne. À cent lieues de distance il lève ainsi le mal !
